cuisine
ouverte
sur
LE JARDIN
salade du jardin de curé
escargots en pots aux croûtons
baron de lapereau mange-tout
ragoût d'artichauts et d'asperges
aux pluches de cerfeuil
melon
en
sorbet
Michel Guérard

Pour
Mary
Ball

le

Bouquet garni

de

recettes impromptues

Michel Guérard

Eugénie le 24 juin 198

Les recettes originales de...

Collection dirigée par Claude Lebey

Dans la même collection

Georges Blanc
MA CUISINE DES SAISONS

Alain Chapel
LA CUISINE, C'EST BEAUCOUP PLUS QUE DES RECETTES

Fredy Girardet
LA CUISINE SPONTANÉE

Michel Guérard
LA GRANDE CUISINE MINCEUR

Gualtiero Marchesi
LA CUISINE ITALIENNE RÉINVENTÉE

Jacques Maximin
COULEURS, PARFUMS ET SAVEURS DE MA CUISINE

Jean et Pierre Troisgros
CUISINIERS A ROANNE

Pierre et Michel Troisgros
LES PETITS PLATS DES TROISGROS

Alain Senderens
LA GRANDE CUISINE A PETITS PRIX

Roger Vergé
MA CUISINE DU SOLEIL

Eckart Witzigmann
LA NOUVELLE CUISINE ALLEMANDE ET AUTRICHIENNE

Pierre Wynants
COMME CHEZ SOI

LA CUISINE GOURMANDE

ÉDITIONS ROBERT LAFFONT — PARIS

ISBN 2-221-00202-4

PRÉFACE

Dans cette collection, consacrée aux recettes originales de nos plus grands cuisiniers, nous avons déjà publié l'ouvrage de Jean *et* Pierre Troisgros « Cuisiniers à Roanne » *et le premier livre de* Michel Guérard « La Grande cuisine Minceur ».

L'un et l'autre ont obtenu le succès que l'on sait. Succès dû, nous semble-t-il, au fait que les recettes sont expliquées avec grande clarté et qu'elles ont un caractère original, reflet de ce qu'il est convenu d'appeler la « nouvelle cuisine française » ou, plus simplement, une cuisine moderne, bien adaptée à notre époque, à notre mode de vie actuel.

Ces qualités, on les retrouvera dans ce deuxième livre de Michel Guérard. *Celui qui restera probablement comme « le » grand cuisinier de sa génération a mis ici ses idées à notre portée en nous livrant de manière claire les secrets d'une cuisine originale et inventive. D'une rigoureuse technique, équilibrant les saveurs subtiles, respectant de justes cuissons, elle est cependant simple au point qu'ont disparu complètement les fameux fonds qui effraient tant les amateurs et qui, trop souvent, alourdissent inutilement les plats.*

C'est bien là une cuisine de légèreté et d'harmonie.

Claude LEBEY

MICHEL GUÉRARD est né à VÉTHEUIL en 1933. Venu à la cuisine par vocation, il fait son apprentissage à MANTES chez KLÉBER ALIX. Là, il se familiarise avec toutes les disciplines de la pâtisserie et de la cuisine. Après avoir fait son service militaire dans la marine, il « monte » à Paris en 1955 dans la brigade du CRILLON où il est chef pâtissier puis chef saucier.

Après quelques années comme chef de maison bourgeoise, il travaille avec JEAN DELAVEYNE au Camélia à Bougival.

En 1965, las de la discipline classique, il s'installe à son compte dans un petit bistrot d'Asnières qui devait bientôt devenir le Pot-au-Feu, rendez-vous pendant des années des gourmets du monde entier et du Tout-Paris.

Installé depuis 1972 dans les Landes à Eugénie-les-Bains, il a élaboré sa CUISINE MINCEUR dans la sérénité de la campagne.

C'est là, également, qu'il met au point sa CUISINE GOURMANDE qui lui vaut d'obtenir la consécration suprême : trois étoiles au Guide Michelin 1977 et quatre toques rouges au Guide Gault et Millau avec la note de 19/20.

Ses distractions favorites sont : la chasse aux antiquités, la peinture, les bandes dessinées et... la cuisine.

A AIMÉE BOULANGER,
MA GRAND-MÈRE « NOURRICIÈRE »

C'est à Vétheuil que j'entrepris, dès l'enfance, une carrière fébrile de gourmet en herbe.

En ce temps-là, j'avais cinq ans et rendais tous les jours fidèlement visite à l'unique restaurant du village, bâti à quelques éclairs au chocolat de ma maison natale. J'établissais mes quartiers devant les cuisines et y allais fortissimo de ma romance préférée... jusqu'à ce que s'ouvrît la fenêtre. Alors apparaissait mon ami le cuisinier qui, invariablement, me gratifiait au vol de quelques pâtisseries laissées pour compte la veille; je n'ai d'ailleurs jamais bien su si ce geste auguste du semeur était commandé par un profond amour des enfants ou par une aversion tenace pour mes chansons.

LE TEMPS DES GÂTEAUX...

Le samedi était un grand jour. Nous étions dix abominables garnements, assis, en culotte courte, sur les marches glacées de la mairie, dix à attendre « la belle dame » qui, chaque semaine, nous conviait à dévaliser la devanture tentatrice de la boulangerie-pâtisserie.

Pourtant, la première fois que je suivis les « grands » dans cette « expédition Attila », ma carrière de gourmand faillit bien s'arrêter là, pour toujours.

Toute la semaine, dans l'attente fiévreuse de cette visite, j'avais longuement rêvé, le nez collé à la vitrine, et fini par fixer un choix péremptoire sur le gâteau dégoulinant de crème blanche qui m'inspirait entre tous par son aspect engageant mais surtout, par sa taille.

C'est bien sûr celui-là que je désignai cet après-midi d'été, et portai précipitamment à ma bouche, en fermant les yeux de bonheur.

Aussitôt, ceux-ci s'embuèrent de larmes, tandis qu'un refus catégorique remontait violemment de mon ventre : j'étais en train d'engloutir une grosse bouchée à la reine, mortellement froide!

Pourtant, ma honte fut moins grande que mon dépit gustatif

et je compris soudain que le ciel était en train de me condamner à la gourmandise apostolique.

...OU COMMENT LA CUISINE VIENT AUX HOMMES !

Et puis, comment ne pas devenir cuisinier-gourmand, lorsque votre jeunesse fut marquée à vie, par une « grand-mère gâteau » qui vous mitonnait, les soirs d'hiver au coin du feu, des repas également bons et tendres ? J'ai encore en mémoire le violent parfum d'amande sauvage qu'exhalaient les voluptueux abricots des étés d'alors, sacrifiés en sages bocaux, et rangés en vagues caramélisées, sur la tarte chaude au sortir du four ; tandis qu'entre mes deux pieds frileusement « enchaussonnés » et pareillement échoués à la bouche du four, je regardais les chapeaux des belles grosses pommes de terre farcies se soulever en spasmes de plaisir.

Plus tard, en Normandie, avec ma mère, j'appris à écouter le chant des ragoûts retrouvant sous la chaleur leur musc ambré, à tâter du doigt les daubes gorgées de senteurs exaltantes, à veiller les lapins de garenne, tenaillés par le feu, s'empourprant d'ocre rustique.

La guerre survint, j'y fis mes premières armes, et tous les jeudis dressai mon camp du Drap d'Or. Sacs râpeux de jute et autres joyeuses étoffes chipées servaient de murs à nos tentes. J'y recevais une cour pressante d'amis de mon âge et les régalais de petits gâteaux confectionnés la veille, en grand secret, par mes soins, avec la peau de lait bouilli.

Nous arrosions le repas d'une purée de mûres des bois, après quoi, outrancièrement fardés à la Sioux de leur jus bleu, insouciants du risque, nous partions récolter en cachette, pour en faire des pirogues, les carcasses des premiers V1 tombés du ciel, tels de gros bourdons lourds gavés d'essence.

UNE QUESTION DE CHOIX...

C'est alors, qu'ayant embrassé, par tradition familiale, l'estimable profession d'enfant de chœur, je faillis rompre définitivement avec la cuisine ; les vapeurs de l'encens aidant, je voulus devenir curé, non, plutôt... évêque !

Et puis, je ne sais par quel étrange revirement, « monté un jour sur les planches » du patronage, je crus avoir enfin trouvé la vocation : je serais comédien.

...ET UNE AFFAIRE DE CŒUR

Fini les rêves!

L'apprentissage me sortit sèchement de l'adolescence.

Rude, coupant et glacial comme le silex, il fut éclairé de moments rares et de leçons d'enthousiasme, mais traversé aussi de désespoir, de discipline et de rébellion.

J'y trouvai la « Maison des Autres »...

Kléber Alix, mon maître, m'enseigna la rage de plaire et de vaincre avec qualité, mais encore, l'humilité et l'art de savoir douter de soi avec humour. Je parcourus ensuite avec patience les chemins gris et roses de l'expérience.

Vint enfin l'époque bénie des papas-gâteaux, ceux qui m'aidèrent comme leur fils ou leur petit frère, et surent tisser entre nous des liens au ton de complicité empreinte d'amitié sourde, chaude, mûre et féconde. Ils s'appelèrent d'abord Jean Delaveyne, Paul Bocuse et les frères Troisgros; ils s'appellent aussi « tous les autres »... mes amis!

Car, vous l'avez bien compris, la cuisine est affaire de cœur autant que de métier. Ce métier, office d'enthousiasme et de magie contagieuse, où seule la rigueur dans la liberté permet de faire « œuvre d'esprit »; ce métier généreux prend corps derrière les nuages de fumées odorantes et y puise sa vie fugitive de création spontanée.

LA DERNIÈRE TABLE

Aussi, plus tard, lorsque je le quitterai pour être invité avec mes pairs, derrière d'autres nuages, à la table du Seigneur, j'oserai peut-être, quant à moi, lui demander avec candeur, de me confier pour l'éternité rang d'apprenti dans la grande cuisine des anges... Mais aussi et surtout de me faire goûter à sa dernière création!

Photographies de SARAH MOON
et Michael Yavel

Dessins de Patrice Costergent

LES PRINCIPAUX USTENSILES DE CUISINE

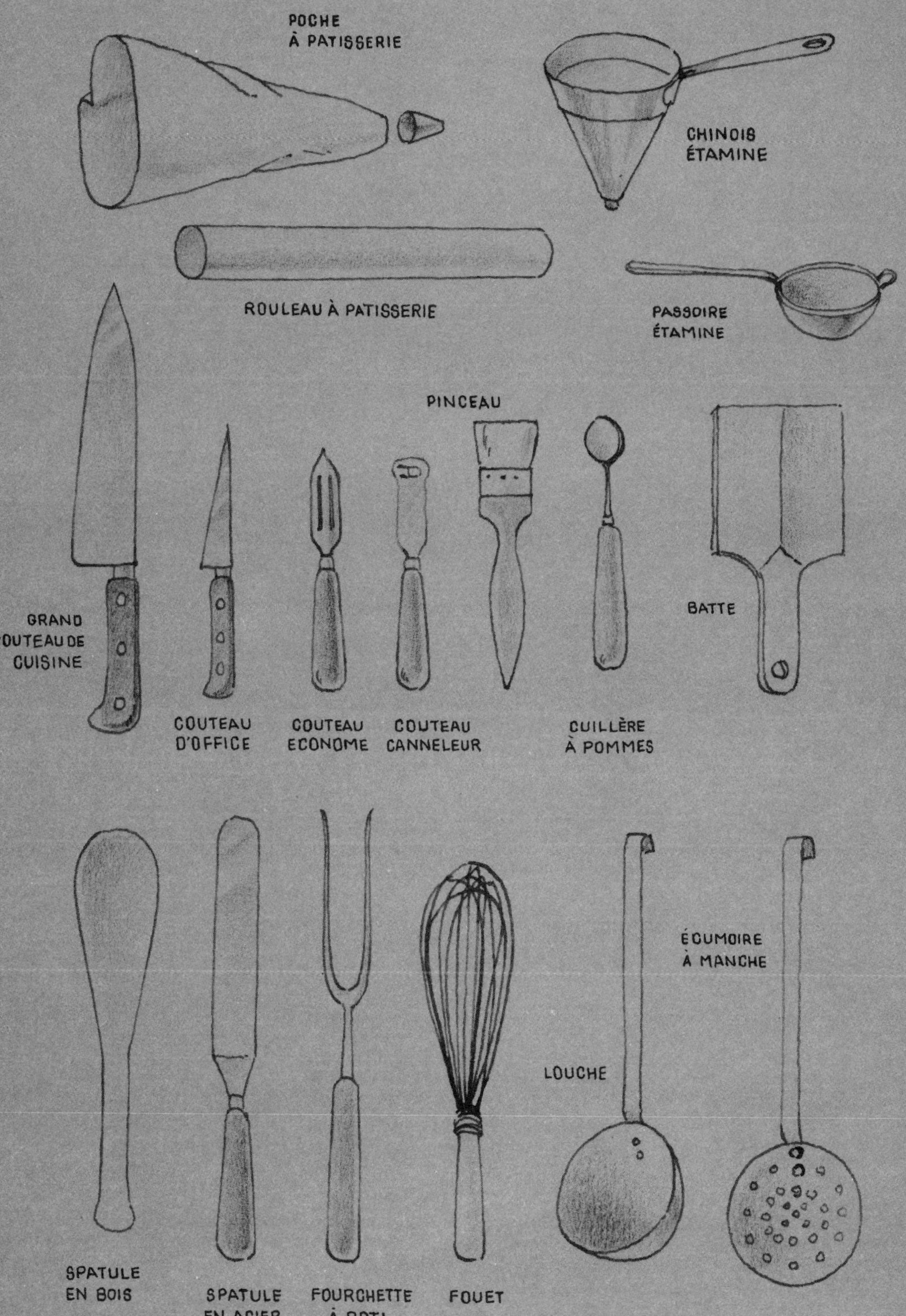
POCHE
À PATISSERIE
CHINOIS
ÉTAMINE
ROULEAU À PATISSERIE
PASSOIRE
ÉTAMINE
PINCEAU
GRAND
COUTEAU DE
CUISINE
BATTE
COUTEAU
D'OFFICE
COUTEAU
ECONOME
COUTEAU
CANNELEUR
CUILLÈRE
À POMMES
ÉCUMOIRE
À MANCHE
LOUCHE
SPATULE
EN BOIS
SPATULE
EN ACIER
FOURCHETTE
À ROTI
FOUET

AU
COMMENCEMENT
IL Y EUT LA TERRE
PUIS L'HOMME
QUI
TROUVA
LE
FEU
ALORS IL SE MIT
A
CUISINER...

CHAPITRE PREMIER

DES CUISSONS

Quel qu'en soit le mode, Mode Traditionnel : à la Cheminée, sur le Gril, Rôti, Sauté, à la Friture, à l'Étouffée, à la Vapeur, Braisé, Poché; ou, Mode Futur, la cuisson est pour un aliment le passage de l'état cru à l'état cuit, phénomène qui modifie son aspect extérieur, voire sa couleur, sa mâche et sa saveur, faisant naître ainsi un halo d'odeurs qui éveillent à l'appétit. Le Feu, lui, en est l'auteur aux maints visages, bois, charbon, gaz, électricité, ondes...

Analyse et principes des différentes cuissons Les deux grandes lois

PAR SAISISSEMENT

● **Avec coloration :**

La méthode consiste à tenir emprisonnés, à l'intérieur de l'aliment à cuire, tous ses sucs et substances nutritives, en rissolant et caramélisant, à l'aide de la chaleur et souvent de la matière grasse, la surface extérieure de cet aliment.

C'EST LE PRINCIPE DES GRILLADES, RÔTIS, SAUTÉS, FRITURES

● **Sans coloration :**

On pourra obtenir le même résultat mais, sans coloration de l'aliment, en le cuisant *dans un liquide bouillant*, *à la vapeur* ou *dans un ustensile anti-adhésif :* pochage des œufs, pâtes alimentaires, légumes, poissons, volailles, viandes.

PAR ÉCHANGE

● **Avec coloration :**

Il s'agit cette fois de *poêler* ou *braiser*, viandes, volailles, gibiers, abats, c'est-à-dire de les sauter vivement dans un corps gras chaud, cela pour en retenir les sucs et substances nutritives à l'intérieur, puis, de les **mouiller** * à mi-hauteur, de vin, fond de veau, volaille, gibier, poisson ou autres bouillons aromatiques.
Les sucs, prisonniers à l'intérieur de l'aliment, vont se libérer petit à petit pour se mélanger au liquide de cuisson, l'aliment s'enrichissant en retour des divers éléments propres à ce liquide d'où *échange*.

C'est là d'ailleurs le principe même de la confection des fonds blonds que nous verrons par la suite.

* Pour tous ces mots en gras, voir lexique sur signet.

● **Sans coloration :**

Même procédé que précédemment, à cette différence que, l'aliment peut être sauté dans un corps gras, mais non coloré (étuvé doucement au beurre : principe de la *fricassée*), ou dégorgé à l'eau fraîche qui enlèvera les dernières traces de sang et **blanchi** au besoin quelques minutes (ris de veau, blanquette, tripes, poule au blanc...), puis, sauté et mis à cuire, dans un ustensile anti-adhésif, avec l'élément de mouillement qui deviendra le départ de la sauce grâce au phénomène d'*échange*.

A la différence des viandes, *le braisage des poissons* ne se fait pas à partir de l'élément sauté, mais, simplement à partir de la pièce déposée sur un plat beurré ou non, **mouillée** à mi-hauteur de fumet de poisson, de vin blanc ou rouge froids et mise au four recouverte d'un papier sulfurisé ou aluminium qui l'empêche de brûler.
C'est là un très bon exemple de cuisson par *échange sans coloration :* en effet, le poisson libère rapidement ses sucs et ses arômes dans le fumet, lequel développe et facilite en échange *le moelleux de sa cuisson*.
Entrent également dans cette catégorie la confection des fonds blancs (volaille, poisson), consommés, le pochage des poissons à partir d'un élément parfumé froid (court-bouillon) dont on élève progressivement la température.

Les différentes techniques de cuisson

CUISSON A LA CHEMINÉE OU AU BARBECUE

L'Homme a commencé de cuisiner sur un feu de bois : c'est là, certainement, la meilleure école de compréhension de l'art du feu et des cuissons.
J'ai développé ce chapitre à dessein par affection pour tous les inconditionnels de l'âtre, cuisiniers en herbe et cuisiniers du dimanche.
Je voulais leur dire *qu'avec un peu d'ingéniosité on peut en effet y pratiquer tous les modes de cuisson.*

CUISSON AU GRIL

C'est une *cuisson par saisissement avec coloration à l'air libre;* la source de chaleur étant l'embrasement de charbon de bois, ceps de vigne, bois d'arbres fruitiers ou autres (éviter les résineux), et l'ustensile de cuisson étant le gril, sur lequel sont posées les pièces à cuire.
Il existe bien sûr des versions contemporaines de grils qui fonctionnent au gaz, à l'électricité, aux infrarouges, ou revêtent simplement la forme d'une plaque en fonte nervurée, légèrement inclinée et qui se pose directement sur le feu... Mais on ne saurait réinventer les effluves bénéfiques du bois sur les aliments!...

SAVOIR GRILLER

Les viandes rouges

Le gril doit être propre, bien chaud et la pièce de viande,

préalablement tenue à la température de la cuisine, enduite très modérément d'huile (arachide ou olive).

Comment griller bleu :

La pièce de viande, posée sur le gril, est saisie sur sa première face puis tournée d'un demi-tour sur le même côté pour obtenir le « quadrillage », donc le rissolage et la formation d'une croûte sur cette face. On opère de la même façon pour l'autre face.
Si le temps de présence sur le gril est limité, on s'aperçoit, en faisant pression avec le doigt sur la croûte, que celle-ci n'offre pas de résistance et reste molle : c'est la cuisson *bleu*.
Pour que la viande soit cependant chaude à l'intérieur, il faut la retirer du plein feu et la tenir couverte, quelque temps, à l'écart, au tiède.

Comment griller saignant :

Si l'on maintient la pièce sur le gril, un léger perlage de sang rosé affleure à la face supérieure de la grillade.
En faisant pression sur la viande, le doigt rencontre une légère résistance souple : c'est la cuisson *saignant*.

Comment griller à point :

Si l'on prolonge la cuisson, qu'il faut moins vive en éloignant sensiblement la viande de la grande source de chaleur, les perles de sang apparaissent plus nombreuses à la surface qui ne repose pas sur le gril.
Le doigt rencontre au toucher une pression plus dense et ferme que précédemment : c'est la cuisson *à point*.

Comment griller bien cuit :

En maintenant encore plus longtemps cette cuisson, les perles de sang se transforment en suintements rose-marron, sur toute la surface de la viande.
Le doigt rencontre une résistance très nette : c'est la cuisson *bien cuit*.

Viandes blanches et volailles
Gibier - brochettes - charcuterie

Le feu doit être moins violent, mais le gril bien chaud avant d'y déposer la pièce à cuire.
En aucun cas, les viandes ne doivent séjourner trop longtemps sur le gril; cela entraîne leur dessèchement.
Au contraire, il faut en arrêter la cuisson à temps pour leur conserver du moelleux. Un poulet, par exemple, ne doit pas être exsangue, mais laisser apparaître le long de l'os du bréchet une couleur rose très pâle qui est la garantie de sa bonne cuisson et la promesse du « fondant » de sa chair (piquer le filet avec une aiguille qui doit s'enfoncer toute seule et laisser perler le sang presque décoloré); il en va de même pour le gibier et l'agneau.

Quand à la composition des brochettes, il est quelquefois préférable d'en cuire auparavant les éléments de garniture (champignons, poivrons, lard, etc...), à l'eau (non salée pour le lard), et d'en mettre les éléments principaux (viande, volaille, abats, poisson) à mariner au préalable (huile, thym, laurier, persil, rondelles de citron, poivre du moulin, etc.).

Les poissons

Les poissons gras et demi-gras sont plus savoureux au gril (sardines, maquereaux, harengs, saumons...) qui élimine une partie de leur graisse.
Les poissons sont très légèrement enduits d'huile après avoir été mis à mariner éventuellement.
Le gril, lui aussi huilé pour éviter les déchirures lorsqu'on retourne la pièce, doit être :
Bien chaud pour les petites pièces.
Bien chaud pour les très grosses pièces qui sont généralement et seulement quadrillées au gril sur les deux faces, puis mises au four pour terminer leur cuisson.
Chaud pour les grosses pièces qui cuisent entièrement sur le gril.
Les poissons plats (barbue, turbot, raie, sole, limande...)

se posent, côté peau blanche en premier, sur le gril. Les poissons ronds (hareng, maquereau, rouget, bar, sardine...) se posent, l'épine dorsale à gauche, en premier sur le gril. Certains gros poissons peuvent se **détailler** en tronçons et être grillés sous forme de « darnes » (saumon, colin...).
Pourtant, plutôt que d'être grillé en darne (le nom ancien « dalle » me paraît plus logique), le saumon (mariné ou non à la mode nordique, *voir marinades p. 97)*, peut se détailler en bandes de 5 cm de largeur prises sur le filet auquel on a conservé la peau (très important). Cette pièce de poisson est posée *côté peau* (ciselée, c'est-à-dire incisée en quadrillage à l'aide d'un petit couteau) *sur le gril et va cuire entièrement dans cette position :* la peau grillée va communiquer au poisson une agréable odeur de fumé lui conservant un moelleux de chair et une tendreté hors pair.
Les huîtres, coquilles Saint-Jacques, palourdes, pétoncles... se posent sur le gril et s'ouvrent tout seuls.
On peut les manger tels quels ou leur ajouter un tour de moulin à poivre et des fines herbes, au choix.
En Roussillon, on fait cuire les escargots à jeûn et dégorgés, directement sur le gril (cargolade), on les accompagne de saucisses également grillées, de boudin catalan, de pain à l'huile et de roquefort.

ASTUCES ET TOURS DE MAIN

● Le sel a la propriété de faire sortir de la viande sucs et sang et d'empêcher par là même la formation de la couche rissolée.
Il est donc toujours préférable de *saler les petites pièces de viande rouge à mi-cuisson.* Cependant, s'il s'agit d'*une grosse pièce*, où la viande est quelquefois après la cuisson découpée en tranches, ou d'un poisson auquel on lève les filets, il est souhaitable sinon *indispensable de saler une seconde fois* après les avoir **détaillés**, en ajoutant aussi un tour de moulin à poivre, en effet, le sel n'aura jamais pu, la première fois, atteindre le cœur de la viande ou du poisson.
Ceci est valable pour toutes les grosses pièces à **détailler** comme : le gigot, le train de côtes de bœuf, de veau, de porc, la selle d'agneau, etc.

● Éviter pendant la cuisson de retourner la viande en la piquant avec une fourchette ce qui entraînerait une déperdition des sucs et du sang.

● Les grillades plus volumineuses doivent cuire plus doucement pour que la chaleur les atteigne à cœur : les sortir donc d'une zone de chaleur trop violente; on peut en faciliter la cuisson en incisant leur peau plusieurs fois (gigot, poisson). Si la grillade a une forme qui va s'amincissant (exemple : l'aiguillette de rumsteack), tenir, pendant la cuisson, le côté mince plus éloigné de la zone de chaleur que le côté épais.

● Si l'on ne craint pas les calories superflues, la viande ou le poisson peuvent être badigeonnés après cuisson, à l'aide d'un pinceau ou d'un plumet fait de plumes de volaille, d'un peu d'huile ou de beurre fondu qui les rendent brillants et jolis à regarder.

● La grillade est en principe présentée, côté face cuite, en premier.

● Après usage, lorsqu'il est encore bien chaud, le gril doit être « décrassé » à l'aide d'une brosse métallique pour en détacher tous les résidus qui donneraient en brûlant un goût amer aux prochaines grillades.

CUISSON A L'ÉTOUFFÉE DANS LA CHEMINÉE

On emprisonne l'aliment dans un papier sulfurisé ou aluminium et on le glisse sous les cendres chaudes.

● **soit à sec :**

— Pommes de terre, champignons, asperges, etc.
— Alouette, grive, ortolan, lapereau, pigeon, etc., agrémentés de fines herbes, thym, laurier, etc.
— Pomme fruit, banane, etc. (flanquées de vanille en gousse).

● **soit mouillé :**

On verse alors, dans le sac en papier ou papillote, avant de le refermer, vin blanc ou rouge, fumet, bouillon aromatique qui recouvrira ou noiera l'aliment à cuire. La papillote pourra être posée sur le gril et même enfouie sous les braises rouges, le liquide se trouvera absorbé complètement par l'aliment empêchant ainsi, en même temps, le papier de brûler.

CUISSON A LA VAPEUR DANS LA CHEMINÉE

On étale sur le gril du varech (algues), gorgé d'eau de mer ou, des herbes humides et sauvages des prés dans lesquels on glisse le poisson à cuire. On recouvre des mêmes éléments et il ne faudra guère plus de 20 minutes pour cuire un bar (loup) de 800 g.

CUISSON « A LA PARESSEUSE » DANS LA CHEMINÉE

Les grosses pièces de viande comme le train de côtes de bœuf, le gigot d'agneau, etc., peuvent prétendre cuire à l'âtre sans l'aide de la broche. Il suffit pour cela de bien les faire préalablement colorer et quadriller de tous côtés sur le gril, puis, de les déposer tout près du foyer sur les cendres chaudes, mais non rouges, en ayant soin de glisser dessous un papier aluminium.

Cette cuisson est plus longue que toutes les autres car elle correspond à la température d'une étuve : 100° environ.

De temps à autre, retournez la pièce et n'ayez crainte de l'y laisser 2 à 3 heures, suivant sa grosseur. En découpant votre gigot d'agneau, vous serez stupéfait de sa tendreté et de la couleur uniformément rosée de sa chair.

CUISSON A LA FUMÉE DANS LA CHEMINÉE

Il ne faut pas confondre ce mode de cuisson avec le fumage de certains poissons (saumon, truite, esturgeon) ou volaille (oie, poulet, canard), préalablement mis en salaison ou marinés et imprégnés de fumées odorantes presque froides. Ce fumage à tiède ou à froid correspond à un « boucanage », qui est l'une des premières méthodes de conservation d'autrefois.

Ici, il s'agit, au contraire, de préparer un bon feu riche en

braises, d'y mettre le gril afin de bien le chauffer, puis de saisir et faire colorer dessus, sans le cuire, l'aliment choisi (viande, volaille, poisson).
Aussitôt cette opération terminée, on étouffe le brasier à l'aide de branchages mouillés ou de sciure (chêne, aulne, peuplier ou arbres fruitiers, jamais de résineux).
On repose l'aliment, simplement saisi, sur le gril et l'on cloche : la fumée chaude emplit la cavité intérieure de la cloche et parachève lentement la cuisson de l'aliment, l'imprégnant de mille odeurs et saveurs boisées.

CUISSON RÔTIE
LES RÔTIS

Rôtir un aliment c'est le cuire sous l'action directe de la chaleur, sans humidité, et en le tournant souvent. C'est une autre version de la cuisson par *saisissement avec coloration.*
Pour obtenir rissolement et caramélisation de l'aliment, il faut, comme pour les grillades, l'enduire sans exagération de corps gras (2/3 huile, 1/3 beurre).
Cette cuisson se fait au four, à la broche et même, en dépannage, en cocotte ou braisière découverte.

AU FOUR

● Le four (il doit être muni d'un système d'évacuation des buées) est préalablement chauffé et la température, réglée en fonction de la nature et du volume de la pièce à cuire.
Cette température doit être suffisamment élevée (250 °C - 300 °C, thermostat 8-9-10) pour bien saisir et permettre de conserver les sucs à l'intérieur de l'aliment.

● La pièce (viande, volaille, gibier, poisson) est très légèrement enduite de matière grasse, mise au four (non salée) et posée au choix, soit à même le plat à rôtir (façon ménagère), soit dans un plat spécial, appelé lèchefrite, muni d'une grille pour qu'elle ne baigne pas dans la matière grasse ou la sauce, soit sur un lit d'os concassés et légèrement rissolés avant, soit encore sur un lit d'algues (réservé aux poissons).

● Dès que le saisissement et la coloration de la pièce sont terminés, réduire légèrement l'intensité du four et arroser avec le jus qui se trouve au fond du plat (excepté celui des algues) jusqu'à complète cuisson.
On peut alors saler.

Les viandes blanches, volaille, gibier, gros poisson, réclament, après avoir été saisies, une température plus modérée pour parvenir à cuisson et conserver leur moelleux.

A LA BROCHE

La cuisson se déroule à la broche dans la cheminée, par conséquent entièrement à l'air libre, non saturé d'humidité et en mobilité constante grâce au tournebroche : le rôti, cuit de cette façon, est pour certains plus savoureux que celui cuit au four.
La technique de cuisson est la même que celle pratiquée au four, cependant il est préférable d'arroser plus fréquemment encore la pièce avec la matière grasse du rissolage recueillie dans le fond de la lèchefrite.

ASTUCES ET TOURS DE MAIN

Comment servir un rôti tendre

Une pièce rôtie à la broche ou au four est cuite par *saisissement avec coloration*; la forte température en caramélise, grâce à la matière grasse, la surface extérieure, emprisonnant sucs et sang à l'intérieur.
Par le système de ramification des vaisseaux, ces sucs et sang, poussés au cœur de la pièce, permettent à celle-ci de cuire dans son jus sans perdre de substance nutritive.
Si l'on découpe le rôti juste après cuisson, on trouve, à la coupe, une couche extérieure très cuite, une autre moins cuite et la dernière, « bleue » :

IL FAUT DONC LAISSER REPOSER LES VIANDES

En effet, si l'on écarte le rôti de son aire de cuisson et le conserve au tiède sur un plat recouvert d'une cloche, d'un saladier ou d'un papier aluminium, la chaleur n'exerçant plus de pression vers le cœur de la pièce, le sang, par le processus inverse va refluer vers les couches extérieures du rôti en donnant à celui-ci une couleur uniformément rosée ou rouge suivant la cuisson.
En même temps, les fibres musculaires contractées par la chaleur se détendent et se relâchent donnant par là même toute la tendreté souhaitable.

IL EST DONC PRÉFÉRABLE QUE LE GIGOT SOIT CUIT UNE HEURE AVANT QUE N'ARRIVENT LES INVITÉS

- Saler en cours de cuisson, puis à nouveau sur chaque tranche au découpage; agrémenter d'un tour de moulin à poivre.

- Éviter pendant la cuisson de piquer le rôti avec une fourchette.

- Certaines viandes un peu sèches, comme le gibier, gagnent à être entourées d'une barde de lard — qui est retirée avant la fin de la cuisson pour permettre à la pièce de dorer — et même, au besoin, lardées en enfonçant à l'intérieur de la chair des petits bâtonnets de lard à l'aide d'une lardoire (grive, perdreau, faisan, lapin de garenne, lièvre, etc.).

- Si la pièce, particulièrement fragile et trop sensible à la source de chaleur, commence à brûler, l'envelopper dans un papier aluminium (y compris manche de gigot, queue du poisson...).

LES JUS DE RÔTIS

Les jus de rôtis ne sont jamais mieux confectionnés qu'en cuisine ménagère. Car la *cuisinière leur conserve instinctivement une authenticité naïve* tandis que le *cuisinier cherche souvent à en faire une sauce élaborée*, voire sophistiquée, ce qui, à mon avis, ne doit jamais être le cas.

Une viande, une volaille, un gibier ou *même un poisson*, qui ont rôti au four dans un plat à bonne dimension, ont laissé au fond de ce plat des sucs qui vont servir à faire le jus.

ASTUCES ET TOURS DE MAIN

● Prendre soin de cuire la pièce en l'ayant badigeonnée de moitié huile et moitié beurre = 30 g par kg de viande (l'huile, pouvant supporter des températures plus élevées que le beurre, ralentit le phénomène de décomposition de celui-ci).

● Ajouter dans le plat une ou plusieurs gousses d'ail non épluchées (suivant son goût) et enfourner dans le four chauffé à l'avance.

● Au bout de dix minutes de cuisson, arroser le rôti avec le jus déjà obtenu, et le retourner dès qu'il est coloré d'un côté. Répéter plusieurs fois cette opération.

● Sortir le plat du four, enlever le rôti et le garder au chaud en le couvrant; vérifier si les sucs qui masquent le fond du plat sont assez caramélisés (veiller à ce qu'ils ne *noircissent en aucun cas*, ce qui donnerait au jus un goût amer irrécupérable).

● Dégraisser en partie avec une petite louche (il doit rester dans le jus 1/4 des graisses, qui lieront la sauce à l'ébullition). **Déglacer**, c'est-à-dire ajouter le double d'eau chaude du volume de jus que l'on veut obtenir et décoller à l'aide d'une cuillère toutes les particules (sucs) caramélisées au fond du plat pour les faire dissoudre dans l'eau chaude de déglaçage.

● Laisser bouillir et **réduire** de moitié (compter deux cuillères à soupe par personne).

● Passer ce jus à la passoire fine en foulant l'ail à l'aide de la petite louche (facultatif), si l'on veut une sauce un peu aillée. On peut également incorporer à la fin, pour obtenir un jus plus doux, quelques parcelles de beurre que l'on mélange en donnant au plat un mouvement rotatif *(voir méthode p. 71)*, mais aussi quelques gouttes d'un bon vinaigre de vin rouge qui dégagera mieux le caractère du jus.

Comment corser le jus de rôti

On peut faire dorer autour du rôti et pendant sa cuisson : quelques os de veau concassés pour un rôti de bœuf ou de veau, quelques os d'agneau pour un gigot ou un carré, quelques carcasses de volaille brisées pour une volaille, etc. Au moment du déglaçage, on remplacera l'eau chaude de déglaçage par du bouillon de veau, agneau, volaille (fond léger).

CUISSON SAUTÉE
LES SAUTÉS

LA CUISSON SAUTÉE EST UN MOYEN RAPIDE DE PRÉPARER DES PLATS EN SAUCE SAVOUREUX

Cette cuisson « à la minute » par *saisissement* se rapproche à la fois de celle des grillades et des rôtis puisqu'il s'agit de cuire rapidement dans une casserole plate, sauteuse ou sautoir — une poêle peut également remplir ce rôle — enduite de moitié huile, moitié beurre (compter en tout 15 g par personne), des *petites pièces* de viande, abats, volaille, gibier, poisson, légumes qui, toujours au contact de la matière grasse chaude, vont se caraméliser, rissoler, enfermant à l'intérieur sucs et sang ou sève.
C'est dans la finition de la cuisson que réside la différence technique.

FORMULE GÉNÉRALE

● Une fois sautées, dorées des deux côtés, salées et cuites à souhait (bleues, saignantes, à point, bien cuites, comme pour les grillades), retirer les pièces de la sauteuse ou de la poêle et les déposer sur un plat chaud près du feu.

● Dégraisser généralement la sauteuse en versant la graisse dans un bol.

● **Déglacer**, c'est-à-dire verser dans la sauteuse, suivant la recette, un liquide (vin blanc, vin rouge, vinaigre, Madère, Porto, Jerez, Noilly, Armagnac, Cognac : 2 cuillerées à café d'alcool ou 2 cuillerées à soupe de vin par personne) qui, porté à ébullition, fera dissoudre les sucs caramélisés dans le fond de la sauteuse. Laisser réduire le volume des 3/4.

● Ajouter, suivant la nature des pièces traitées et par personne, de 3 à 5 cuillerées de fond de veau, de volaille, de gibier ou de fumet de poisson *(voir p. 57).*
Laisser **réduire** de moitié.

● Retirer du feu et incorporer par un mouvement rotatif de la sauteuse des parcelles de beurre (30 g par personne) ou de crème (50 g par personne). *(Voir chapitre des liaisons au beurre p. 71.)*

● La sauce obtenue ne doit pas être « un bain de pieds » mais au contraire une sauce courte qui doit juste recouvrir la pièce sautée et s'étaler délicatement autour.

● Les pièces, une fois sautées, doivent être **réservées** à part au chaud : elles ne doivent jamais bouillir avec l'élément de **déglaçage** (alcool, vin, fond), ce qui les transformerait en *ragoût*.

VOICI DEUX EXEMPLES :

● **Pièce de bœuf sautée au Bordeaux.**

Retirer la pièce cuite (contre-filet de 500 g pour 2 personnes), de la sauteuse, où il faudra laisser un peu de matière grasse et une cuillerée à soupe d'échalote hachée qui va y « fondre » doucement.
Déglacer de 4 cuillerées à soupe de Bordeaux.
Laisser bouillir et **réduire** des 3/4 du volume.
Ajouter 8 cuillerées à soupe de fond de veau.
Laisser bouillir et **réduire** de moitié.
« Monter » avec 60 g de beurre frais et, selon votre goût, enlever ou non les échalotes.
Napper la viande **réservée** au chaud, de cette sauce et la décorer de deux rondelles de moelle **pochée**.

● **Escalope de veau sautée à la crème** (1 personne).

Opérer comme précédemment mais **déglacer** au Noilly ou Porto sans ajouter d'échalote.

Ajouter 2 grosses cuillerées à soupe de crème fraîche double. Laisser **réduire** de moitié et **napper** l'escalope de la sauce obtenue.

ASTUCES ET TOURS DE MAIN

● Cette recette, pour être parfaite, doit presque être réalisée « *au moment* ».

● La taille de la sauteuse doit correspondre à la quantité de viande à sauter : si le fond de la sauteuse n'est pas entièrement recouvert des aliments à sauter, la matière grasse brûle rapidement dans les parties vides et communique à la sauce un goût amer lors du déglaçage.

● Les petites pièces (tournedos, côtelettes, escalopes...) sont cuites à découvert et rapidement.

● Les pièces plus grosses, donc un peu plus longues à cuire (cuisses de volaille, morceaux de lapin), sont cuites après rissolement, à couvert et plus lentement.

COMMENT BIEN CUIRE UN POISSON « A LA MEUNIÈRE » :

La cuisson dite « Meunière », réservée aux poissons (truite, brocheton, lotte de rivière, rouget, sole, daurade, colineau, etc.) ou à d'autres aliments comme la cervelle, est une forme de cuisson sautée mais qui s'arrête avant le déglaçage de la pièce.

PRENONS L'EXEMPLE DE LA TRUITE :

● Mettre à chauffer sur le feu, dans une poêle ou un plat ovale de la taille du poisson, moitié huile, moitié beurre, environ 20 à 30 g en tout, ce mélange évite au beurre de colorer trop rapidement.

● Ajouter une gousse d'ail non épluchée : le parfum de l'ail reste très discret et communique à l'ensemble de la préparation une nuance subtile.

● Essuyer le poisson sur un papier absorbant ou un linge.

- Saler, poivrer, puis passer très légèrement les deux faces du poisson à la farine. Tapoter pour en enlever le surplus.
- Déposer le poisson sur la matière grasse chaude.
- Laisser cuire sans excès de chaleur chaque face du poisson, environ 4 minutes, en lui laissant prendre une belle couleur blonde.
- Enlever le poisson et **réserver** à part au chaud.

IL EST A MON AVIS IMPÉRATIF DE CUIRE LE POISSON DANS UN MINIMUM DE MATIÈRE GRASSE

- Si la cuisson a été bien menée, le peu de beurre qui reste dans le plat est encore blond. Le rapprocher d'une source de chaleur, plus intense et y déposer à nouveau 50 g de beurre pour le transformer en « beurre noisette » : au contact de la chaleur le beurre devient blond et ne « chante » plus; l'eau qu'il contenait s'est évaporée.
- L'arroser d'un jus de citron qui va le faire mousser et verser immédiatement sur le poisson après avoir enlevé la gousse d'ail.

Pendant la cuisson, un poisson doit conserver intact son goût de mer ou de rivière et non se transformer en « éponge à beurre ».

CUISSON EN FRITURE
LES FRITURES

La cuisson en friture est une cuisson par *saisissement avec coloration.* Faire frire consiste à plonger un aliment dans un bain de matière grasse ou « friture », porté à 170 ° maximum (huile d'arachide, d'olive, végétaline, saindoux, graisse de rognon de bœuf, de veau, de cheval) et à l'y maintenir jusqu'à complète cuisson, le beurre et la margarine étant exclus à cause de leur décomposition à forte température. Pour faciliter cette opération, les aliments à traiter doivent être bien secs et de taille assez petite afin que la température les atteigne rapidement à cœur.

Il faut également les jeter à frire en petite quantité afin de ne pas abaisser trop rapidement la température de la matière grasse.

FRITURE SANS ENROBAGE

Les pommes de terre : frites, pailles, allumettes, pont-neuf, chips, soufflées.
Les pâtes à choux : beignets soufflés, pets de nonne.
Les pâtes brisées : beignets de carnaval.
Les pâtes levées : beignets de brioche.
Les œufs frits.
Les herbes : persil, oseille (doivent être mis dans une friture peu chaude pour conserver leur couleur).
Les petites volailles : poussins, ortolans.

FRITURE AVEC ENROBAGE

● *A la farine :*

Les petits poissons (friture);
Les plus gros en tranches (darne).
Procédé : tremper dans du lait froid, puis saler et passer dans la farine en tapotant pour en enlever le surplus.

● *A la panure ou chapelure :*

Volaille, poisson, escalope de veau...
Procédé : l'aliment est préalablement enduit à l'œuf battu mélangé d'huile et recouvert de mie de pain séchée.

● *A la pâte à frire :*

Beignets de fruits (pomme, abricot, banane...);
Beignets de légumes (choux-fleurs, salsifis...);
Beignets de viande (cervelle);
Beignets de poisson (brandade de morue).

● *A la pâte feuilletée :*

Rissoles de truffes...

ASTUCES ET TOURS DE MAIN

COMMENT RÉUSSIR LES POMMES DE TERRE FRITES :

● Les pommes de terre (Bintje de préférence) sont **détaillées** en bâtonnets d'épaisseurs différentes selon votre goût — de 1 cm pour les pommes dites « pont-neuf » à 3 mm pour les pommes dites « allumettes » —, lavées à l'eau froide puis épongées dans un linge.

● Faire chauffer le bain d'huile à température moyenne 150 °C. On teste la température en jetant une frite dans l'huile ; si elle remonte presque aussitôt (25 secondes) en bouillonnant, c'est que la friture est à point.

● Plonger les frites et les laisser cuire une 1re fois pendant 7 à 8 minutes. Si l'on en prend une entre les doigts après l'avoir laissée refroidir, la pulpe doit s'écraser : la frite est cuite.

● Les sortir à l'aide d'une écumoire, araignée (ou simplement du panier à friture) et les **débarrasser** sur une plaque garnie d'un linge ou d'un papier absorbant.

● Amener le bain d'huile à 170 ° (surtout ne pas faire fumer l'huile) et replonger les frites à l'aide du panier à friture en remuant celui-ci pour qu'elles restent bien détachées ; 2 à 3 minutes suffisent pour les rendre dorées et croustillantes.

● Les sortir à nouveau du bain d'huile et les déposer sur la plaque dont on aura changé le linge ou le papier absorbant.

● Les saupoudrer de sel fin en les mélangeant, ou mieux, de sel du moulin.

● C'est à la seconde plongée dans l'huile plus chaude que la surface des frites acquiert une pellicule imperméable qui va être gonflée par la volatilisation de l'eau renfermée à l'intérieur (principe des pommes soufflées).
Il est indispensable de contrôler la température de l'huile (friteuse électrique à thermostat ou thermomètre spécial de contrôle) qui ne doit pas dépasser 170 °C.
Passé cette température, l'huile devient vite toxique.

COMMENT RÉUSSIR LA PETITE FRITURE DE POISSONS :

Un ami pêcheur, dont le métier peu commun est de réempoissonner lacs et étangs de France, m'a enseigné un grand nombre de choses ignorées sur les poissons d'eau douce, entre autres, une façon exquise de frire les petits poissons.
Il se garde bien de les passer à la farine avant de les jeter dans la friture; il les enfile tout simplement, telles les perles d'un collier, sur un jonc aquatique, les met à sécher un moment au soleil; puis il les frit. Le résultat est d'une légèreté sans pareille.

CUISSON A L'ÉTOUFFÉE
A LA VAPEUR - EN VESSIE - EN PAPILLOTE
EN CROÛTE - LES BRAISÉS - LES RAGOÛTS

La cuisson à l'étouffée est une cuisson, par *saisissement ou par échange* (quelquefois les deux) en vase clos, des aliments qu'accompagnent soit leur propre jus, soit un liquide aromatisé qui en relève le goût.
Il y a alors formation de vapeurs odorantes qui pénètrent l'aliment, lequel libère ses sucs pour enrichir en retour le jus d'accompagnement.

CUISSON A LA VAPEUR

Il s'agit là d'une cuisson à l'étouffée par *saisissement*, puisque l'aliment ne va emprunter pour cuire que les vapeurs enrichies d'un bouillon aromatisé ou pas, sans rien lui communiquer en retour. On peut bien entendu utiliser, comme base, le plus simple des bouillons, l'eau salée.

● Voici le principe de base de cette cuisson :

Il suffit de prendre un récipient de la taille et de la forme de l'aliment à cuire — une casserole, une cocotte en fonte, un couscoussier peuvent très bien remplir ce rôle — que l'on

remplit, au quart de son volume, de bouillon aromatisé ou non, maigre ou gras selon les besoins.
On pose alors, à l'intérieur de l'ustensile choisi, une grille à pieds ou une plaque percée qui va affleurer le liquide bouillant, laisser passer la vapeur jusqu'à l'aliment posé sur la grille, et, par là même, le cuire.

● A partir de ce principe, deux *moyens originaux* de procéder : Le poisson peut être cuit entre une litière et une couverture d'algues (poissons de mer) ou d'herbes sauvages de la prairie (poissons de rivière), arrosées d'une louche d'eau pour faire partir la cuisson et provoquer la vapeur.
Un gigot un jambon pourront être cuits de la même manière, mais en remplaçant les algues par du foin parfumé.

● Dans le principe de base énoncé ci-dessus, lorsque la vapeur est obtenue à partir d'un bouillon riche en parfums et sucs (volaille, viande, légumes), ce bouillon pourra être le départ de la sauce d'accompagnement.
Cela ne peut être appliqué dans la cuisson aux algues ou au foin qui ne sont pas récupérables.

CUISSON EN VESSIE

La cuisson en vessie — cuisson par *échange* — est une des formes de la cuisson à l'étouffée. La vessie devient l'ustensile de cuisson dans lequel est hermétiquement enfermé l'aliment à cuire (volaille, pot-au-feu... mais pourquoi pas gigot ?), farci ou non et accompagné de quelques cuillerées d'un excellent bouillon de poule ou de bœuf très « fruité », auquel on peut ajouter une ou deux cuillerées à soupe de Madère, Porto, jus de truffes, ou truffe entière, fines herbes, champignons secs...
— La vessie de porc doit être bien lavée et retournée (les odeurs désagréables qui pourraient s'en dégager ou se régénérer lors de la cuisson se retrouvent ainsi à l'extérieur).
— On y introduit l'aliment et l'on ferme la vessie en la resserrant à l'aide d'une ficelle ; puis on la pique de la pointe du couteau pour pratiquer de petits trous qui jouent le rôle de soupapes de sécurité — sinon la vessie, sous la pres-

sion, se détacherait pendant la cuisson — et enfin :

— soit on l'immerge dans une cocotte d'eau chaude en ayant soin d'attacher la ficelle de fermeture à la poignée de cette cocotte;

— soit on la pose simplement dans la partie supérieure du récipient à vapeur (le couscoussier se prête très bien à cette opération).

On peut également employer une marmite à cuisson sous pression.

Ces cuissons à la vapeur sont plus rapides que les autres, une poularde de 2 kilos 500 sera cuite moelleuse en 3/4 d'heure-1 heure environ.

CUISSON EN PAPILLOTE

La cuisson en papillote est une autre forme de cuisson à l'étouffée par *échange*. Seul l'habit varie.

L'aliment est quelquefois :

● **Précuit, voire cuit :**

Ris de veau, saucisse, boudin, andouillette, saucisson, pied de porc farci ou non, côte de veau (recouverte d'une purée de champignons ou d'une **mirepoix** de légumes), etc.

● **Ou cru :**

Tous les poissons et crustacés.

Le petit gibier, grive, alouette, ortolan, lapereau, etc.

Escalopes de foie gras.

Pommes de terre, champignons (truffes, cèpes, etc.).

Pommes fruit, bananes.

Pour réaliser cette cuisson, on enferme hermétiquement l'aliment choisi dans une feuille de papier sulfurisé, huilé ou non, que l'on replie sur l'aliment en forme de chausson aux pommes, en pinçant les bords pour qu'il n'y ait pas déperdition de vapeur.

PRENONS DEUX EXEMPLES :

● Une pomme fruit épluchée, épépinée et conservée entière, poudrée de sucre semoule, arrosée de rhum, enfermée avec 1/2 gousse de vanille et une noix de beurre dans un sac façonné en papier aluminium et glissée sous les cendres chaudes (ou dans un four) demande 15 minutes de cuisson.

● Une escalope de saumon cru, assaisonnée, garnie d'une cuillerée à café d'échalote hachée finement, d'une cuillerée à soupe de **julienne*** de légumes (carotte, céleri, champignons), *(voir recette p. 274)* arrosée d'une cuillerée à soupe de fumet de poisson, d'une cuillerée à soupe de vin blanc et enrichie d'une noix de beurre frais, le papier sulfurisé replié en forme de chausson, cuit à four très chaud sur un plat huilé, en 6 minutes.
Ces deux méthodes de cuisson — vessie, papillote — restent très originales, car, jusqu'au moment de leur ouverture, elles permettent *d'exacerber et de sublimer les parfums* concentrés et retenus en elles.
C'est en fait grâce à ces habits — vessie et papillote — sorte de « complets sur mesure », que le phénomène d'osmose pendant la cuisson peut atteindre ce degré de perfection.

CUISSON EN CROÛTE

Cette cuisson, cuisson à l'étouffée, tout comme les précédentes, a pour but de concentrer les arômes de l'aliment à cuire — auquel peuvent être ajoutés d'autres ingrédients, fines herbes, purée de champignons... — en l'habillant d'une croûte comestible ou non, qui en épouse parfaitement les formes.

EN CROÛTE COMESTIBLE :

● Dans certains cas l'aliment est déjà saisi pour que ses sucs restent bien concentrés à l'intérieur : on attend alors qu'il soit refroidi avant de l'enrober de pâte.
Exemples : Filet de bœuf, selle ou gigot d'agneau (désossé), poulet, coq, gibier (caille, grive, alouette, bécasse, faisan). Ceux-ci sont enrobés, au choix, de pâte feuilletée, pâte à brioche, pâte brisée, pâte à pâté et mis à cuire au four.

● L'aliment peut être enrobé cru avec les pâtes citées ci-dessus : c'est le cas des pâtés en croûte en général.
Dans les deux cas, on pratique dans la couche supérieure de la pâte 1 ou 2 trous, auxquels on adapte un petit tuyau de

* Voir illustration p. 103.

papier façonné du diamètre du petit doigt. Celui-ci sert de « cheminée » par laquelle l'excédent de vapeur s'évacue, évitant ainsi à la pâte de craqueler puis de se rompre pendant la cuisson.
Cette croûte est préalablement badigeonnée, au pinceau, d'œuf battu pour obtenir une belle coloration pendant la cuisson.

EN CROÛTE NON COMESTIBLE :

● La plus fréquemment utilisée en cuisine est faite d'un mélange de gros sel humecté, additionné d'un peu de farine. On peut, après l'avoir bien saisi sur la plaque à rôtir, cuire au four, un train de côtes de bœuf (5 à 6 côtes) entièrement enrobé de cette carapace de gros sel permettant une cuisson lente et souple.
C'est aussi une bonne recette de poulet « rôti » :
On recouvre de gros sel le fond d'une cocotte préalablement habillée de papier aluminium, on y dépose la volaille que l'on « enterre » entièrement sous une autre couche de gros sel. On met à cuire à découvert, à four préalablement chauffé à chaud (210 °C, thermostat 8); lorsque le temps de cuisson est accompli (1 heure pour une volaille de 1 kilo 500), on démoule « ce gâteau de sel » et l'on en sort un poulet aussi croustillant que s'il avait été rôti...

● A la campagne on a longtemps utilisé l'argile pour cuire les petits oiseaux et certaines volailles comme le coquelet, pintadeau, pigeon...
Ces oiseaux et volailles sont vidés *sans être plumés*, assaisonnés, farcis ou non, puis enrobés d'une couche d'argile.
On les met sous la braise ou on les enfourne au four préalablement chauffé à moyen (220 °C, thermostat 7), tels quels.
L'argile en cuisant devient un second four hermétique.
Il suffit alors, après cuisson, de casser la croûte dans laquelle les plumes sont restées collées pour libérer la volaille moelleuse à souhait.

LES BRAISÉS — LES RAGOÛTS

Le braisage est par excellence la *cuisson par échange*.
Préalablement saisi sur toutes ses faces dans un corps gras (sauf pour le poisson), l'aliment doré, et accompagné de

légumes sous forme de **mirepoix,** est **mouillé** jusqu'à mi-hauteur d'un liquide aromatisé (bouillon, vin, fond de veau) *(voir recette p. 57).*
Une cocotte à fond épais (ou mieux une braisière) fermant hermétiquement en favorisera la cuisson qui doit être *douce, longue et régulière*, entraînant un attendrissement des fibres de l'aliment et, par l'apport des sucs qui en sont issus, une augmentation de la sapidité du jus de cuisson qui se transforme en sauce riche et parfumée.

COMMENT BIEN RÉUSSIR CES PRÉPARATIONS :

Prenons l'exemple d'une pièce de bœuf braisée (aiguillette de rumsteck) :

● Faire larder la viande par le boucher (cette opération consiste à transpercer la viande, dans le sens de la fibre, à l'aide d'une lardoire garnie d'une longue lanière de lard gras — 1 cm de côté — cela plusieurs fois sur toute la longueur de la pièce — 6 à 8 fois environ — pour bien « truffer » la viande). Le lard, ainsi incrusté, apportera pendant la cuisson moelleux et saveur au cœur de la viande.
Si vous choisissez de braiser une joue de bœuf (peu utilisée, elle est pourtant un merveilleux morceau à braiser), sa texture gélatineuse lui apporte une souplesse naturelle suffisante.

● Mettre cette pièce à mariner *(voir marinades p. 97)* pendant une nuit, afin qu'elle s'imprègne pleinement de parfums de vins et saveurs végétales (légumes et bouquet garni).

● Au sortir de la marinade, éponger la pièce de bœuf dans un linge, puis, dans une cocotte en fonte où vous aurez fait chauffer de l'huile, faites-la dorer accompagnée d'un os — « crosse » — de veau.

● Une fois la viande uniformément rissolée, la retirer de la cocotte, la remplacer par les légumes de la marinade, ou mieux, par leur poids correspondant d'une **mirepoix** de légumes, ajouter le bouquet garni et 2 gousses d'ail non épluchées.

● Faire cuire ces légumes doucement (5 à 6 minutes) puis poser la pièce de bœuf dessus.

● Ajouter le jus de marinade passé au chinois et faire bouillir jusqu'à évaporation de la moitié du liquide; puis verser du fond de veau *(voir p. 57)* ou bouillon de bœuf de manière à **mouiller** la pièce à mi-hauteur.

● Assaisonner très modérément, car la sauce se corse spontanément en cuisant. Couvrir dès le départ de l'ébullition, en ayant soin de la maintenir, douce et régulière, pendant toute la cuisson. Celle-ci peut se faire au four ou sur le gaz, à condition, dans ce cas, de placer une plaque isolante entre la flamme et le fond du récipient.

● La cuisson est achevée lorsqu'en piquant la viande avec une aiguille (à brider ou tricoter) celle-ci s'y enfonce absolument sans effort.

● Dresser la viande sur un plat à l'aide d'une écumoire. La sauce qui s'est concentrée pendant la cuisson doit être passée avec soin et complètement dégraissée.
Utiliser, pour la verser, une petite louche et, pour tamiser, une passoire que l'on aura doublée d'un papier absorbant. Enfin, l'amener à la consistance voulue en la laissant encore **réduire**.

Remarques : Le braisage des grosses pièces de veau (noix, selle, quasi, cuisseau entier) se pratique de la même façon, en faisant toutefois attention, lors du saisissement de la viande, à ne pas ou presque pas provoquer de coloration (braisage à blanc).

Le ris de veau (préalablement dégorgé à l'eau fraîche, mais non obligatoirement **blanchi** comme il est d'usage de le faire) peut être saisi et coloré à brun, ou saisi sans coloration à blanc.

Les légumes braisés sont généralement couchés dans un plat sur une garniture aromatique grasse, **mouillés** ou non à hauteur, de fond de volaille ou bouillon de poule puis recouverts d'une couenne et cuits à couvert.

Les poissons braisés font exception en ce sens qu'ils ne sont pas cuits enfermés dans l'ustensile de cuisson, mais disposés sur un plat beurré assaisonné et recouvert d'échalotes hachées; **mouillés** à mi-hauteur d'un mélange moitié fumet de poisson, moitié vin (blanc ou rouge suivant la recette) et mis à cuire au four, couverts d'un papier sulfurisé ou aluminium beurré en guise de couvercle et protection.

En règle générale, pour conserver leur moelleux, les aliments braisés doivent être arrosés de leur jus à l'aide d'une cuillère ou d'une petite louche, pendant tout le temps de leur cuisson.

Même très cuits, les braisés restent toujours savoureux : la viande « tombe en charpie » et peut ainsi se manger « à la cuillère ». C'est ainsi que, vers la fin de sa vie, le maréchal duc de Richelieu, quelque peu édenté mais gourmand impénitent, demandait qu'on lui préparât les pigeons...

Les ragoûts subissent la même cuisson que les braisés, mais se pratiquent sur *des viandes ou des volailles coupées en morceaux* (bœuf bourguignon, navarin de mouton, veau marengo...).

Après avoir été saisis et colorés ils sont parfois « singés » c'est-à-dire saupoudrés de farine, de préférence torréfiée *(voir p. 68)*, afin d'établir dès le départ la liaison du jus.

LA CUISSON POCHÉE

Pocher un aliment c'est le cuire par immersion dans un liquide (eau, bouillon, fond, fumet, court-bouillon, sirop...). Les cuissons pochées peuvent être réalisées : soit à partir de l'immersion dans un liquide froid, soit dans un liquide en frémissement léger, mais aussi dans un liquide à bouillonnement intense.

CUISSON A PARTIR D'UN LIQUIDE FROID

C'est une cuisson par *échange avec ou sans coloration.*

Le départ à froid permet, en évitant le *saisissement*, de libérer les saveurs de l'aliment à cuire au bénéfice du bouillon qui va les recueillir; c'est le cas du pot-au-feu, cuit ainsi pour la saveur de son bouillon au détriment de celle de sa viande, de l'élaboration du fond de veau (avec coloration préalable des os au four), du fumet de poisson (sans coloration des arêtes) *(voir recettes p. 62)*.

Si en contrepartie, on veut conserver sapidité et parfum à l'aliment à cuire, il faut incorporer au bouillon, pour l'enrichir : condiments, végétaux, vins, sucs de viande ou de poisson... cela afin qu'il « paie » de retour l'aliment qui y cuit.

EXEMPLES :

Poisson poché au court-bouillon ou au fumet de poisson.
Poularde pochée dans un bouillon de poule.
Cervelle pochée au court-bouillon vinaigré.
Si les aliments cuits ainsi doivent être servis froids, il est préférable de les laisser refroidir dans leur cuisson en arrêtant celle-ci un peu avant le temps normal.
Les légumes secs (haricots, lentilles, pois cassés), après avoir été soigneusement triés et lavés, quelquefois mis à tremper auparavant (haricots), sont démarrés en cuisson à l'eau froide, que l'on porte à ébullition, écumés, salés au gros sel et aromatisés (carotte, bouquet garni, oignon, clou de girofle).

CUISSON A PARTIR D'UN LIQUIDE CHAUD

C'est une cuisson par « *saisissement* » *sans coloration.*
La cuisson à chaud permet de conserver en propre, à l'aliment cuit, presque toute sa saveur et ses éléments nutritifs.

Les légumes verts doivent être cuits dans beaucoup d'eau salée (de 10 à 20 g au litre) à découvert et à gros bouillons.
Cuisson des poissons dite « au bleu », le poisson est assommé, vidé, arrosé de vinaigre (qui lui donnera la teinte bleue) et plongé dans un court-bouillon frémissant.
Cuisson des œufs à la coque, et **pochés**.
Cuisson des pâtes fraîches, sèches, du riz; après cuisson prendre soin de rincer à l'eau tiède ou même froide pour en ôter l'empois — amidon — qui rendrait l'ensemble collant.
Cuisson des fruits par pochage dans un sirop généralement vanillé (poires, pommes, pêches, abricots, framboises, etc.).

ASTUCES ET TOURS DE MAIN

COMMENT CUIRE « VERT » LES HARICOTS VERTS :

Il faut se souvenir que certains légumes, dont les haricots verts, contiennent des acides organiques qui, au contact de la chaleur, déclenchent une modification de leur couleur

initiale, la faisant passer du vert tendre au vert « caca d'oie ». Il faut se souvenir aussi que ces acides sont volatils, qu'il faut donc les laisser s'échapper rapidement afin qu'ils n'aient pas le temps d'altérer la couleur des haricots verts.
Pour cela, pratiquer de la façon suivante :
Faire bouillir de l'eau dans un récipient en cuivre étamé ou en métal inoxydable (éviter les métaux qui altèrent l'eau), la saler à raison de *20 g* de gros sel au litre.
A forte ébullition, y jeter les haricots verts qui doivent cuire à gros bouillons et à découvert pour libérer les acides volatils.
Les haricots verts se mangent « al dente », c'est-à-dire légèrement résistants sous la dent quand on les croque.
Éviter donc la surcuisson qui entraîne une dégénérescence de la couleur, du goût et des vitamines.
Un haricot vert extra-fin, frais cueilli, cuit en *4 minutes*; prolonger de quelques minutes ce temps de cuisson s'il est plus gros et moins frais.
Les sortir rapidement de l'eau de cuisson à l'aide d'une écumoire et les tremper 10 secondes dans un récipient rempli d'eau glacée; cette opération permet de contrôler et d'arrêter instantanément la cuisson, mais aussi, de dessaler en partie le légume « sur-salé » volontairement au départ (20 g au litre), pour obtenir une cuisson rapide, et d'en fixer joliment la couleur.

COMMENT CUIRE « TENDRE » LES ASPERGES :

Comme chacun sait, l'asperge est rarement mangée entière, la tête étant très tendre et la queue très ligneuse, cette dernière reste souvent sur l'assiette.
Voici un moyen très simple de parer à la chose :
Après avoir été lavées et pelées, les asperges sont rangées dans le sens de la hauteur, tête en l'air, dans une boîte de conserve vide où l'on aura pratiqué toute une série de trous la transformant en véritable passoire.
Il suffit ensuite d'immerger progressivement la boîte dans l'eau de cuisson bouillante en trois étapes successives, de 3 minutes chacune, selon la grosseur de l'asperge.
Si l'asperge est fraîche et de taille moyenne, les étapes de cuisson seront de 3 minutes, chacune des étapes correspon-

dant aux trois niveaux différents de l'asperge à cuire : queue, corps, tête.
La queue, plus dure, aura donc cuit 9 minutes, le corps, 6 minutes, la tête, 3 minutes... et vos asperges seront uniformément tendres...

CHAPITRE DEUXIÈME

DES LIAISONS ET DES SAUCES

La renommée de la Cuisine Française est née de ses Sauces. Le Saucier en est le Magicien. Dans ce jeu alchimique, les Fonds sont les Racines qui leur permettent de fleurir et les Liaisons, l'onctuosité, Catalyse voluptueuse, qui leur permet de s'épanouir. Ils sont l'une des Pierres Angulaires de la Cuisine.

Les trois grands fonds

Les fonds en conserve de grande qualité (veau, volaille, poisson) n'existent pas dans le commerce. C'est à notre sens une grosse lacune car, par ce biais, la ménagère pourrait enfin atteindre à son rêve ancestral : confectionner toutes les sauces qu'elle lorgne avec envie dans les Livres de Cuisine Professionnelle...
Entre-temps, foin des complexes!... Il n'est point si difficile qu'il y paraît...
Aussi, tout comme vous le faites avec allégresse lors de la confection sacrée des provisions annuelles de confitures pour la nichée, je vous convie, Madame, à « gaspiller » un ou deux après-midi à ces trois recettes de fonds.
Si vous vous tenez fidèlement et avec méthode à la progression de la recette donnée, vous passerez avec succès ce cap un peu mystérieux des sauces, vous serez fière de vous et vos amies en pâliront de jalousie...

FOND BLOND DE VEAU

Ingrédients nécessaires
à la confection d'un litre de fond :

— 1 kg d'os de veau concassés, os de cuisse (crosse)
— 50 g de jambon cru
— 500 g de nerfs et parures de bœuf
— 100 g de carottes
— 100 g de champignons
— 50 g d'oignons
— 15 g de céleri branche
} **détaillés** en **mirepoix,** petits cubes de 1/2 cm de section
— 1 échalote hachée

— 1 gousse d'ail écrasée
— 10 cl de vin blanc sec
— 2 litres d'eau froide
— 2 tomates fraîches épépinées
— 1 cuillère à soupe de concentré de tomate
— 1 bouquet garni
— 1 cuillère à café de cerfeuil
— 1/2 cuillère à café d'estragon.

Développement de la recette :

Étape 1.

1. Faire colorer les os dans un plat à rôtir 15 minutes à four très chaud, à sec sans matière grasse. Pendant la coloration les retourner plusieurs fois à l'aide d'une petite écumoire.

2. Ajouter le jambon, les nerfs et parures, carottes, champignons, oignons, céleri, échalote, ail, repasser au four, et faire suer, c'est-à-dire chauffer sans colorer, les légumes pendant 5 minutes.

3. Mettre os et légumes (2) dans une grande casserole ou un pot-au-feu. Verser dessus les 10 cl de vin blanc sec et faire bouillir jusqu'à évaporation quasi totale. Ajouter l'eau froide, les tomates (fraîches et concentrée), le bouquet garni, le cerfeuil et l'estragon.

4. Entretenir à cuisson lente et à découvert trois ou quatre heures. Pendant ce temps, n'avoir de cesse d'en dégraisser et écumer parfaitement la surface pour éliminer au fur et à mesure toutes les impuretés qui s'y forment.
Puis passer le fond obtenu, soit environ un litre, au chinois étamine, et **réserver** jusqu'à l'emploi.

5. Pour assurer un dégraissage complet, il suffit, après cuisson, de ranger le fond au réfrigérateur. S'il reste des graisses, elles se solidifient à la surface et il est alors aisé de les enlever.

Étape 2 : LA DEMI-GLACE

Pour arriver à une consistance plus dense de ce fond, on peut le **lier** très légèrement de la façon suivante :

6. Diluer, au fond d'une tasse, une cuillerée à soupe de fécule ou d'arrow-root (manioc), dans 5 cl d'eau ou de vin blanc.

7. Verser progressivement ce mélange dans le litre de fond de veau bouillant en remuant bien avec un fouet pour obtenir une liaison parfaite.

8. Remettre à bouillir doucement pour **réduire** le fond de moitié. Pendant cette opération, le fond va encore se dépouiller, c'est-à-dire que le restant d'impuretés continue de remonter à la surface et y forme une pellicule gris-brun, que l'on enlève à l'aide d'une louche ou de l'écumoire.

Étape 3 : LA GLACE

On peut également atteindre à cette onctuosité sans liaison ; il suffit de laisser **réduire** davantage, en faisant bouillir lentement, à feu très doux, le litre de fond de veau sans cesser de l'écumer. On atteint le résultat parfait de cette réduction (appelée glace de viande) lorsqu'en y trempant une cuillère, celle-ci se trouve recouverte d'une couche bien enrobante et luisante qui correspond environ au dixième du volume initial.

Utilisations :

Utilisation de 1 : Pour beaucoup de plats en sauce, comme élément de mouillage, soit adjonction de liquide pour cuire ragoûts, coq au vin, matelotes, fricassées, etc.

Utilisation de 2 : Base des sauces où, soit l'alcool, soit le vin, chauffés et **réduits**, ont servi à **déglacer**, c'est-à-dire dissoudre, les matières et les sucs attachés au fond de l'ustensile dans lequel une viande a cuit : pièce de bœuf sautée au vin rouge.

Utilisation de 3 : Son apport mesuré éveille une sauce muette et sans charme, pour la rendre tendre et généreuse.

Remarque 1 : Ce fond peut se préparer à l'avance et se conserver en récipient de verre ou de plastique, soit au réfrigérateur (8 jours), soit au congélateur, soit en petits pots que l'on fait stériliser (60 minutes) et qui seront conservés plusieurs mois dans un endroit frais.

Remarque 2 : Le fond et la glace de gibier se font de la même façon que le *fond blond de veau :* avec des os et des parures de gibier. On ajoute, en outre, à ces ingrédients, cinq baies de genièvre et un brin de sauge.

FOND BLANC DE VOLAILLE

Ingrédients nécessaires
à la confection d'un litre de fond :

— 1 kg de carcasses concassées et abattis de volailles ou une poule
— 100 g de champignons } coupés en lamelles
— 100 g de carottes }
— 1 échalote hachée
— 1 poireau
— 1 petite branche de céleri
— 1 gousse d'ail écrasée
— 10 cl de vin blanc sec
— 2 litres d'eau froide
— 1 bouquet garni
— 1 oignon de 50 g
— 1 clou de girofle.

Développement de la recette :

1. *FOND BLANC DE VOLAILLE*

1. Mettre les carcasses concassées dans une casserole avec les légumes.

2. Faire chauffer, ajouter le vin blanc et faire bouillir jusqu'à évaporation quasi totale.

3. Ajouter l'eau froide, le bouquet garni et l'oignon piqué du clou de girofle.

4. Laisser cuire doucement à petit feu et à découvert pendant trois heures, en écumant fréquemment.

5. Passer le litre de bouillon restant au chinois étamine et **débarrasser** au froid pour conservation avant emploi.

Remarque : Le fond blanc de veau se prépare de la même façon en remplaçant les carcasses de volaille par le même poids d'os de veau **blanchis** (ébouillantés une minute). Personnellement je préfère la subtilité du fond de volaille.

2. *FOND BLOND DE VOLAILLE*

Se prépare comme le *fond blond de veau (voir recette p. 57)*, en remplaçant les os de veau par des carcasses rissolées de canard, de préférence. Ne pas oublier d'ajouter du concentré de tomate (1 cuillerée à soupe).

Utilisations :

Utilisation de 1 : Pour le **mouillage** des préparations cuites à blanc (blanquettes, fricassées, poules au blanc, etc.); de certains potages et cuissons de légumes (riz, laitues, etc.).
Utilisation de 2 : Pour le **mouillage** court de certaines préparations de volaille (poulet au vinaigre, etc.).

FOND OU FUMET DE POISSON

Ingrédients nécessaires
à la confection d'un litre de fumet :

— 1 kg d'arêtes et de têtes de poisson (sole pour un meilleur parfum, turbot, barbue, merlan). Éviter les poissons gras.
— 2 cuillères à soupe d'huile d'arachide
— 25 g de beurre
— 100 g d'oignons } en tranches
— 50 g de champignons } émincées fines

— 1 échalote hachée
— 10 cl de vin blanc sec
— 1 litre 1/2 d'eau froide
— 1 bouquet garni avec beaucoup de queues de persil.

Développement de la recette :

Étape 1 : LE FUMET

1. Mettre à dégorger les arêtes de poisson à l'eau froide, sauf si elles sont très fraîches. S'il y a des têtes de poissons, les débarrasser de leurs branchies avant emploi.

2. Faire suer pendant 5 minutes, c'est-à-dire revenir à l'huile et au beurre, sans coloration, légumes et arêtes concassés grossièrement.

3. **Mouiller** avec les 10 cl de vin blanc et porter à ébullition jusqu'à évaporation quasi totale.

4. Verser l'eau froide, ajouter le bouquet garni.

5. Faire reprendre l'ébullition et laisser cuire à feu doux et à découvert pendant 20 minutes.
Pendant ce temps, écumer chaque fois que la pellicule d'impuretés se reforme à la surface du bouillon.

6. Passer le fumet, il doit en rester 1 litre, au chinois étamine sur un récipient, en foulant légèrement à l'aide d'une petite louche, les arêtes tombées au fond du chinois.

7. **Réserver** le récipient au froid en attendant l'emploi.

Étape 2 : LA GLACE DE POISSON

Pour obtenir la glace de poisson, procéder de la même façon que pour la glace de viande, c'est-à-dire :

8. Laisser bouillir le fumet à feu doux.

9. Continuer d'écumer pendant la **réduction**.

10. Arrêter l'opération quand il reste environ 10 cl de liquide devenu sirupeux et luisant.

11. **Débarrasser** également en mettant au froid.

Utilisations :

Utilisation de 1 : Sert de liquide de cuisson pour cuire les poissons **pochés** à court mouillement et les poissons braisés.
Utilisation de 2 : Apporte les mêmes résultats que la glace de viande.

UN

POUR REUSSI

LES 3

Le Bouillon

en tablettes

IL PEUT

REMPLAC

LE

FOND D

MA

SERVI

AUX

FONI

FOND DE VEAU

Chauffer une casserole, y faire colorer dans une cuillère à soupe d'huile d'olive, 1 grosse carotte, 1 gros oignon, 100g de champignons de Paris, le tout épluché et coupé grossièrement en cubes de 1 cm. de section.

Y ajouter 1 pied de veau coupé en 8 morceaux, 1 bouquet garni, 1 clou de girofle, 1 tomate coupée en deux, 15g de champignons secs, (morilles, cèpes etc...) 1 cuillère à café de concentré de tomates et 1 cuillère à café d'arôme Patrel (épiceries).

Verser dessus 2l d'eau froide et 3 tablettes de bouillon de volaille ; laisser bouillir à découvert et à feu doux 2h30.

Pendant la cuisson, écumer 5 à 6 fois les impuretés qui remontent à la surface.

Au terme de la cuisson, passer dans une casserole propre au travers d'un chinois-étamine, le 1/2 l de bouillon restant. Remettre à bouillir et y incorporer en fouettant, 1 cuillère à café rase de fécule délayée dans un peu d'eau.

LE FOND DE VEAU EST TERMINÉ !

et c'est déjà presque de la demi glace de viande. Il est de surcroît excellent

Rentrer au réfrigérateur et dégraisser le lendemain.

TRUC
APIDEMENT
GRANDS FONDS
e volaille
u en poudre

OUT D'ABORD
ANTAGEUSEMENT

LASSIQUE
OLAILLE

USSI

BASE

UTRES

RADITIONNELS

FOND OU FUMET DE POISSON

Chauffer une casserole, y faire revenir sans colorer dans une cuillère à soupe d'huile d'olive, 1 grosse carotte, 1 gros oignon, 100g de champignons de Paris, le tout épluché et coupé grossièrement en cubes de 1cm de section.

Y ajouter 6 arêtes de soles concassées, 1 pied de veau coupé en 8 morceaux, 1 petit bouquet garni avec beaucoup de queues de persil, 5 grains de poivre et 1 clou de girofle.

Verser dessus 2l d'eau froide et 8 tablettes de bouillon de volaille.

Laisser bouillir à découvert et à feu doux 2H.

Pendant la cuisson, écumer 5 à 6 fois les impuretés qui remontent à la surface.

Au terme de la cuisson, passer le 1/2 l. de bouillon restant au travers d'un chinois-étamine.

Le fond ainsi obtenu est étonnamment parfumé, vous pourrez l'allonger d'1/4 de litre d'eau avant emploi.

Analyse et principes des liaisons et des sauces

ou

COMMENT RÉUSSIR UNE SAUCE ONCTUEUSE A PARTIR D'UN « BOUILLON CLAIR »

PAR LA LIAISON DITE AUX CÉRÉALES ET AMIDONS

L'épaississement souhaité du liquide de base ou **liaison**, s'obtient par addition de l'amidon que l'on trouve dans les farines. Farines indigènes : blé, maïs (maïzena), riz (crème de riz), orge (crème d'orge), pomme de terre (fécule); ou farines exotiques : manioc (arrow-root).

Au contact de la chaleur et en milieu humide l'amidon va provoquer cet épaississement et créer la liaison.

Ce mode d'élaboration des sauces tend à disparaître; pourtant, à la limite, préparé subtilement, il serait hygiéniquement parlant plus léger à la digestion qu'une sauce nourrie outrancièrement de beurre et de crème réduite.

Toutefois, mon sentiment personnel de la chose me conduit à n'appliquer à fond ni l'une, ni l'autre de ces méthodes pour la cuisine gourmande et à n'y faire appel, que très rarement, en cuisine minceur.

J'en indique ici les principes pour mémoire.

LIAISON A CHAUD : LES ROUX

Qu'il soit brun, blond ou blanc, le *roux* se compose d'un mélange en parties égales, de beurre fondu plus ou moins chauffé et de farine, dont l'association homogène préalable permettra ensuite de **lier** le liquide choisi.

Cependant, si l'on choisit de n'employer que la moitié de

la quantité de beurre, on obtiendra une sauce « lipidiquement » plus légère.
Le passage du roux blanc au roux brun s'obtient en remuant le premier à l'aide d'un fouet sur le feu, jusqu'à la coloration voulue pour le second (coloration donnée par la chauffe simultanée du beurre et de la farine).
Celui-ci peut également être réalisé d'une autre manière, préférable parce que plus légère et *moins toxique* — pas de beurre trop fortement chauffé.
On fera simplement fondre du beurre comme pour le roux blanc, en y ajoutant son poids correspondant en farine torréfiée — c'est-à-dire préalablement étalée sur une plaque et colorée marron clair à four doux.

RECETTE DU ROUX BLANC

Pour réaliser un litre de sauce :
— 35 g ou 75 g de beurre
— 75 g de farine
— 1 litre d'élément de **mouillement** (Lait — Bouillon de volaille — Bouillon de viande — Fumet de poisson, etc.).

Développement de la recette :

1. Faire fondre le beurre dans une casserole (ne pas le laisser colorer).

2. Ajouter la farine.

3. Mélanger rapidement avec un fouet, pour obtenir, grâce à l'élasticité du gluten contenu dans la farine, une pommade lisse et homogène. Laisser cuire 5 à 10 minutes à feu doux.

4. Laisser refroidir un peu le roux.

5. Verser progressivement dessus, bouillant, le liquide de **mouillement** choisi et remuer avec le fouet pour éviter les grumeaux.

6. Porter lentement une seconde fois l'ensemble à ébullition et laisser cuire doucement 20 minutes; la sauce lourde au départ va se relâcher pour s'alléger pendant cette cuisson.

Utilisations :

— Sauce béchamel,
— Velouté de volaille,
— Velouté de poisson,
— Sauce civet, etc.

La méthode qui consiste à *singer* — saupoudrer de farine blanche ou torréfiée — les morceaux de viande sautés et rissolés qui serviront à confectionner ragoûts, estouffades, fricassées à brun, se rapproche par l'esprit du principe des roux.

LIAISON A CRU ET A FROID

LIAISON A LA FÉCULE

Quand une sauce paraît trop claire, on peut la **lier** en délayant de la fécule de pomme de terre à l'eau froide ou au vin blanc; et progressivement et rapidement mélanger cette dilution au liquide bouillant que l'on souhaite épaissir. Compter entre 20 g et 80 g de fécule pour 1 litre de liquide.
Laisser cuire environ 15 minutes en laissant bouillir.

LIAISON A LA FARINE AVEC BEURRE OU CRÈME MANIÉS

Pour les mêmes raisons que ci-dessus, mais pour apporter une saveur et un moelleux particuliers, on peut épaissir une sauce au beurre ou à la crème *maniés*. Ceci correspond d'ailleurs à un « roux cru ». Mélanger à froid l'un ou l'autre de ces deux corps gras avec de la farine — 1/3 farine, 2/3 beurre ou crème —, et incorporer au liquide à lier cette préparation en petites parcelles, tout en remuant à l'aide d'un fouet, jusqu'à obtention de l'épaisseur voulue.
L'épaississement se déclare presque immédiatement.

PAR LA LIAISON A L'ŒUF

Battre les jaunes d'œufs auxquels on peut éventuellement ajouter de la crème fraîche, et les incorporer à une partie du liquide prélevé que l'on veut épaissir.
Remélanger ceci au tout et faire chauffer en fouettant, mais surtout ne pas faire bouillir afin d'amener un épaississement progressif, la surchauffe au-delà de 70 °C entraînerait le durcissement des jaunes d'œufs qui se dissocieraient alors de l'ensemble.

Utilisations :

— Potages veloutés,
— Sauce poulette,
— Blanquette, etc.

UNE LIAISON A L'ŒUF ORIGINALE EN CUISINE MINCEUR : LE SABAYON LÉGER

Monter ensemble au fouet jaunes d'œufs et eau froide dans la proportion suivante : 4 jaunes pour 9 cl d'eau.
En s'alvéolant d'air grâce au fouet, le mélange va considérablement prendre du volume. Il suffit alors de l'incorporer très rapidement à l'aide du fouet à la sauce ou au potage bouillant que l'on veut lier : le jaune d'œuf en suspension se coagule au contact de la température et transmet à l'ensemble un épanouissement de volume et une impression de grande légèreté.

PAR LA LIAISON AU SANG, AU CORAIL

Sang de porc, gibier, poisson (lamproie), etc. Corail de crustacés (homard), etc.

Même technique que précédemment en remplaçant les jaunes d'œufs par le sang, ou le corail du homard (quelquefois mélangés au départ avec de la crème fraîche ou du beurre). Ne pas faire bouillir.

Utilisations :

— Coq au vin,
— Civets de gibiers,
— Civets de poissons, matelotes,
— Homard à l'américaine.

PAR LA LIAISON AU CORPS GRAS

LIAISON AU BEURRE OU A LA CRÈME FRAÎCHE

En langage culinaire, on dit « monter une sauce au beurre ». *Cette liaison au beurre* a pour but d'épaissir mais surtout de nourrir la sauce en la rendant plus onctueuse. Il suffit pour cela d'incorporer à feu très doux des parcelles de beurre frais à la sauce que l'on veut épaissir, en faisant décrire à la casserole — sauteuse — des cercles rapides sur elle-même. On peut également faire bouillir ensemble à plein feu les deux éléments à lier (sauce + beurre); on obtient alors une sauce moins crémeuse mais plus brillante.
Pour **lier** la crème fraîche, il suffit de porter l'ensemble à ébullition et de laisser **réduire**.

LIAISON PAR ÉMULSION

La liaison par émulsion est un mariage réussi et homogène de deux produits, à l'origine non miscibles entre eux, exemple : eau et corps gras — huile, beurre, crème, etc.
Un troisième corps, étranger aux deux premiers mais ami, va servir « d'entremetteur » ou catalyseur et rendre cette union possible : jaune d'œuf, moutarde, etc.
Les sauces émulsionnées à froid (mayonnaise et ses dérivés) et les sauces *émulsionnées à chaud* (béarnaise, hollandaise et leurs dérivés) restent souvent pleines d'aléas pour la maîtresse de maison.
Pour les lui rendre moins « capricieuses » à réussir, j'en ai développé les recettes, in extenso, à la fin du présent chapitre, sous le titre, *Illustration des sauces p. 73.*

PAR LA LIAISON AU FOIE GRAS

Comme pour la liaison au beurre, incorporer à la sauce, mais en la fouettant hors du feu, un mélange — 2/3 de foie gras cuit et 1/3 de crème fraîche — broyé rapidement au mixer ou simplement écrasé à la fourchette.

PAR LA LIAISON AUX PURÉES DE LÉGUMES

Elle s'obtient par l'adjonction au liquide à **lier** d'un certain volume de pulpe, très finement broyée, de légumes cuits.
Ces légumes peuvent cuire, selon les recettes, soit en compagnie des viandes et poissons dont ils serviront à **lier** la sauce a posteriori, soit séparément.
Ces purées de liaison sont riches de teneur en vitamines et leur assimilation est rendue meilleure, du fait de l'éclatement de la cellulose des légumes après cuisson, qui évite le dépôt de résidus acides dans l'organisme. Le mélange subtil et dosé des légumes qui les composent est à base d'harmonies aromatiques très nouvelles.
On peut aussi créer d'autres harmonies originales à partir de mariages judicieux fruits-légumes.

AUTRES MODES DE LIAISON

Certaines liaisons peuvent également se faire grâce à des « agents de liaison » spécifiques, tels les alginates — issus d'algues marines — ou les gommes alimentaires végétales : gomme de caroube, etc.

Illustration des sauces
Quelques sauces-phares de tradition française

Voici, à présent, quelques recettes chères de tous temps à notre « hexagone gourmand » et l'illustration détaillée de leur élaboration. Tout d'abord, l'universelle Mayonnaise, puis la Béarnaise si légère et leur cousine rustique et savoureuse le Beurre Blanc; venue tout droit de la mer, sauvage, c'est l'Américaine et, enfin, sensuelle et terrienne, la Sauce Périgueux.

SAUCES PAR ÉMULSION

J'ai donné ci-avant *p. 71*, la définition du principe de l'émulsion.

SAUCES ÉMULSIONNÉES A FROID : LA MAYONNAISE

(Voir son interprétation en cuisine minceur. Livre « La Grande Cuisine Minceur », page 127.)

Ingrédients principaux :

— 1 œuf
— 1 cuillère à café de moutarde blanche
— sel
— poivre du moulin (cayenne ou blanc)
— 20 cl huile (arachide, olive ou autre, selon votre goût)
— quelques gouttes de vinaigre (de vin de préférence) ou jus de citron (il accompagne mieux l'huile d'olive).

Développement de la recette :

1. Séparer le jaune du blanc d'œuf.

2. Mettre le premier dans un bol, y ajouter moutarde, sel, poivre, blanc de préférence, pour qu'il ne laisse pas de grains noirs dans la sauce.

3. Battre en tournant avec un petit fouet ou tourner à l'aide d'une cuillère en bois. Lorsque les éléments sont bien mélangés, verser l'huile en filet mince, en continuant de tourner énergiquement et souplement.

4. Au fur et à mesure que la sauce épaissit, ajouter, petit à petit, le vinaigre ou le citron pour la **détendre.**

5. Finir d'incorporer l'huile et rectifier l'assaisonnement si besoin est.

ASTUCES ET TOURS DE MAIN

- Employer le jaune d'œuf et l'huile à la même température (celle de la pièce).
- Ne pas ajouter l'huile trop rapidement.
- *Si la sauce est « tournée » :*
  La remélanger petit à petit à un peu de moutarde.
- Conserver cette sauce dans un endroit tempéré, mais pas au réfrigérateur : l'huile figerait et les autres éléments, à nouveau libérés, se dissocieraient.

Utilisations :

— Pour accompagner avec « piquant », poissons et viandes froides.

— Pour **lier** moelleusement les macédoines de légumes ou de viandes.

Cette sauce devient surtout intéressante lorsqu'on lui ajoute d'autres éléments qui la personnalisent.

En voici donc quelques variantes :

Sauce Aïoli : Mayonnaise à l'huile d'olive, purée d'ail cru, pulpe de pomme de terre cuite.

Sauce Antiboise : Mayonnaise à l'huile d'olive, ail, coriandre, cerfeuil, persil hachés.
Sauce Andalouse : Mayonnaise, purée de tomates et dés de poivrons doux.
Sauce Tartare : Mayonnaise, câpres, cornichons, oignons, persil, cerfeuil, estragon hachés.
Sauce Vendangeur : Mayonnaise, vin rouge, échalote.
Sauce Vincent : Mayonnaise, purée d'oseille, persil, cerfeuil, cresson, ciboulette, œufs durs hachés.

SAUCES ÉMULSIONNÉES A CHAUD : LA BÉARNAISE

(Voir son interprétation en cuisine minceur. Livre « La Grande Cuisine Minceur », pages 140 et 142.)

Marché pour 8 personnes

Ingrédients de réduction :

— 1 dl de vinaigre de vin rouge
— 50 g d'échalotes hachées
— 5 g de poivre en grains concassés ou « poivre mignonnette » obtenus en concassant les grains de poivre sous une casserole ou autre instrument à fond plat et lourd
— 2 cuillères à soupe d'estragon haché (hors saison, utiliser de l'estragon au vinaigre en diminuant de 1/3 ces proportions)
— 1 cuillère à café de cerfeuil haché.

Ingrédients de liaison et de finition :

— 5 jaunes d'œufs
— 300 g { de beurre (clarifié ou, mieux, cru), ou de crème double, ou de crème dite fleurette. }
— sel.

Ustensiles de préparation :

— Un bain-marie inoxydable
— Une casserole (sauteuse) de grandeur adaptée, en cuivre étamé ou inoxydable
— Un chinois étamine.

Développement de la recette :

Selon que l'on a choisi de réaliser la recette au beurre clarifié, au beurre cru ou à la crème, il y a 3 manières différentes de procéder.

● Dans le premier cas, laisser fondre le beurre doucement dans le bain-marie sur le coin du feu, il devient « clair » comme de l'huile d'olive et libère un dépôt blanchâtre qui se forme au fond du récipient, le petit-lait.

● Dans le second cas, il suffit d'amener le beurre cru à la température de la pièce (20 °C), mais pas trop mou, et de l'incorporer en parcelles aux éléments de réduction.
Je préfère cette seconde formule qui donne à la sauce, grâce à la présence du petit-lait, un parfum de beurre plus fruité.

● Dans le troisième cas, on peut employer de la crème fraîche double ou de la crème fleurette — l'emploi de cette dernière en fait une sauce merveilleusement légère.
Dans les deux derniers cas, en raison de la température plus basse du corps gras — beurre ou crèmes — il y aura lieu de maintenir la casserole plus longtemps sur la source de chaleur.

1. Mettre les éléments de réduction (vinaigre, échalote, poivre, estragon, cerfeuil), allumer le gaz et faire **réduire** des 3/4, pendant environ 5 minutes (il doit rester 3 à 4 cl de liquide).

2. Laisser refroidir et, pendant ce temps, séparer les jaunes d'œufs des blancs.

3. Ajouter les jaunes à la réduction et remettre le tout sur feu doux, en commençant à les battre fortement à l'aide du fouet. Amener progressivement la température de la réduction et des jaunes à 65 °C (température de coagulation du

jaune d'œuf — le dos du doigt trempé légèrement dans le mélange doit supporter aisément le contact de la chaleur). Le rôle du fouet dans cette opération essentielle est d'uniformiser la température des jaunes d'œufs en coagulation, en incorporant de l'air pour « soulever » la sauce et la rendre plus légère.

4. Le mélange épaissit alors et devient crémeux; dès que les mouvements du fouet laissent apparaître le fond de la casserole, incorporer petit à petit, soit le beurre clarifié tiède, soit le beurre cru en parcelles, soit la crème, en continuant de fouetter.

5. Saler et garder au chaud, à couvert, à température douce (60 °C) sur le coin du fourneau ; éviter les bains-marie trop chauds. On peut servir la sauce telle quelle, ou la passer avant au chinois étamine, en y ajoutant après de l'estragon et du cerfeuil fraîchement hachés.

ASTUCES ET TOURS DE MAIN

Que peut-il arriver pendant la confection de la recette ?

— Les jaunes d'œufs deviennent trop épais, la température qui les coagule est trop élevée : ajouter quelques gouttes d'eau froide.

— Les jaunes d'œufs moussent mais ne forment pas crème : la température qui les coagule est trop basse : s'approcher plus près de la source de chaleur.

— En fin de confection, la sauce « tourne » : mettre un peu d'eau chaude (si la sauce est trop froide) ou d'eau froide (si la sauce est trop chaude) dans un récipient propre, et verser dessus, petit à petit en fouettant souplement dans un mouvement latéral, la sauce tournée en la « remontant ». Cette opération de secours nuit cependant à la qualité de la sauce qui perdra de sa légèreté alvéolée.

— Il est possible de réussir ces sauces émulsionnées à chaud (on devrait dire à tiède), *en les terminant au mixer :* une fois les jaunes montés et coagulés dans la réduction, *les mettre dans le mixer et ajouter le beurre ou la crème : c'est une garantie de succès.*

Utilisations :

Pour accompagner de leur « moelleux » :
— Œufs **pochés,**
— Poissons **pochés** ou grillés,
— Viandes grillées,
— Asperges.

Cette sauce peut être personnalisée presque à l'infini par l'adjonction d'éléments complémentaires.

La sauce Choron est une béarnaise enrichie pendant ou après montage de tomates concassées (2 cuillerées à soupe pour 300 g de beurre).

La sauce Arlésienne, mêmes éléments que pour la Choron, plus essence d'anchois.

La sauce Foyot, béarnaise enrichie de 2 cuillères à café de glace de viande.

La sauce Paloise, béarnaise où dans les éléments de réduction on remplace l'estragon par de la menthe fraîche.

La sauce Tyrolienne, béarnaise où l'on remplace dans les éléments de liaison le beurre par de l'huile additionnée de purée de tomates.

La sauce Hollandaise est une béarnaise dont la réduction est tout simplement remplacée par de l'eau froide — 1 cuillère à café par jaune d'œuf — et terminée par l'apport de jus de citron — 1/2 citron pour 300 g de beurre.

— La sauce Mousseline est une sauce hollandaise où, après montage, on ajoute de la *crème fouettée.*

— La sauce Maltaise est une hollandaise enrichie de jus et zestes d'oranges **blanchis** à l'eau.

— La sauce Moutarde est une sauce hollandaise où l'on ajoute de la moutarde blanche.

Remarque : Il est à noter que *l'action mécanique primordiale du fouet à main* (méthode empirique) *ou de sa transposition moderne, le mixer*, désarticule dans les sauces émulsionnées à froid et à chaud, les molécules des jaunes d'œufs et des matières grasses pour les homogénéiser et contribuer ainsi à la liaison de la sauce.

Son action est tellement essentielle que, dans le cas du beurre blanc, comme nous allons le voir, elle permet de se dispenser de l'élément principal de catalyse : le jaune d'œuf...

UNE SAUCE « COUSINE », LE BEURRE BLANC

(Voir son interprétation en cuisine minceur, Livre « La Grande Cuisine Minceur », p. 144.)

Marché pour 4 personnes

Ingrédients principaux :

— 5 cl d'eau
— 5 cl de vinaigre de vin
— 30 g d'échalotes hachées soit 2 grosses cuillères à soupe
— 250 g de beurre frais ramolli à la température de la cuisine et sorti du réfrigérateur 15 minutes avant utilisation
— Sel et poivre
— 1 cuillère à café de jus de citron.

Ustensiles de préparation :

— 1 petite casserole plate à fond épais ou « sauteuse »
— 1 petit fouet.

Développement de la recette :

1. Verser les 5 cl d'eau, 5 cl de vinaigre et 30 g d'échalotes finement hachées dans la casserole, et la mettre sur feu moyen.

2. Porter le mélange à ébullition et le laisser **réduire** pendant environ 6 minutes, jusqu'à ce qu'il prenne la consistance d'une marmelade mouillée : il doit rester, dans le fond de la casserole, la valeur de 2 cuillerées à soupe rases de cette marmelade.

3. Réduire le feu, ramener et maintenir la température aux environs de 60 °C et y laisser tiédir la préparation.

4. Puis ajouter peu à peu les 250 g de beurre en parcelles, en fouettant vivement pendant 5 minutes : l'ensemble devient alors crémeux.

5. En fin d'opération, accentuer le rythme du fouettage tout en augmentant le feu, afin de compenser et réchauffer la température initiale du beurre.

6. Saler, poivrer, ajouter la cuillerée à café de jus de citron, réduire le feu et ramener à nouveau la température à 60 °C en y maintenant la préparation ou, si elle doit attendre, en la conservant au bain-marie à la même température.

EN VOICI UNE DEUXIÈME VERSION SPONTANÉE :

qui démontre précisément que, même en l'absence du fouet, l'action seule du bouillonnement intense du liquide organise « spontanément » la liaison de l'eau et du beurre :

1. Prendre les mêmes ingrédients que précédemment mais ne laisser évaporer que les 2/3 de l'eau et du vinaigre.

2. Laisser bouillir à plein feu et poser la tablette de 250 g de beurre froid au centre du liquide.

3. Celui-ci fond progressivement et se trouve emporté dans le tourbillon du liquide qui s'épaissit simultanément.
Le beurre blanc est achevé.
Pour le rendre encore plus léger, y ajouter au dernier moment 4 cuillerées à soupe d'eau en fouettant vivement le mélange qui va mousser.

ASTUCES ET IDÉES MAISON

● On peut passer cette sauce au chinois étamine pour éliminer les échalotes hachées; personnellement, je les y laisse, pour conserver au beurre blanc toute son authenticité rustique.

● Pour singulariser encore davantage ce beurre blanc, on pourra lui ajouter en fin d'opération,
— soit une grosse cuillerée à soupe de très fine **julienne*** de zestes-pelure de citron ou citron vert, **blanchie** 2 minutes à l'eau bouillante non salée,
— soit 60 g d'oseille fraîche crue, ciselée finement.

Utilisations :

- Homard, langouste ou écrevisses à la nage
- Papillote de saumon à l'étuvée de légumes
- Sole grillée aux huîtres (astuces et idées maison)
- Le marché du pêcheur en cocotte à la vapeur d'algues.

* Voir illustration p. 103.

L'AMÉRICAINE, UNE SAUCE SAUVAGE QUI NOUS VIENT DE LA MER

Ingrédients principaux pour 6 personnes :

— 1 homard vivant de 800 g
— 1 cuillère à soupe d'huile d'olive
— 1 cuillère à soupe d'huile d'arachide
— 1 cuillère à soupe de beurre froid
— 1 carotte
— 2 échalotes } hachés en **mirepoix**
— 1/2 oignon
— 1 gousse d'ail non épluchée et grossièrement écrasée
— 1 bouquet garni avec une petite branche d'estragon
— sel, poivre
— 3 cuillères à soupe d'Armagnac ou Cognac
— 3 tomates fraîches concassées
— 1 cuillère à soupe de concentré de tomate
— cayenne (1 pointe)
— 1/4 de litre de vin blanc
— 1/4 de litre de fumet de poisson (*voir recette p. 61*) ou d'eau.

Ingrédients de liaison :

— 50 g de beurre frais écrasé avec le corail et les intestins du homard
— 1 cuillère à café rase de farine (facultatif).

Ustensiles de préparation :

— 1 gros couteau lourd
— 1 bol
— 1 casserole large à bords peu élevés (sautoir)
— 1 écumoire
— 1 fouet.

Développement de la recette :

1. Détacher la queue et les pinces du homard vivant. Briser ces dernières avec le dos d'un couteau lourd pour faciliter l'extraction de leur chair après cuisson.

2. Fendre le coffre, ou partie antérieure de l'animal, en deux dans le sens de la longueur.

3. Jeter la poche pierreuse qui se trouve dans le haut de la tête.

4. Enlever à l'aide d'une cuillère à café la partie verte (intestins et corail) que l'on réserve dans un bol.

5. Tronçonner la queue en plusieurs morceaux et les assaisonner de sel et poivre.

6. Faire chauffer huiles et beurre dans la casserole plate (sautoir).

7. Y faire suer (cuire légèrement sans colorer) les légumes : carotte, oignon, échalotes, ail, bouquet garni.

8. Les retirer à l'aide d'une écumoire en les égouttant pour laisser la matière grasse au fond du sautoir.

9. Les remplacer par le homard, détaillé en morceaux salés et poivrés et laisser rougir sa carapace.

10. Ajouter l'Armagnac ou le Cognac et couvrir la casserole : l'alcool doit bouillir, **réduire** des 3/4 et imprégner le homard de son parfum *sans flamber*.
Le flambage est à mon sens inutile et risque surtout de brûler et noircir les petites pattes du homard, communiquant à la sauce un vilain goût amer.

11. Recouvrir de la **mirepoix** de légumes, des tomates fraîches concassées et tomate concentrée, assaisonner de sel, poivre et pointe de cayenne.
Mouiller avec le vin blanc et le fumet de poisson.
Laisser cuire 10 minutes à feu vif.

12. Retirer les morceaux de homard (dont la chair sera **réservée** pour une salade de homard par exemple).
Laisser bouillir et **réduire** à découvert 1/3 du volume de la sauce.

13. Passer la sauce au chinois étamine dans une autre casserole.

Incorporer les ingrédients de liaison (beurre, corail, intestins, farine) en mélangeant énergiquement au fouet.
Laisser bouillir encore 2 minutes.

14. Verser dans un récipient pour conservation.

Comme les 3 grands fonds, elle peut se préparer d'avance et se conserver de la même façon, stérilisée ou congelée.

Faite à base de homard, le coût en est élevé ; pour en abaisser le prix de revient, on peut remplacer ce crustacé « royal » par du crabe, en particulier l'étrille, que l'on accompagne d'arêtes de soles, de têtes de langoustines et d'écrevisses, etc. Bien entendu cela n'est qu'un pis-aller et le résultat ne sera pas aussi succulent...

UNE SAUCE AU PARFUM DE TERRE ET D'HUMUS : LA SAUCE PÉRIGUEUX

Marché pour 8 personnes

Ingrédients principaux :

— 25 cl de Porto
— 12 cl d'Armagnac ou Cognac
— 6 cl de jus de truffes (provenant de la boîte)
— 50 g de truffes hachées (en conserve)
— 50 cl de demi-glace (*voir recette p. 58*)
— sel, poivre
— 50 g de beurre frais (facultatif).

Développement de la recette :

1. Faire chauffer une casserole, y verser le Porto et l'Armagnac et **réduire** par ébullition, jusqu'à évaporation des 3/4 de leur volume.

2. Ajouter le jus de truffes, les truffes hachées et la demi-glace bien pure. Assaisonner de sel et poivre et laisser cuire à feu doux, à bouillonnements légers, pendant 15 minutes.

3. On peut incorporer, juste avant de servir, le beurre frais en parcelles par un mouvement de rotation de la casserole sur elle-même.

La sauce au vin rouge de Bordeaux se fait de la même manière en remplaçant :

— le Porto et l'Armagnac par leur volume correspondant de vin rouge de Bordeaux,

— le jus de truffes par une cuillerée à soupe de concentré de tomate,

— et en ajoutant, au départ de la réduction, 2 échalotes hachées finement.

QUELQUES TRUCS POUR CORRIGER LES SAUCES

● La sauce ou la préparation culinaire est parfumée mais paraît plate :
Lui ajouter l'élément incisif qui va la réveiller, en l'occurrence un filet de jus de citron, une goutte de vinaigre.

● La sauce ou la préparation culinaire a pris de l'âcreté et même de l'amertume :
Lui ajouter une pincée de sucre ou un filet de vin liquoreux (Porto) additionné au besoin d'un peu de crème fraîche.

● La sauce ou la préparation culinaire manque de « charpente » et de couleur :
Lui ajouter un peu de glace de viande (ou glace de poisson suivant le mets), un tour de moulin à poivre et quelquefois une larme d'Armagnac ou de Cognac.

● Se rappeler qu'il est parfois préférable, pour leur emploi dans les sauces, de faire **réduire** par ébullition, pour en diminuer le volume et volatiliser l'alcool :

— Le vin blanc, afin d'en éliminer l'acidité;

— Le vin rouge, pour rendre son parfum plus capiteux.

Il en est de même pour les alcools. Par contre, les vins liquoreux, à l'arôme plus fugitif, gagnent souvent à être ajoutés au dernier moment.

● Il faut se souvenir que :

— Dans les sauces à base de roux, le citron doit être ajouté après cuisson et liaison (blanquette, sauce ivoire, etc.), mis au départ, il détruirait cette liaison en la **détendant**.

— Dans les sauces émulsionnées, le citron active au contraire la coagulation du jaune d'œuf.

— L'acidité contenue dans la plupart des légumes (sauf épinards, choux, choux-fleurs) les empêche de cuire au lait, qu'elle ferait tourner et se coaguler.

Il est des Parfums frais comme des chairs d'enfants,
Doux comme des hautbois, Verts comme des Prairies
Et d'autres, Corrompus, Riches et Triomphants
Et chantant les transports de l'Esprit et des Sens...

Charles BAUDELAIRE
Les Fleurs du Mal.

CHAPITRE TROISIÈME

DES ÉPICES

Tenir en éveil le Goût et l'Odorat est le rôle premier des Épices et Condiments, Fines Herbes et Aromates. Le mariage de leurs essences diverses est un arc-en-ciel de sensations, une symphonie aux mille nuances. C'est la Caverne d'Ali Baba où le palais puise aventureusement à l'infini...

Épices et condiments, un parfum d'aventure

Épices et Condiments, Aromates et Fines Herbes, une grande famille racée, des titres de noblesse fleurant les quatre horizons ; messagers de céans ou messagers d'ailleurs ils prodiguent avec poésie à la cuisine, parfums de terre ou de mer, de feu ou de fraîcheur, âcreté, acidité, amertume ou douceur.

CONDIMENTS SALINS

Le sel, gros ou fin, gemme ou marin, est l'unique condiment minéral. C'est le condiment symbole par excellence. Universel, il « assaisonne » presque toutes les préparations.

CONDIMENTS ACIDES

Citron, *jus de citron*, *vinaigres de vins* — vin rouge, Jerez, champagne, alcool, etc. — *ou de fruits* — cidre, verjus, etc. Tous les légumes et fruits conservés aux vinaigres peuvent se ranger sous cette rubrique : cornichons, poivrons, câpres, griottes, etc.

CONDIMENTS SUCRÉS

Le sucre sous toutes ses formes et ses parents : miels, confitures, ou partenaires : vanille, cannelle, cacao, café. Utilisés le plus souvent en pâtisserie, mais quelquefois en cuisine : cuisson des petits pois; préparations en aigre-doux chères à l'Orient; sauce gastrique ou caramel **réduit** avec du vinaigre (canard à l'orange); gelées de fruits rouges pour éveiller la saveur viscérale des gibiers.

La vanille, fille des Iles, mérite une mention particulière pour son parfum inégalé, sensuel et troublant.

CONDIMENTS COMPOSÉS

Mélange dosé de différentes épices qui donnent au condiment ainsi réalisé son goût propre.

— Curry, mariage réussi de piment jaune carré, coriandre, curcuma (ou safran des Indes), il entre dans les préparations dites à l'indienne : riz, poulet, agneau;

— Chile;

— Sauce de soja;

— Sauces anglaises : worcester, ketchup, piccadilly, etc.

CONDIMENTS AROMATIQUES DE VINS ET D'ALCOOLS

Les « **réductions** » de vins et d'alcools obtenues grâce à leur évaporation à chaud les transforment en véritables « extraits », accentuant et sublimant leurs saveurs et odeurs.

CONDIMENTS ACRES

Ail, ciboule et ciboulette, moutarde, raifort, radis, poireau, oignon, échalote...

Lorsque vous voulez en parfumer une viande à cuire rôtie, plutôt que de la " piquer à l'ail ", flanquez-la de gousses non pelées que vous pouvez écraser après cuisson dans le jus de rôti, la nuance aillée en sera beaucoup plus subtile et moins préjudiciable à la digestion.

L'ail haché peut se conserver dans l'huile d'olive.

L'échalote hachée peut se conserver dans le vin blanc.

CONDIMENTS ACRES ET AROMATIQUES

Le Poivre

Moulu, en grains, concassés, blanc ou gris — s'il a conservé son écorce — il entre dans presque toutes les préparations culinaires; cependant, il est préférable de l'ajouter en fin de cuisson pour lui conserver tout son arôme.
Le poivre frais, ou « poivre vert », doux, étrange et subtil, impose sa personnalité et rend son utilisation délicate et intéressante. Lyophilisé, il peut s'employer généreusement en tant que condiment; passé au moulin son emploi est le même que celui du poivre sec.

Le Paprika

Poivre de piment appelé aussi « poivre rose ». Sert pour les préparations dites « à la hongroise » — goulach — ou à accentuer l'empourprement des crustacés cuits au four.

Le Cayenne

Poivre de piment comme le paprika. En poudre, il remplace le poivre, ou l'épaule (sauce américaine par exemple) et particulièrement dans les sauces où le poivre ne doit laisser aucune trace de couleur visible : mayonnaise.

La Muscade et le Macis

La noix muscade, graine du muscadier, arbre des pays chauds, ou son enveloppe desséchée, le macis, ont un parfum corsé. La noix s'utilise râpée, le macis plutôt en poudre.
Je préfère ce dernier pour sa saveur intermédiaire entre muscade et cannelle. Employé en touches légères, il est le compagnon idéal des sauces blanches, farces à pâtés, marinades pour foie gras.

Le Safran

Issu des pistils de la fleur de safran, il doit être d'une couleur orangé profond et sans filets blancs. Parfum à la fois sourd, puissant, rond et fruité.
Accompagne avec bonheur les bouillabaisses, riz, soupes de poissons, mais aussi tous les plats auxquels on veut apporter une note originale — poulet aux moules, etc.

Le Clou de girofle

Fleur du giroflier au pouvoir antiseptique puissant.
Ne jamais en abuser. Piqué généralement dans un oignon pour parfumer certains fonds, blanquette, pot-au-feu, bouillon et marinades.

Le Coriandre

Accommode avec esprit les cuissons à l'huile ou « grecques ». J'aime à l'employer dans la *Sauce Vierge* qui accompagne le Bar aux Algues *(voir recette p. 116)*.

Le Gingembre

Le gingembre d'Asie, gris ou blanc, s'utilise peu chez nous en cuisine salée; on l'emploie davantage pour desserts et confitures.

La Cannelle

Écorce fauve de Ceylan. Parfum pointu, fin, chaud et sucré qui, en complicité avec le sucre, « réchauffe » étonnamment certains entremets.

Fines herbes et aromates ou le règne vert du jardin potager

Vert et sagement ordonné, secret mais bon enfant, j'aime l'idée du potager, ce jardin d'herbes, refuge favori des quatre saisons de notre table. Un rien sorcier, il est là qui saupoudre notre « ordinaire » de fraîcheur et d'humour.

Le Persil

Le *persil frisé*, utilisé un peu trop souvent pour la décoration des mets, est surtout délicieux frit — compagnon des petites fritures de poissons, des rissoles —
Pour parfumer, je préfère *le persil simple et plat* au goût et à l'odeur plus fins et prenants.
Les deux peuvent être concassés ou hachés. Leurs tiges entrent dans la composition du *bouquet garni.*

Le Cerfeuil

A l'arôme délicat et raffiné. Se hache dans les « fines herbes » ou se mange en « pluches » — feuilles — dans les potages et même en salade.

L'Estragon

Au merveilleux parfum de « jardin de curé ». Se hache dans les « fines herbes » pour accompagner avec bonheur les salades. Employé pour les sauces américaine, béarnaise... Peut se conserver au vinaigre.

Le Basilic ou « Pistou »

Son odeur particulière et capiteuse doit le faire utiliser avec parcimonie, mais quel parfum de soleil musqué!

Entre dans la préparation traditionnelle et latine des soupes au « pistou » : provençale, minestrone italienne. Il peut convenir à maint autre apprêt : pâtes al pesto, Italie. Peut être broyé au mixer avec de l'huile d'olive — comme le persil avec de l'huile d'arachide — et conservé stérilisé ou simplement **réservé** au réfrigérateur.

Le Romarin

C'est la « garrigue » et surtout une essence, presque un parfum. *Allié précieux en cuisine minceur* — infusions — employez-le avec modération en cuisine classique, rôti de porc, civets, marinades.
Ne pas en abuser. Éviter d'en « tapisser » les grillades, car il brûle le goût.

La Marjolaine

Autrefois, plante vertueuse d'officine, *elle reste un délicat aromate plein de ressources odorantes en cuisine minceur.*

Les Menthes

Menthe Sauvage, menthe de jardin, menthe poivrée, leur parfum est d'une fraîcheur intense. Elles sont employées seules — desserts — ou mêlées en petites doses à d'autres herbes.
Très prisées dans les pays arabes, *leurs qualités en font « une infusion reine » intéressante aussi en cuisine minceur.*
La sauce menthe qui accompagne surtout l'agneau et le mouton est un classique de la cuisine anglaise.

Le Thym et le Serpolet

Un des trois ou quatre « compères » du bouquet garni. Posé sans abus sur les rôtis et particulièrement le lapin, il laisse au jus un arôme fin et agréable. Son parfum de « bordure de jardin » ou de « caillou chaud », quand il est sauvage et méridional, « farigoule », accommode très bien l'agneau et certains pâtés et farces.

Le Laurier

Autre compère latin du bouquet garni. Très puissant, une demi-feuille suffit bien souvent, surtout lorsqu'il est frais. Attention, employé trop abondamment il est un poison cardiaque violent.

Le Fenouil, Aneth ou Dill

Frais, leurs feuilles tendres et *Secs*, leurs tiges parfument allègrement les poissons grillés, bouillabaisses et autres soupes de poisson.
Le bulbe ventru du fenouil en est la partie comestible et se prépare à la manière du céleri ou à la grecque.

La Sauge

Un parfum sourd d'automne parfois un peu amer. On l'ajoute quelquefois aux fèves fraîches, aux petits pois. On en pique les viandes de porc, on en enveloppe les petits oiseaux : grives, etc.
Les jeunes pousses peuvent se consommer en salade.

Le Genièvre

Un parfum sobre, viril et sérieux pour la confection des marinades à gibiers; ami de la choucroute, des grives et merles, il donne une eau-de-vie à l'âcreté célèbre.

Le Bouquet garni

« Mascotte » bien française on le trouvera souvent utilisé dans mes recettes. Il se compose de : queues de persil, thym, laurier — ces deux derniers en quantités modérées — On peut

y ajouter une petite branche de céleri ou d'autres herbes — basilic, estragon, cerfeuil, etc. — selon la fantaisie du moment.
Les herbes sont liées ensemble à l'aide d'une petite ficelle et assemblées en forme de fagot. Le bouquet garni se retire des préparations culinaires dans lesquelles il a séjourné.

Notes de l'auteur.

— Épices et Condiments, fines herbes et aromates doivent tous se manier avec tact, mesure et précaution.
— Leur emploi outrancier entraîne un déséquilibre qu'il est difficile de rattraper.
— La chaleur exacerbe leur arôme.
— Leur présence doit rester assez discrète pour laisser la première place à la pièce qu'ils assaisonnent — viande, volaille, gibier, poisson, légumes — et la « révéler ».
— A la fois aromates, panacées rituelles des apothicaires et plantes d'officine, certaines herbes — tilleul, hysope, romarin, thym, marjolaine, menthe, etc. — peuvent jouer un rôle particulier dans l'aromatisation des mets. C'est un point particulièrement important en *cuisine minceur* que j'ai développé dans mon livre *La Grande Cuisine Minceur*, au chapitre des infusions, p. 105.
— En pâtisserie, le cacao, le café, la vanille, la cannelle, les zestes d'oranges et citrons sont des condiments aromatiques de base.

L'énoncé que j'ai fait dans ce chapitre n'est nullement exhaustif; bien des pays, dont le nôtre, possèdent maintes autres ressources dans ce domaine.

Les marinades, une alchimie venue d'un autre âge

Dans la cuisine ancienne, les marinades étaient tout d'abord un procédé astucieux pour conserver les viandes, les rassir et en relever hautement le goût.
Aujourd'hui, ces « bains épicés » continuent de servir à aromatiser les viandes de venaison et boucherie, en attendrissant leur chair, dans le premier cas (gibier à poil, sanglier, cerf, etc.) et en leur apportant un goût viril de venaison, dans le second cas (bœuf, mouton, etc.).
Au cours de cette imprégnation lente des parfums, la pièce à mariner doit être souvent retournée et tenue au frais.
La marinade est ensuite très souvent utilisée pour le **mouillement** et l'élaboration finale de la sauce d'accompagnement de l'aliment qui a été mis à mariner.
En voici une recette type :

DEUX MARINADES DE TRADITION

LA MARINADE CRUE

COMPOSITION

1 oignon 2 échalotes 1/2 carotte 1 longueur de petit doigt de céleri.	coupés en fines lamelles	Thym, laurier Queues de persil 1 gousse d'ail 2 clous de girofle 6 grains de poivre 6 grains de coriandre 1 pointe de sel	1/2 l de vin blanc ou rouge 10 cuillères à soupe de vinaigre 6 cuillères à soupe d'huile.

Faire un lit de la moitié des légumes et le disposer dans un récipient qui va contenir la pièce à mariner.
Placer dessus la viande puis la couvrir avec le restant de légumes.
Arroser du vin blanc ou rouge (selon la recette), du vinaigre, de l'assaisonnement et de l'huile.

LA MARINADE CUITE

La marinade cuite accélère encore le processus d'attendrissement de la viande. Elle se prépare avec les mêmes ingrédients que la marinade crue. Mais il faut faire auparavant « suer » les légumes dans l'huile (oignons, échalotes, carotte, céleri); y ajouter le vin, le vinaigre, les aromates et faire cuire à faibles bouillons pendant 1/2 heure. Puis, laisser refroidir avant d'y mettre la pièce de viande à mariner.

TROIS MARINADES ORIGINALES

● Crus à la méthode tahitienne, les poissons macèrent dans un peu de jus de citron et de poivre, ce qui a pour effet de les cuire en partie.

● Avant d'être grillés, ils peuvent macérer dans une marinade courte, faite à base d'huile, de tranches fines de citron pelé à vif, de thym, de laurier, de fenouil, de queues de persil, de basilic, d'oignons en fines lamelles, d'échalote hachée, de sel, de poivre, de safran, etc.

● La méthode nordique de marinade à poisson n'est pas moins intéressante, qui consiste à fourrer de dill deux filets de poisson désarêté (saumon par exemple), les enfouir sous un mélange de sel, sucre, poivre gris, et les tenir sous presse pendant 24 heures.

En voici les ingrédients exacts :
— 1 botte de dill
— 225 g de gros sel
— 300 g de sucre cristallisé
— 25 g de poivre gris concassé.

NOTE DE L'AUTEUR

Le vin peut astucieusement être remplacé dans le « bain aromatisé » servant de base à la marinade, par une infusion d'eau ayant préalablement bouilli avec des aromates : romarin, thym, marjolaine, pistou, etc.

De même, une infusion d'eau aromatisée peut être utilisée pour cuire de sa vapeur parfumée certaines viandes blanches.

COMMENT « LEVER ET ESCALOPER »
EN AIGUILLETTES LES FILETS DE CANARD

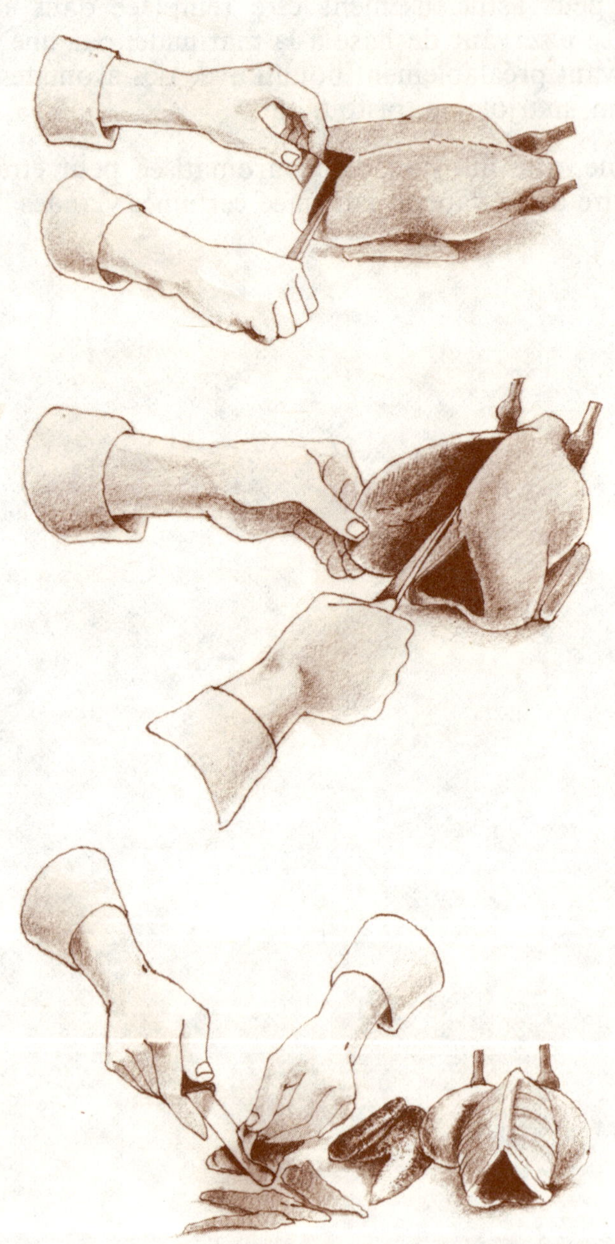

COMMENT « TOURNER » LES LÉGUMES

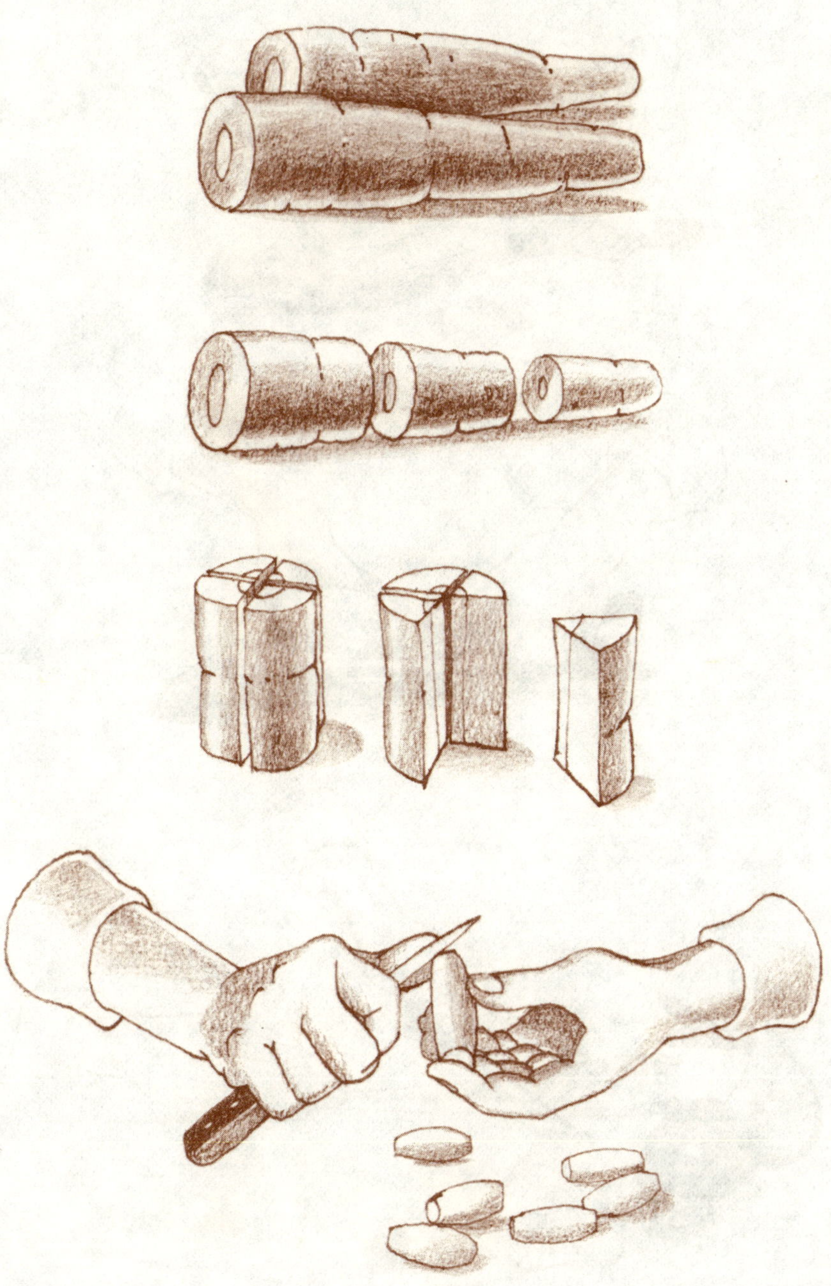

COMMENT « LEVER » LES FILETS DE POISSON

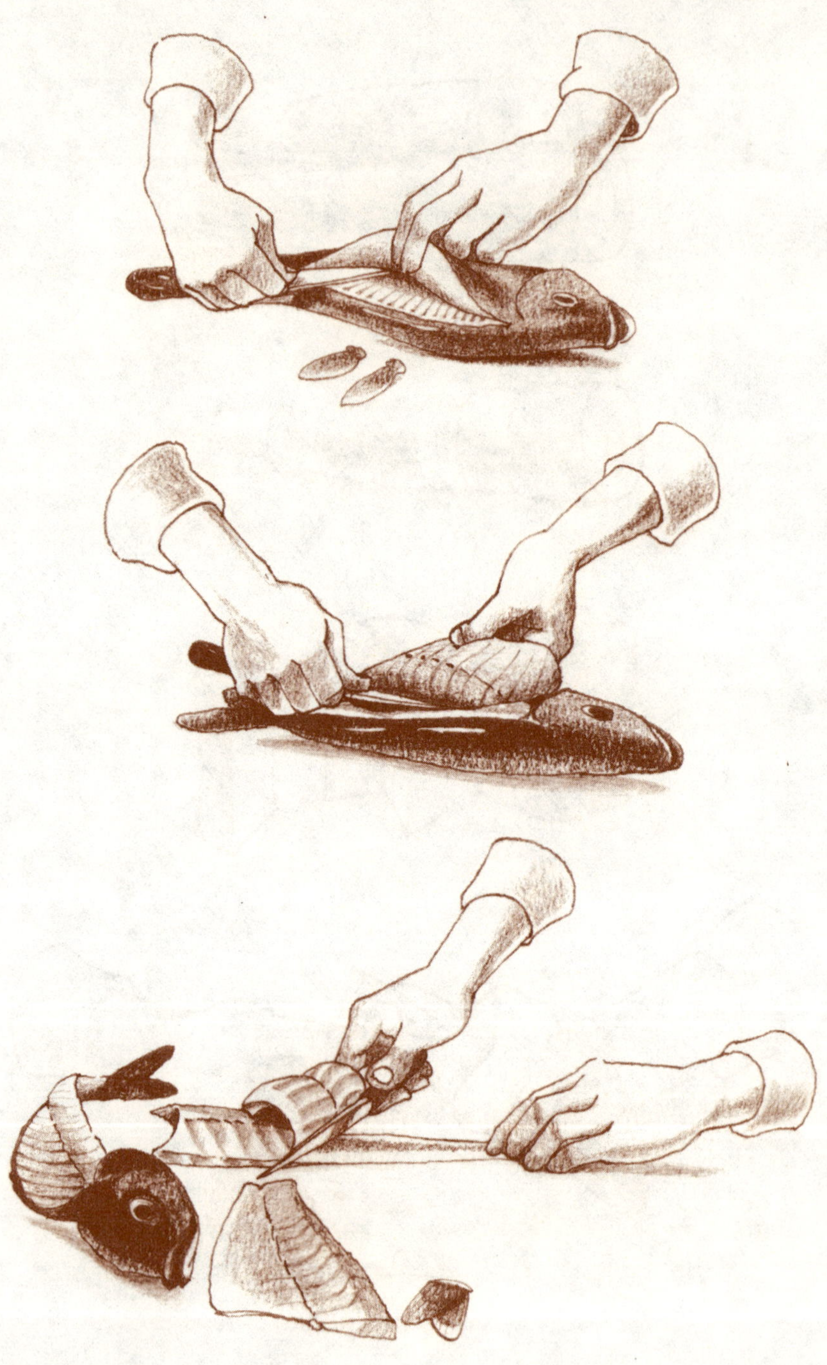

COMMENT RÉALISER UNE JULIENNE DE LÉGUMES

LA PÂTE FEUILLETÉE

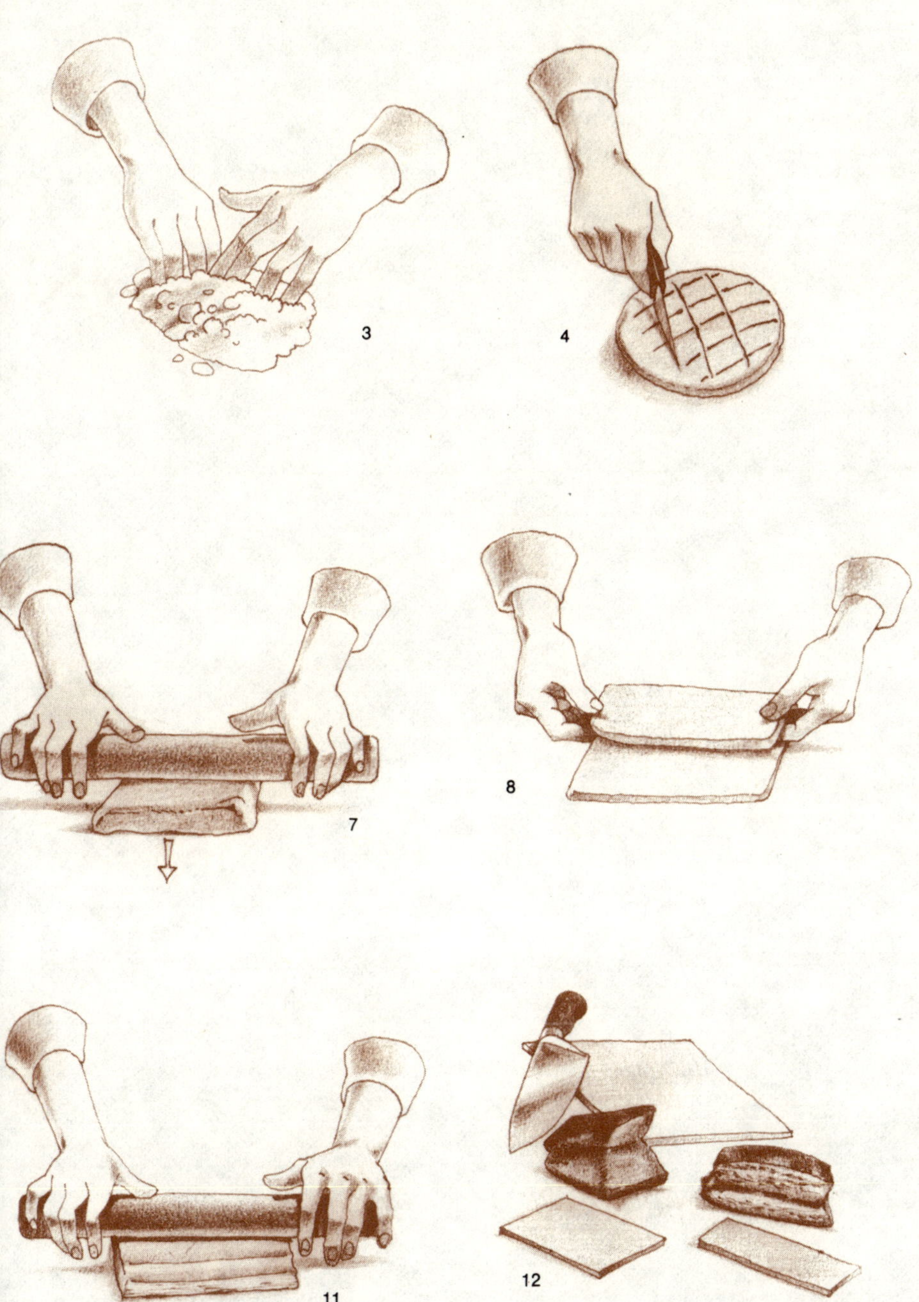
3
4
7
8
11
12

CHAPITRE QUATRIÈME

DES RECETTES GOURMANDES

COMMENT ?

SAUCES

COMMENT ?

- Réussir et « corser » les jus de rôti, 37
- Réussir le « beurre noisette », 40
- Corriger les sauces, 84
- Réussir la mayonnaise, 73
- Réussir une sauce béarnaise, 75
- Réussir le beurre blanc, 79
- Alléger le beurre blanc, 70 et 296
- Réussir le beurre rouge, 183
- Donner une note de fraîcheur aux sauces, 143, 210 et 215
- Confectionner une sauce coulis d'écrevisses sans écrevisses, 127
- Confectionner une sauce beurrée aux truffes sans truffes, 123
- « Clarifier » une gelée, 145

POISSONS

COMMENT ?

- Être sûr de la fraîcheur des coquillages, crustacés et poissons, 111
- Bien cuire un poisson « à la meunière », 39
- Réussir la petite friture de poissons, 43
- Fumer rapidement les petits poissons, 171
- Cuire fondante une terrine de poissons, 200
- Réussir les mousses de poissons, 252
- Cuire le poisson dans les algues, 278
- Cuire le poisson dans le gros sel, 280
- Décortiquer les queues d'écrevisses ou de homard, 149 et 173
- **Lever** à cru les filets de poisson, illustration p. 102

VOLAILLES
GIBIERS

COMMENT ?

- Cuire la volaille en vessie, 44
- Faire soi-même un jambon cru original, 167
- Choisir un canard jeune, 196
- Désosser les ailerons de volaille, 307
- Utiliser les peaux de volaille, 311
- Réussir les conserves en bocaux de verre, 313
- Vérifier la cuisson d'un poulet, 320
- Lever les filets de canard et les trancher en aiguillettes, 331
- Réussir et conserver les confits, 341
- Rôtir moelleux la volaille et le gibier, 355
- Choisir un perdreau jeune, 358
- Éviter que les râbles de lapin ou de lièvre ne se rétractent à la cuisson, 361

VIANDES
ABATS

COMMENT ?

- Réussir les grillades, 27
- Servir un rôti tendre, 34
- Choisir un foie gras frais cru, 222
- Conserver le foie gras au réfrigérateur, 225
- « Mûrir » une viande de canard ou de bœuf, 334 et 385
- Reconnaître la qualité du veau, 371
- Réussir une grillade en plein air, 378
- Griller sans gril, 381
- Cuire moelleux le jambon, 399

LÉGUMES

COMMENT ?

- Utiliser l'ail en légume d'accompagnement, 327
- Peler les asperges, 203

- Tailler les légumes en **julienne**, illustration p. 103
- **Tourner** les légumes, illustration p. 101
- Cuire « tendre » les asperges, 52
- Cuire « vert » les haricots verts, 51
- Rendre fins les gros haricots verts, 159
- Remplacer la purée de marrons, 417
- Réussir les pommes de terre frites, 42
- Conserver les pommes de terre frites croustillantes, 435
- Réussir une pomme purée, 437
- Éviter que les pommes de terre ne rougissent, 439
- « Tourner » les fonds d'artichauts, 428

DESSERTS
COMMENT?

- Réussir la **pâte feuilletée**, 452 et illustration p. 104
- Cuire les choux bien ronds, 459
- Démouler aisément les babas, 463
- Réussir la crème Chantilly, 465
- « Rattraper » la crème anglaise, 479
- Réaliser rapidement la pâte à crêpes, 495

COMMENT ÊTRE SÛR DE LA FRAÎCHEUR?

• **DES COQUILLAGES** : Saint-Jacques, huîtres, moules, praires;

— ils sentent bon la mer iodée;
— quand on les choque l'un contre l'autre, ils émettent un son mat; leur chair, encore gonflée d'eau de mer, remplit bien toute la coquille;
— ils doivent être hermétiquement fermés; s'ils sont entrouverts, ils doivent, au moindre attouchement, se refermer avec véhémence et résolution;
— dès qu'ils sont ouverts et débarrassés de leur coquille supérieure, les franges du pourtour de l'animal se rétractent nerveusement.

• **DES CRUSTACÉS :** homards, langoustes, tourteaux, étrilles, araignées, écrevisses ;

— ils sont bien vivants, pleins d'entrain et claquent hardiment de la queue (homard, langouste, écrevisse), lorsqu'on les enlève de leur milieu ambiant;
— il faut les soupeser dans les deux mains et, à taille égale, choisir les plus lourds;
— au moment où la femelle homard porte ses œufs, on dit que sa chair est plus tendre et savoureuse.

• **DES POISSONS :**

— les poissons de mer fleurent bon le parfum franc d'eau saline et iodée, et les poissons d'eau douce, celui d'herbes fraîches de rivière;
— lorsqu'ils viennent d'être pêchés, leur corps se tient raide comme un bâton;
— leur peau doit être tendue et lumineuse, leur couleur bien prononcée;
— un poisson frais doit vous regarder « droit dans les yeux »; l'œil, clair, brillant, incisif, doit remplir toute la cavité de l'orbite;
— les ouïes doivent être difficiles à ouvrir et laisser apparaître des branchies humides, de couleur rose vif, rouge clair, ou rose marron clair selon les poissons;
— leur chair ne doit pas être molle mais au contraire ferme et sensuelle sous la main, et présenter, qu'ils soient de chair rouge ou blanche, des reflets irisés;
— enfin... et surtout, s'ils ont toutes ces qualités, il faut, à l'encontre de tous les conseils traditionnels, ne jamais les mettre à dégorger à l'eau courante, sous l'abominable prétexte de les rendre plus blancs à la cuisson!

Coquillages, crustacés et poissons

Papillotes de saumon à l'étuvée de légumes (p. 274)
Soupe aux écrevisses de rivière (p. 147).
Coquilles à la coque de Didier Oudill (p. 246)
Sole grillée aux huîtres et à la ciboulette (p. 294)

Homard aux truffes à la tomate fraîche et au basilic (p. 253)
Le marché du pêcheur en cocotte à la vapeur d'algues (p. 297)
Dorade en croûte de sel (p. 280)

Salades, entrées et foies gras

Feuilleté d'asperges au beurre de cerfeuil (p. 202)

Feuilleté d'écrevisses à l'oignon croquant (p. 214) Escargots en pots aux croûtons (p. 188)

Salade buissonnière aux poissons fumés (p. 169)
Salade gourmande (p. 157)   Salade de jambon d'aile de canard aux pois de jardin (p. 166)

Foie gras de canard aux petites céréales (p. 229)
Foie gras frais en gelée de poivre (p. 223)

LES SAUCES

sauce rouille

Sauce froide

Marché pour 6 personnes
Servie froide

Ingrédients principaux	2 œufs } cuisson des œufs durs 1 litre d'eau bouillante } 2 filets d'anchois à l'huile 1 gousse d'ail épluchée 1 cuillère à café de concentré de tomate 2 jaunes d'œufs crus 1 cuillère à café de moutarde Sel et poivre blanc 25 cl d'huile d'olive 1 cuillère à café de jus de citron 1/4 de cuillère à café d'harissa 1 pointe de couteau de safran
Ustensiles de préparation	1 petite casserole 1 écumoire à manche 1 mixer 2 bols 1 petit fouet 1 saucière
Utilisations	Homard, langouste ou écrevisses à la nage *(p. 264)* Bouillabaisse de morue *(p. 291)* Le marché du pêcheur en cocotte à la vapeur d'algues *(astuces et idées maison p. 299)* Tous vos poissons grillés

« *TOUT L'ACCENT DU MIDI* »

1. Après avoir bien vérifié que leur coque n'est pas fêlée, plonger délicatement les deux œufs dans la petite casserole remplie du litre d'eau bouillante et les y laisser cuire pendant 8 minutes.

2. Les sortir à l'écumoire à manche et les mettre à rafraîchir sous l'eau courante.

3. Les dépouiller de leur coquille, ouvrir les blancs pour en sortir les jaunes, qui, seuls, seront utilisés dans cette recette.

4. Broyer ces derniers au mixer pendant une minute, en ajoutant les 2 filets d'anchois, la gousse d'ail, la cuillerée à café de concentré de tomate; **débarrasser** et **réserver** dans un bol.

5. Verser les 2 jaunes d'œufs crus dans le second bol, ajouter la cuillerée à café de moutarde, le sel et le poivre blanc.

6. Fouetter le mélange au petit fouet, et, lorsque tous les éléments sont bien mélangés, verser les 25 cl d'huile d'olive en filet mince, en continuant de tourner énergiquement et souplement.

7. Au fur et à mesure que la sauce épaissit, ajouter petit à petit, en plusieurs fois, la cuillerée à café de jus de citron pour la **détendre**.

8. Continuer d'incorporer progressivement l'huile, et terminer la confection de cette « mayonnaise » en ajoutant l'harissa, le safran et le mélange d'œufs durs (4). Vérifier l'assaisonnement.

ASTUCES ET IDÉES MAISON

● On utilise du poivre blanc de préférence au noir pour éviter toute trace de pigments noirs dans la sauce.

sauce nage ou court-bouillon

Sauce chaude ou froide

Marché pour 4 personnes

Ingrédients principaux	2 carottes moyennes 1 blanc de poireau 30 g de céleri branche 60 g de petits oignons dits « grelots » 2 échalotes 1 litre 1/4 d'eau 35 g de gros sel 5 zestes de citron 2 gousses d'ail non épluchées 25 grains de poivre vert 1 clou de girofle 6 queues de persil } bouquet garni 1/2 feuille de laurier } *(voir p. 95)* 1 petite branche de fenouil frais } 1 branche de thym } 1/4 litre de vin blanc sec
Ustensile de préparation	1 grande casserole inoxydable
Utilisations	Soupe aux écrevisses de rivière *(p. 147)* Homard rôti au four *(p. 260)* Homard, langouste ou écrevisses à la nage *(p. 264)* Le pot-au-feu de la mer *(p. 300)*

« UN BAIN DE SENTEURS POUR LES CRUSTACÉS »

1. Éplucher et laver tous les légumes.

2. Canneler les carottes à l'aide d'un couteau canneleur (facultatif).

3. Tailler tous les légumes, carottes, blanc de poireau, céleri, petits oignons, échalotes, en fines rondelles de 2 mm d'épaisseur.

4. Les réunir dans la casserole, puis, ajouter l'eau, le sel et les ingrédients d'assaisonnement : zestes de citron, gousses d'ail non épluchées, grains de poivre vert, clou de girofle et bouquet garni.

5. Laisser cuire à feu très doux, à frémissements, sans couvrir, pendant 30 minutes; les légumes doivent rester légèrement fermes.

6. Verser alors le 1/4 de litre de vin blanc et porter à ébullition 30 secondes : ajouté en fin de cuisson, le vin blanc apporte à cette préparation toute la fraîcheur et le fruit souhaitables.

7. **Réserver** au frais jusqu'à l'emploi.

sauce vierge

Sauce chaude ou froide

Marché pour 6 personnes

Ingrédients principaux	3 tomates entières 1 litre d'eau pour ébouillanter les tomates 2 gousses d'ail non épluchées 2 cuillères à soupe de cerfeuil } frais hachés 2 cuillères à soupe de persil plat } frais hachés 1 cuillère à soupe d'estragon } frais hachés 8 grains de coriandre séchés et concassés 20 cl d'huile d'olive Sel et poivre
Ustensiles de préparation	1 casserole inoxydable 1 couteau d'office 1 bain-marie
Utilisations	Homard, langouste ou écrevisses à la nage *(p. 264)* Bar aux algues *(p. 277)* Dorade en croûte de sel *(p. 280)* Le marché du pêcheur en cocotte à la vapeur d'algues *(p. 297)* Le pot-au-feu de la mer *(astuces et idées maison p. 304)*

« *UNE SAUCE A L'HUILE SIMPLE ET PURE* »

1. Supprimer le pédoncule des tomates et, pour les peler plus facilement, les plonger dans la casserole remplie du litre d'eau bouillante; les y laisser quelques secondes, selon leur degré de maturité.

2. Les rafraîchir à l'eau glacée et les peler au couteau d'office.

3. Les couper en deux et les presser doucement dans le creux de la main pour en extraire eau de végétation et pépins. Puis les couper en petits dés d'1/2 cm de section.

4. Réunir simplement ensemble tous les ingrédients et les mettre à tiédir au bain-marie.

ASTUCES ET IDÉES MAISON

● Cette sauce a besoin de « mûrir » et s'épanouir; elle sera donc à point au bout d'une 1/2 heure de réchauffage au bain-marie.

● On peut également l'utiliser froide pour assaisonner à son choix toutes sortes de salades, de poissons et de volailles froides.

sauce coulis de tomates fraîches

Sauce chaude ou froide

Marché pour 4 personnes

Ingrédients principaux	300 g de tomates fraîches 1 litre d'eau pour ébouillanter les tomates 3 cuillères à café d'huile d'olive 1 gousse d'ail non pelée 1 échalote hachée 1 cuillère à café de concentré de tomate 1 petit bouquet garni 18 cl de bouillon de volaille obtenus à partir de 1/3 de tablette de bouillon de volaille instantané diluée dans 18 cl d'eau Sel et poivre
Ustensiles de préparation	1 petit couteau 1 casserole à fond épais 1 égouttoir à pieds 1 mixer
Utilisations	Pot-au-feu de foie gras *(p. 235)* Patte d'oie farcie *(astuces et idées maison p. 335)* Pot-au-feu de langues *(p. 400)* Pot-au-feu du pot-au-feu *(p. 403)*

« *UNIVERSELLE ET BON ENFANT* »

1. Supprimer le pédoncule des tomates à l'aide du petit couteau.

2. Plonger celles-ci, quelques secondes, dans la casserole remplie du litre d'eau bouillante, les retirer et les mettre à rafraîchir dans de l'eau glacée, puis les égoutter sur l'égouttoir à pieds. Cette première opération permet alors de les peler très facilement.

3. Puis les couper en deux et presser doucement chaque moitié dans le creux de la main pour en éliminer pépins et eau de végétation.

4. Faire chauffer l'huile d'olive dans la casserole, y faire cuire doucement, sans laisser colorer, la gousse d'ail non pelée, écrasée et l'échalote hachée.

5. Ajouter les tomates fraîches, la cuillerée à café de concentré de tomate, le bouquet garni et les 18 cl de bouillon de volaille. Laisser cuire, couvert, à feu moyen, pendant 20 minutes.

6. La cuisson terminée, enlever le bouquet garni et broyer le tout au mixer. Vérifier l'assaisonnement. Si le coulis obtenu est trop clair, le remettre dans la casserole sur le feu pour le laisser **réduire** et épaissir.

sauce beurrée aux truffes

Sauce chaude

Marché pour 4 personnes

Ingrédients principaux	40 g de truffes de conserve 130 g de beurre 8 cl du jus de truffes de la boîte 10 cl de crème dite « fleurette » Sel et poivre du moulin 1 cuillère à café de jus de citron
Ustensiles de préparation	1 petit couteau d'office 1 petite casserole inoxydable à fond épais
Utilisations	Pot-au-feu de foie gras *(p. 235)*

« PARFUM DE TERRE ET ONCTUOSITÉ... »

1. A l'aide du petit couteau d'office, **détailler** les 40 g de truffes en **julienne** *, bâtonnets de 3 cm de longueur sur 2 mm de section.

2. Faire chauffer 10 g de beurre dans la petite casserole, y faire revenir doucement, pendant 2 minutes, les bâtonnets de truffes, puis verser dessus le jus de truffes et la crème fleurette. Assaisonner légèrement de sel et poivre et laisser bouillir à feu doux jusqu'à **réduction** de la moitié du volume. Cette opération dure environ 6 minutes.

3. Pendant que ce mélange cuit à petits bouillons, y incorporer les 120 g de beurre restant, en parcelles, tout en faisant décrire à la casserole quelques cercles rapides sur elle-même afin d'homogénéiser cette sauce au beurre : elle s'épaissit et devient onctueuse. Ajouter le jus de citron, rectifier l'assaisonnement si besoin est. Tenir au chaud au bain-marie jusqu'à l'emploi.

ASTUCES ET IDÉES MAISON

● En remplaçant les truffes par des champignons de Paris, et, en procédant de la même façon, vous pourrez réaliser une merveilleuse sauce beaucoup moins onéreuse. Pour ce faire, éplucher et **détailler** en **julienne** * 80 g de ces champignons ; les faire revenir sans laisser colorer avec 1 cuillerée à café d'échalote hachée. Remplacer le jus de truffes par 2 cuillerées à soupe de Madère ou Porto blanc additionnées d'1 cuillerée à café d'estragon frais haché ou 1/2 cuillerée à café d'estragon au vinaigre, que l'on incorpore à la sauce en même temps que la crème fleurette.

* Voir illustration p. 103.

sauce crème de ciboulettes

Sauce chaude

Marché pour 4 personnes

Ingrédients principaux

6 cl de vin blanc sec
2 grosses cuillères à soupe d'échalotes hachées soit 120 g
2 cl de bouillon de volaille obtenus à partir de 1/3 de tablette de bouillon de volaille instantané diluée dans 2 cl d'eau
35 cl de crème fleurette
1 cuillère à soupe rase de purée mousse de cresson *(voir recette p. 420)*
1 cuillère à soupe rase de ciboulette hachée
3 cuillères à soupe d'eau froide
100 g de beurre
Le jus d'1/2 citron soit 1 cuillère à soupe
Sel et poivre

Ustensiles de préparation

1 petite casserole
1 casserole moyenne
1 mixer
1 bain-marie

Utilisations

Dorade en croûte de sel *(p. 280)*
Sole grillée aux huîtres *(p. 294)*
Tournedos de veau à la crème de ciboulette *(p. 369)*

« *UNE SAUCE VERT TENDRE DE JARDIN* »

1. Verser dans la petite casserole les 6 cl de vin blanc et les deux grosses cuillerées à soupe d'échalotes hachées. Amener à faible ébullition, laisser cuire et **réduire** à découvert, de manière à obtenir 1 cuillerée à soupe de marmelade humide.

2. Dans la seconde casserole, faire bouillir ensemble les 2 cl de bouillon de volaille instantané, et la crème fleurette. Laisser **réduire** d'un tiers du volume.

3. Pendant ce temps, broyer ensemble au mixer, la mousse de cresson, la ciboulette, les 3 cuillerées à soupe d'eau froide, le beurre et la cuillerée à soupe de réduction d'échalotes au vin blanc (1). Verser sur ce mélange la crème fleurette réduite avec ses ingrédients (2) et le jus de citron, broyer à nouveau 30 secondes, assaisonner de sel et poivre.
Tenir au chaud au bain-marie jusqu'à l'emploi.

sauce coulis d'écrevisses

Sauce chaude

Marché pour 6 personnes

Ingrédients principaux	2 carottes moyennes } 1 oignon 1/2 } épluchés 1 échalote } 6 cl d'huile d'olive 6 cl d'huile d'arachide 1 kg 500 d'écrevisses (environ 32 pièces) vivantes 1 gousse d'ail écrasée non pelée 1 petit bouquet garni 5 cl d'Armagnac 5 cl de Porto rouge 25 cl de vin blanc sec 3 tomates concassées crues *(voir recette p. 410)* 1 cuillère à soupe de concentré de tomate Sel et poivre 40 cl de crème fraîche double 1/2 cuillère à café d'estragon frais haché
Ustensiles de préparation	1 mixer 1 casserole plate (sautoir) et son couvercle 1 écumoire à manche 1 mortier en bois et son pilon 1 chinois étamine 1 petite louche
Utilisations	Feuilleté d'écrevisses à l'oignon croquant *(p. 214)* Millefeuille d'écrevisses *(p. 216)* Mousseline de St-Jacques au coulis d'écrevisses *(p. 250)* Gâteau de homard soufflé aux carottes fondantes *(p. 266)*

« *UNE SAUCE ROSE AU PARFUM DE RIVIÈRE* »

1. Tailler les carottes, l'oignon et l'échalote en **mirepoix,**

petits dés de 3 mm de section, ou plus simplement les passer 15 secondes au mixer.

2. Faire chauffer les 12 cl d'huiles mélangées dans la casserole, y jeter les écrevisses vivantes et les faire sauter et colorer à couvert, pendant 6 minutes.

3. Enlever la casserole du feu, ôter les écrevisses à l'écumoire; détacher, puis, décortiquer les queues et les **réserver**.

4. Piler grossièrement dans le mortier 24 des têtes d'écrevisses, les 8 autres serviront à la présentation du plat que cette sauce accompagnera. Cette opération peut se faire très facilement au mixer.

5. Remettre la casserole (2) à chauffer, y faire suer, c'est-à-dire cuire légèrement sans colorer, la **mirepoix** de légumes (1), l'ail, le bouquet garni et les têtes d'écrevisses pilées (4).

6. Puis, verser l'Armagnac, le Porto et couvrir la casserole : le mélange des alcools doit bouillir, **réduire** de moitié et imprégner les écrevisses de leurs parfums.

7. Ajouter le vin blanc, les tomates concassées crues et le concentré de tomate, le sel et le poivre. Laisser bouillir environ 10 minutes jusqu'à évaporation de 1/3 du volume.

8. Ajouter la crème fraîche, la 1/2 cuillerée à café d'estragon haché; laisser cuire à nouveau 10 minutes, à petits bouillons, sur feu moyen.

9. Passer cette sauce au chinois en pressant fortement sur les légumes et débris de carapaces à l'aide du dos d'une petite louche, afin d'en extraire le maximum de sucs et parfums.

10 Conserver séparément au réfrigérateur la sauce coulis obtenue et les queues d'écrevisses décortiquées (4) : les deux éléments pouvant être utilisés ensemble ou isolément selon les recettes.

ASTUCES ET IDÉES MAISON

● On peut aussi confectionner une excellente sauce apparentée mais moins coûteuse, en remplaçant les écrevisses par le même poids d'étrilles, petits crabes délicieux et savoureux. Il faudra avoir soin de les couper en 4 avant de les faire sauter.

sauce mousse de cresson

Sauce froide

Marché pour 4 personnes

Ingrédients principaux

1 botte de cresson
2 feuilles de gélatine (4 g)
10 g de beurre
1 grosse cuillère à soupe d'échalote hachée
1 cuillère à soupe rase d'estragon frais haché
2 g d'ail haché, soit la pointe d'un couteau
2 cuillères à soupe de vin blanc sec
35 cl de crème dite « fleurette » très froide
Sel et poivre
1 cuillère à café de jus de citron

Ustensiles de préparation

3 saladiers dont 1 mis à glacer au réfrigérateur
1 petite casserole inoxydable à fond épais et son couvercle
1 spatule en bois
1 petit fouet
1 mixer
1 petit fouet à « blancs » aux branches très souples

Utilisations

Cresson :
Terrine d'anguilles au vin de Tursan *(p. 197)*
Cresson ou tomate :
Rillettes de bœuf à l'orange *(p. 393)*
Tomate :
Terrine de carpe ou de rougets au St-Émilion *(p. 200)*
Sardines glacées au vin rouge *(p. 271)*

« DE LA CHANTILLY DE SALADE TENDRE »

PRÉPARATION DE LA PURÉE DE CRESSON :

1. Équeuter le cresson et le laver à l'eau fraîche, il en reste environ 60 g.

2. Faire tremper les 2 feuilles de gélatine dans un saladier d'eau froide, pour les assouplir et les faire gonfler.

3. Faire fondre à feu moyen les 10 g de beurre dans la casserole, ajouter la cuillerée à soupe d'échalote hachée et faire revenir doucement, sans colorer, pendant 1 minute en remuant à la spatule en bois.

4. Ajouter le cresson, la cuillerée à soupe d'estragon, l'ail haché et les 2 cuillerées à soupe de vin blanc, couvrir et laisser cuire ainsi 1 minute.

5. Puis verser 15 cl de crème fleurette, assaisonner de sel et poivre, et laisser cuire et **réduire** à petits bouillons, à découvert, pendant 10 minutes.

6. Retirer du feu, ajouter les 2 feuilles de gélatine égouttées : elles vont fondre et se dissoudre au contact de la chaleur; bien mélanger l'ensemble au fouet.

7. Verser dans le mixer, ajouter la cuillerée à café de jus de citron, et broyer 1 minute de manière à obtenir une purée verte et lisse; **débarrasser** dans le premier saladier et laisser refroidir.

PRÉPARATION DE LA CRÈME FOUETTÉE :

8. Sortir le second saladier, mis à glacer au réfrigérateur, y verser les 20 derniers cl de crème fleurette, et fouetter doucement d'un mouvement souple du poignet pendant 45 secondes : la crème enfle, s'aère et augmente du tiers de son volume.

9. Accélérer alors le mouvement pendant 20 à 30 secondes, la crème s'épanouit mais ne doit pas atteindre la fermeté des blancs d'œufs montés en neige.

FINITION :

10. Verser la crème fouettée (9) dans le saladier de purée de cresson (7) et mélanger intimement les deux éléments à la spatule en bois, en soulevant délicatement l'ensemble et en l'aérant bien. Vérifier l'assaisonnement et **réserver** le saladier au réfrigérateur jusqu'à l'emploi.

ASTUCES ET IDÉES MAISON

● Prolonger davantage les temps de fouettage de la crème fleurette indiqués au (8) et (9) lui donnerait plus de volume et de légèreté, mais enlèverait au mélange cresson-crème fouettée une grande partie de l'onctuosité nécessaire.

sauce mousse de tomate

Sauce froide

● En substituant au cresson 3 grosses cuillerées à soupe de tomate concassée crue *(voir recette p. 410)* et en ajoutant une cuillerée à soupe de concentré de tomate, on obtient, en suivant la même technique, une jolie mousse rose fruité de ce légume rafraîchissant.

● Cette variation dans le choix des légumes peut s'étendre à bien d'autres mélanges : poireaux et menthe fraîche, asperges et brocoli, etc.

LES PETITS CROÛTONS APÉRITIFS

les petits croûtons apéritifs

Pour remplacer avec esprit, à l'apéritif, le sempiternel pain de mie souvent maussade, trancher au couteau-scie, dans une baguette de pain, des rondelles de 1/2 cm d'épaisseur, les tartiner, des deux côtés, d'une couche fine de beurre, à l'aide d'une spatule en acier.

Les faire dorer des deux côtés dans une poêle chaude ou tout simplement sous le gril du four.

L'imagination peut alors s'en donner à cœur joie... Voici quelques exemples d'accommodement.

Marché pour 8 croûtons

Ingrédients de base, communs à la confection de la première étape de la recette de tous les croûtons	8 rondelles de pain baguette de 1/2 cm d'épaisseur 25 g de beurre
Ustensiles de préparation	1 plat de service chaud ou froid selon l'accommodement choisi

croûtons au fromage et au lard (chauds)

1. Broyer ensemble au mixer, pendant 1 minute, 50 g de gruyère râpé, la moitié d'un œuf entier battu, 25 g de crème fraîche double, afin d'obtenir une crème bien lisse. Saler et poivrer, ajouter une pointe de noix de muscade râpée.

2. En tartiner confortablement les 8 rondelles de pain chaud préalablement beurrées et dorées des deux côtés. Poser sur chacune d'elles une fine tranche de poitrine de porc fumé, de 3 cm de longueur, 2 cm de largeur et 2 mm d'épaisseur.

3. Mettre à colorer sous le gril du four pendant 1 à 2 minutes; servir aussitôt sur le plat de service chaud.

croûtons à l'oiseau (chauds)

1. Faire dorer 4 petites grives plumées et vidées, assaisonnées de sel et poivre, en les roulant dans une cuillerée à café de beurre chauffé et fondu dans un plat â rôtir, et les mettre à cuire 2 à 3 minutes à four très chaud (250 °C — Thermostat 9-10).

2. Pendant ce temps, faire dorer des deux côtés les 8 rondelles de pain beurré, les recouvrir aussitôt de 8 petites tranches de foie gras frais ou dc conserve mi-cuit.

3. Ouvrir les grives en deux et déposer sur chaque tartine tiède, une moitié de grive rôtie rosée et relevée au dernier moment d'un tour de moulin à poivre ; décorer chacune d'elles d'un grain de raisin pelé et épépiné et servir sur le plat de service chaud; se mange aussitôt, avec les os croustillants.

croûtons à l'œuf de caille
(chauds)

1. Tartiner confortablement les 8 rondelles de pain chaud, préalablement beurrées et dorées des deux côtés, de confiture d'oignons à la grenadine *(voir recette p. 412)*. Poser dessus 8 petits bouquets de feuilles de cresson assaisonnés de quelques gouttes de citron, puis 8 œufs de caille frits 15 secondes dans 5 cl d'huile d'arachide; saler, poivrer le tout et servir.

croûtons à l'oreille de cochon
(chauds)

1. Acheter chez le charcutier 200 g d'oreille de porc cuite. La **détailler** en 8 petits carrés de 3 cm de côté.

2. Tremper ces derniers dans la farine, puis, dans le mélange suivant : 1 œuf entier battu à la fourchette + 1 cuillerée à café de persil haché + 1 cuillerée à café de moutarde + 1 cuillerée à café d'huile d'olive + sel et poivre.

3. Les rouler enfin dans de la chapelure de mie de pain, et, les faire colorer sur les deux faces dans une poêle chaude contenant 30 g de beurre « noisette » *(voir p. 40)*.

4. Les déposer ensuite sur les 8 rondelles de pain chaud préalablement beurrées et dorées des deux côtés, et tartinées de moutarde de Dijon d'un seul côté.

croûtons aux tomates et à la ciboulette
(froids)

1. Égoutter dans une passoire étamine, 125 g de tomate concassée crue *(voir recettes p. 410)*.

2. La verser dans un bol et la mélanger avec 3 cl de crème fraîche double, une cuillerée à soupe d'échalote hachée, 2 cuillerées à soupe de ciboulette hachée, 1 cuillerée à café de jus de citron et 1/2 cuillerée à café de piment liquide (tabasco) ; saler, poivrer et **réserver** une heure au réfrigérateur.

3. Tartiner confortablement les 8 rondelles de pain chaud, préalablement beurrées et dorées des deux côtés, de cette rafraîchissante marmelade.

croûtons à l'anchois (froids)

1. Cuire 2 œufs durs, 7 minutes seulement, à l'eau bouillante; sitôt cuits, les rafraîchir sous l'eau froide, puis, leur ôter la coquille.

2. Les **détailler** en 8 belles rondelles de 1/2 cm d'épaisseur.

3. Choisir 2 petites tomates « olives » de forme allongée, les découper également en 8 rondelles, puis, les poser sur les 8 rondelles de pain chaud, préalablement beurrées et dorées des deux côtés, les assaisonner de sel et poivre du moulin, éparpiller dessus une cuillerée à café de ciboulette hachée.

4. Y superposer alors les 8 rondelles d'œufs assaisonnées uniquement de poivre du moulin.

5. Coiffer d'un petit filet d'anchois à l'huile et asperger de quelques gouttes de vinaigre de vin.

croûtons au saumon frais (froids)

1. Dans 30 g de saumon frais, **détailler** 8 petits carrés de 3 cm de côté; si vous ne parvenez pas aisément à les trancher assez fin (1 mm), glisser les 8 carrés entre deux feuilles de papier aluminium et les aplatir délicatement à l'aide du plat d'un couteau batte.

2. Les étaler dans le fond d'une assiette plate, les saler légèrement, donner quelques tours de moulin à poivre, éparpiller dessus une grosse cuillerée à café d'échalote hachée, une cuillère à café de jus de citron, une autre d'huile d'olive, et laisser mariner ainsi pendant une heure.

3. Puis les disposer sur les 8 rondelles de pain chaud préalablement beurrées et dorées des deux côtés, en décorant chaque croûton terminé de deux grains de poivre vert.

LES SOUPES

soupe de tous les légumes du potager de Christine

Servie chaude ou froide

Marché pour 6 personnes

Ingrédients principaux

2 litres 1/2 de bouillon de volaille obtenus à partir de 5 tablettes de bouillon de volaille instantané diluées dans 2 litres 1/2 d'eau

75 g de carottes	pelés et coupés en 4	première cuisson
20 g de navets		
80 g d'oignons		
3 g de céleri-branche		
60 g de blancs de poireaux lavés et épluchés		
20 g d'échalotes pelées et coupées en 2		
Sel et poivre		
50 g de champignons de Paris coupés en 4		seconde cuisson
50 g de cresson lavé et effeuillé		
1/2 tomate pelée et épépinée		
1/2 cœur de laitue lavé		
25 g de concombre pelé		
50 g de haricots verts équeutés		
Sel et poivre		

Ingrédients de finition de la soupe

1/3 de gousse d'ail pelée et hachée

1/2 cuillère à café d'estragon	frais hachés
1 cuillère à soupe de persil	
1/2 cuillère à soupe de cerfeuil	
1/2 cuillère à soupe de ciboulette	

25 cl de crème dite « fleurette »

20 g de beurre ramolli à la température de la cuisine

Sel et poivre

Ustensiles de préparation et de présentation

1 couscoussier

1 mixer

1 casserole moyenne

1 grande soupière ou	de porcelaine blanche très chaudes
6 soupières miniatures	

« *UNE MERVEILLEUSE SOUPE DES QUATRE SAISONS* »

NOTE DE L'AUTEUR :

Certains légumes choisis pour cette recette exigeant des temps de cuisson différents, on fera donc cuire cette soupe en deux temps.

PREMIÈRE CUISSON :

1. Verser les 2 litres 1/2 de bouillon de volaille dans la partie inférieure du couscoussier.

2. Ranger au fond du cuiseur de la partie supérieure, les légumes de la première cuisson : carottes, navets, oignons, céleri branche, blancs de poireaux, échalotes.

3. Saler et poivrer légèrement ; couvrir, porter à ébullition et laisser cuire ainsi à la vapeur pendant 15 minutes.

DEUXIÈME CUISSON :

4. Ranger sur ces légumes les légumes de la seconde cuisson : champignons, cresson, tomate, laitue, concombre, haricots verts.

5. Saler et poivrer légèrement ; couvrir, maintenir l'ébullition et laisser cuire à la vapeur à nouveau 10 minutes

FINITION ET PRÉSENTATION :

6. Verser les ingrédients de finition de la soupe dans le bol du mixer : ail, estragon, persil, cerfeuil, ciboulette; broyer pendant 30 secondes.

7. Y ajouter l'ensemble des légumes des deux cuissons (3)

et (5), broyer à nouveau pendant 2 minutes, en versant progressivement sur le mélange, 20 cl du bouillon de volaille de cuisson, les 25 cl de crème fleurette et les 20 g de beurre. Vérifier l'assaisonnement.

8. Réchauffer la soupe dans la casserole en ayant soin de ne pas laisser bouillir, et la servir aussitôt dans la grande soupière ou les six soupières miniatures.

9. Si, par une soirée d'été, on souhaite la servir froide, la verser, au sortir du mixer, dans la soupière, et rentrer cette dernière au froid en l'y laissant le temps voulu pour bien la rafraîchir.

ASTUCES ET IDÉES MAISON

- Par le nombre de légumes différents qui la composent, cette soupe peut paraître, à première vue, rébarbative à confectionner. Pourtant sa confection aisée et sa finition au mixer sont des plus simples... et puis, le résultat mérite un petit effort!

- On peut bien entendu, faire varier à l'infini l'harmonie des légumes frais selon leur saison d'élection.

soupe de grenouilles à la laitue

Servie chaude ou froide

Marché pour 4 personnes

Ingrédients principaux

12 feuilles de laitue vert tendre choisies près du cœur de la salade, soit environ 100 g
15 g de beurre
2 grosses cuillères à soupe d'échalotes hachées soit environ 30 g
5 g d'ail pelé et haché
10 g de persil plat équeuté et non haché
4 cuillères à soupe d'eau
60 cl de crème dite « fleurette »
75 cl de bouillon de volaille obtenus à partir de 1 tablette 1/2 de bouillon de volaille instantané diluée dans 50 cl d'eau
2 grosses cuillères à café de purée mousse de cresson (facultatif) *(voir recette p. 420).*
12 paires de cuisses de grenouilles vendues en brochettes chez le poissonnier
2 jaunes d'œufs
1 cuillère à soupe de ciboulette fraîche hachée

Ustensiles de préparation et de présentation

1 casserole inoxydable à fond épais et son couvercle
1 spatule en bois
1 écumoire à manche
1 assiette
4 petites soupières individuelles en porcelaine blanche chaudes
1 bol
1 petit fouet

PRÉPARATION DE LA SOUPE :

1. Laver les feuilles de laitue à l'eau fraîche, les égoutter, et, les couper en deux en les débarrassant de leur grosse côte centrale.

2. Faire fondre à feu moyen les 15 g de beurre dans la casserole, y verser les 2 cuillerées à soupe d'échalotes hachées, et les faire doucement revenir sans colorer, pendant une minute, en les remuant à la spatule en bois.

3. Ajouter les 5 g d'ail haché, les moitiés de feuilles de laitue, les 10 g de feuilles de persil plat et les 4 cuillerées à soupe d'eau. Couvrir et laisser cuire ainsi à nouveau une minute.

4. Puis, ajouter les 60 cl de crème fleurette, le 1/2 litre de bouillon de volaille, les 2 grosses cuillerées à café de mousse de cresson. Saler, poivrer et porter à nouveau à ébullition.

CUISSON ET PRÉPARATION DES GRENOUILLES :

5. Jeter alors dans cette préparation (4) les 12 paires de cuisses de grenouilles, les y laisser cuire, à couvert, 4 minutes, et les mettre à égoutter sur l'assiette, à l'aide de l'écumoire ; les laisser refroidir puis en détacher délicatement toute la chair à la main.

6. Pendant ce temps, maintenir la soupe en ébullition et la laisser ainsi **réduire** du tiers de son volume pendant 15 minutes.

FINITION ET PRÉSENTATION :

7. Répartir équitablement dans les 4 petites soupières, la chair des grenouilles qui se réchauffera d'elle-même au contact de la soupe bouillante.

8. Battre les deux jaunes d'œufs, au fouet dans le bol, puis verser dessus quelques cuillerées de soupe bouillante en continuant de fouetter. Reverser le tout dans la casserole en mélangeant bien l'ensemble, réduire le feu pour ne plus faire bouillir et vérifier l'assaisonnement.

9. Verser la soupe dans les petites soupières individuelles et parsemer de la ciboulette hachée.

ASTUCES ET IDÉES MAISON

● Pour accentuer la note de fraîcheur déjà amorcée par la laitue et le persil, verser dans la soupe, juste avant de servir, 3 cuillères à soupe de vin blanc sec froid.

bouillon d'étrilles en gelée au cerfeuil

Servi froid

Marché pour 6 personnes

Ingrédients principaux	2 kg de crabes vivants appelés « étrilles » 10 cl d'huile d'olive 2 carottes } pelés et taillés 1 oignon } grossièrement en petits dés 1 cuillère à soupe d'échalote hachée 1 gousse d'ail non épluchée et écrasée 5 cl d'Armagnac 5 cl de Porto 25 cl de vin blanc 2 tomates concassées crues *(voir recette p. 410)* 2 cuillères à soupe de concentré de tomate 1 petit bouquet garni 2 litres de bouillon de volaille obtenus à partir de 4 tablettes de bouillon de volaille instantané diluées dans 2 litres d'eau Sel et poivre
Ingrédients de finition	3 blancs d'œufs 13 feuilles de gélatine (2 g pièce) 1 boîte de 250 g de crabe de conserve 2 cuillères à soupe de pluches de cerfeuil 1 cuillère à café d'estragon
Ustensiles de préparation et de présentation	1 gros couteau 1 grande poêle 1 grande casserole et son couvercle 1 écumoire 1 chinois étamine 1 grand saladier 1 petite louche 1 petit saladier et 1 fourchette 1 petit fouet 1 linge 6 grands verres ballons

« POUR L'ÉTÉ, UNE SOUPE CLAIRE ET FRAÎCHE DE MER »

CUISSON DU BOUILLON D'ÉTRILLES :

1. A l'aide du gros couteau, couper les étrilles en quatre, puis les assaisonner de sel et poivre du moulin.

2. Faire chauffer la moitié de l'huile d'olive dans la grande poêle; y faire sauter et colorer les étrilles à feu vif sur toutes leurs faces pendant 8 minutes.

3. Dans la casserole faire chauffer les 5 cl d'huile d'olive restants, y faire revenir sans colorer pendant 5 minutes les deux carottes, l'oignon, l'échalote et l'ail.

4. Ajouter les crabes sautés et égouttés à l'écumoire.

5. **Déglacer** avec l'Armagnac et le Porto, faire bouillir et **réduire** des 3/4 du volume; verser le vin blanc, laisser **réduire** à nouveau de moitié, ajouter les tomates concassées et le concentré de tomate, le bouquet garni, les deux litres de bouillon de volaille ; laisser cuire à couvert à feu vif, pendant 15 minutes.

6. Passer le bouillon de cuisson (5) au chinois étamine, dans le grand saladier, en pressant fortement les légumes et les débris de carapaces d'étrilles, à l'aide du dos de la petite louche, pour en extraire tous les sucs et parfums.

CLARIFICATION DU BOUILLON D'ÉTRILLES :

7. Saler légèrement les blancs d'œufs, et pour rompre leur résistance, les battre doucement à la fourchette, dans le petit saladier.

8. Les faire glisser dans la casserole de cuisson lavée, verser dessus le bouillon d'étrilles (6) en fouettant vivement pour bien mélanger l'ensemble. Porter le tout à faible ébullition et laisser cuire à frémissements pendant 20 minutes.

9. Pendant ce temps, faire tremper les feuilles de gélatine pendant 10 minutes dans de l'eau fraîche pour les rendre souples et les faire gonfler. Les égoutter et les plonger dans le bouillon d'étrilles (8).

10. Humecter un linge et en garnir l'intérieur du chinois étamine, puis y filtrer doucement le bouillon en se tenant au-dessus du saladier rincé. Vérifier l'assaisonnement ; **réserver** 2 heures au réfrigérateur.

FINITION ET PRÉSENTATION :

11. **Détailler** la chair du crabe de conserve en dés de 1 cm de côté, les disposer dans le fond des verres, éparpiller dessus la moitié des pluches de cerfeuil et l'estragon haché.

12. A l'aide de la petite louche, verser dessus le bouillon pris en gelée tremblotante, et, terminer en décorant avec les pluches du cerfeuil restant. Servir bien frais.

ASTUCES ET IDÉES MAISON

- On peut ajouter à la gelée de bouillon, au moment de dresser, quelques demi-feuilles de laitue **blanchies** 1 minute, ainsi que quelques petits pois **pochés**. C'est d'un joli effet et apporte une note supplémentaire de fraîcheur.

- Cette recette peut bien sûr être préparée la veille.

soupe aux écrevisses de rivière

Servie chaude ou froide

Marché pour 4 personnes

Ingrédients principaux	1 kg 500 d'écrevisses vivantes, soit environ 32 pièces 6 cl d'huile d'olive 6 cl d'huile d'arachide 1 carotte moyenne, 1 oignon, 1 échalote — épluchés et taillés en **mirepoix,** petits dés de 3 mm de section Sel et poivre 1 gousse d'ail écrasée non pelée 1 petit bouquet garni 5 cl d'Armagnac 5 cl de Porto rouge 25 cl de vin blanc sec 50 cl d'eau 2 tomates crues pelées et épépinées 1 cuillère à soupe de concentré de tomate
Ingrédients de finition	20 cl de nage et ses légumes *(voir recette p. 116)* 1 cuillère à café de cerfeuil, 1 cuillère à café d'estragon — frais hachés 20 cl de crème fraîche double 150 g de beurre ramolli à la température de la cuisine 1 cuillère à soupe de ciboulette fraîche hachée
Ustensiles de préparation et de présentation	1 casserole plate, sautoir et son couvercle 1 mixer (facultatif) 1 écumoire à manche 1 mortier en bois et son pilon 1 écumoire 1 spatule en bois 1 chinois étamine 1 petite louche 1 casserole moyenne 4 petites soupières individuelles en porcelaine blanche chaudes

« *UNE SOUPE CRÉMEUSE QUI S'ÉPANOUIT EN BOUCHE* »

PREMIÈRE ÉTAPE
DE LA PRÉPARATION DE LA SOUPE :

1. Faire chauffer les 12 cl de mélange des 2 huiles dans la casserole plate ; y jeter les écrevisses vivantes et les faire sauter, puis colorer rouge, à couvert, pendant 6 minutes.

2. Enlever la casserole du feu, ôter et égoutter les écrevisses à l'aide de l'écumoire, les déposer sur une assiette, détacher les queues et les **réserver** jusqu'à l'emploi.

3. Piler grossièrement au mortier ou au mixer les 32 têtes d'écrevisses. Les mettre dans la casserole de première cuisson (1), ajouter la **mirepoix** de carotte, oignon, échalote, le bouquet garni, la gousse d'ail, le sel, le poivre, et faire revenir l'ensemble sans colorer, à découvert, pendant 5 minutes, en remuant à la spatule en bois.

4. Puis, verser l'Armagnac et le Porto et couvrir la casserole à demi : le mélange des alcools doit bouillir, **réduire** de moitié et imprégner les écrevisses de leur parfum.

5. Ajouter alors les 25 cl de vin blanc et les 50 cl d'eau, les 2 tomates épépinées, la cuillère à soupe de concentré de tomate. Laisser bouillir à découvert 15 minutes jusqu'à évaporation de la moitié du volume.

6. Passer cette sauce au chinois étamine, en pressant fortement sur les légumes et les débris de carcasses avec le dos de la petite louche, afin d'en extraire le maximum de sucs et parfums : à la fin de l'opération, il doit rester environ 10 cl de sauce écrevisses ; **réserver** cette préparation dans un bol.

FINITION ET PRÉSENTATION DE LA SOUPE :

7. Pendant la cuisson des têtes et de la **mirepoix** (3-4-5-6-7), décortiquer les 32 queues d'écrevisses **réservées** (2), et en disposer 8 dans le fond de chacune des petites soupières, tenues au chaud sur la porte ouverte du four préalablement chauffé à doux (160 °C - Thermostat 5).

8. Dans la seconde casserole, verser les 20 cl de nage et les amener à ébullition, ajouter la cuillère à café de cerfeuil, la demi-cuillère à café d'estragon, laisser **réduire** de moitié, et, ajouter alors les 20 cl de crème fraîche, les 150 g de beurre en parcelles et la sauce écrevisses (7), en mélangeant bien le tout au fouet.

9. Laisser bouillir 30 secondes, vérifier l'assaisonnement et servir dans les 4 soupières (8), en parsemant la soupe de la cuillère à soupe de ciboulette.

ASTUCES ET IDÉES MAISON

● Les écrevisses (1) peuvent être simplement cuites à l'eau bouillante salée et la sauce écrevisses (3) à (6) remplacée par 10 cl de sauce américaine *(voir recette p. 81)*.

● Il est important de retrouver sous la dent les légumes de la nage qui apportent à cette soupe crémeuse un complément de « mâche ».

● Pour décortiquer les queues d'écrevisses, il suffit de pincer et de rompre entre le pouce et l'index, les deux anneaux situés sous les 2 extrémités opposées de la queue, puis d'ôter ces derniers et de sortir la queue de sa gaine carapace, en tirant dessus et en la faisant coulisser vers le haut, dans le sens queue-tête.

LES SALADES

salade grande ferme

Marché pour 4 personnes

Ingrédients principaux	1 grosse salade frisée bien jaune 40 g de beurre ramolli à la température de la cuisine 16 rondelles de pain **détaillées** dans une baguette 1 gousse d'ail épluchée 150 g de poitrine fumée de porc en 3 tranches **détaillées** chacune en 12 petits lardons 80 g de roquefort 1 grosse cuillère à soupe de pluches de cerfeuil ou de persil plat frais haché
Sauce d'accompagnement	10 cl de sauce vinaigrette simple ou mieux sauce vinaigrette « gourmande » *(voir recette p. 157)*
Ustensiles de préparation et de présentation	1 couteau d'office 1 panier à salade 1 poêle 1 grand saladier de service 1 couvert à salade

« L'ACCENT DU ROQUEFORT POUR RÉVEILLER UNE SALADE NAÏVE »

PRÉPARATION DES INGRÉDIENTS :

1. Éplucher la salade frisée au couteau d'office, en détacher les feuilles en coupant les plus grandes en 2 ou 3; les laver soigneusement 2 fois à l'eau fraîche, les égoutter au panier à salade, puis sur un linge.

2. Tartiner des 40 g de beurre ramolli les 2 côtés des rondelles de pain. Faire chauffer la poêle et les y faire colorer sur les 2 faces pour les rendre croustillantes. Les frotter alors à la gousse d'ail et les tenir au chaud sur une assiette posée sur la porte ouverte du four, préalablement chauffé à doux (170 °C — Thermostat 5).

3. Dans la même poêle, chauffée à nouveau, faire sauter et colorer les lardons, sans ajouter de matière grasse, le lard se suffisant à lui-même.

FINITION ET PRÉSENTATION :

4. Assaisonner la salade frisée avec la vinaigrette dans le saladier de service. Retourner avec le couvert à salade, en ajoutant les croûtons aillés (2) et le roquefort préalablement émietté à la fourchette.

5. Parsemer des pluches de cerfeuil ou de persil plat haché et présenter dans le saladier.

ASTUCES ET IDÉES MAISON

● La meilleure façon d'assaisonner parfaitement une salade est de se servir de ses deux mains pour la retourner lorsque l'on y a versé la vinaigrette.

salade de lentilles aux croûtons d'anchoïade

Marché pour 4 personnes

Ingrédients principaux	200 g de lentilles 1 litre d'eau froide 7 g de gros sel 1 petit bouquet garni Poivre 60 g d'oignons } épluchés et taillés 60 g de carottes } en gros dés 1/2 gousse d'ail pelée et hachée
Ingrédients de garniture	4 anchois au sel ou à l'huile en boîte 1 jaune d'œuf 6 cuillères à soupe d'huile d'olive 12 rondelles de pain **détaillées** dans une baguette 1 cuillère à soupe de câpres hachées
Sauce d'accompagnement	4 cuillères à soupe d'huile d'arachide 4 cuillères à soupe de vinaigre de vin 1 cuillère à soupe d'échalote hachée Sel et poivre
Ustensiles de préparation et de présentation	1 égouttoir à pieds 1 casserole inoxydable et son couvercle 1 écumoire à manche 1 mixer 1 bol 1 pinceau 1 spatule en acier 1 grand saladier de service 1 couvert à salade

« LES LENTILLES AU PARFUM DU MIDI »

CUISSON DES LENTILLES :

1. Laver les lentilles, les égoutter sur l'égouttoir, les mettre dans la casserole et les recouvrir du litre d'eau froide. Il n'est pas nécessaire, comme pour les haricots secs, de les faire tremper au préalable.

2. Porter à ébullition et écumer si besoin est.

3. Ajouter alors le gros sel, le bouquet garni, le poivre, les dés d'oignons et de carottes ainsi que l'ail haché. Laisser cuire doucement, à couvert, 35 minutes environ. La cuisson terminée, les égoutter sur l'égouttoir à pieds, enlever le bouquet garni et les **réserver** au frais.

PRÉPARATION DE L'ANCHOÏADE :

4. Dessaler les 4 anchois sous le robinet d'eau froide ; les désarêter en enlevant leurs filets; pour ce faire, lever ces derniers à partir de la queue en les pinçant entre le pouce et l'index pour les décoller de l'arête. Les rincer à nouveau et les essorer sur un linge.

5. Les broyer 30 secondes au mixer en incorporant le jaune d'œuf puis progressivement 4 cuillerées à soupe d'huile d'olive. **Réserver** dans un bol.

6. A l'aide du pinceau, badigeonner les 2 côtés des rondelles de pain des 2 cuillères d'huile d'olive restantes. Les mettre à colorer sur les deux faces, sous le gril du four, pour les rendre croustillantes.

7. A l'aide de la spatule en acier, tartiner d'anchoïade (5) les 12 rondelles de pain grillé.

FINITION ET PRÉSENTATION :

8. Préparer la sauce d'accompagnement comme une simple vinaigrette, dans le saladier de service.

9. Y verser les lentilles (2), la cuillerée à soupe de câpres hachées, et retourner avec le couvert à salade.

10. Présenter cette salade légèrement montée en dôme et disposer autour, en couronne, les croûtons d'anchoïade.

ASTUCES ET IDÉES MAISON

● Les croûtons peuvent plus simplement être garnis d'une petite tranche de tomate surmontée d'une tranche d'œuf dur et d'un filet d'anchois à l'huile.

● Pour rendre ce plat plus lumineux, on peut mélanger aux lentilles des haricots blancs secs, cuits de la même façon.

salade gourmande

Marché pour 2 personnes

Ingrédients principaux	180 g de haricots verts fins équeutés 12 pointes d'asperges fraîches, bien épluchées au couteau économe, ou de conserve 4 jolies feuilles de salade, (batavia rouge, trévise...) 1 cuillère à café rase d'échalote hachée 60 g de foie gras frais ou de conserve « mi-cuit » 1 truffe de 20 g crue ou de conserve coupée en rondelles
Eau de cuisson des légumes	1 litre 1/2 d'eau 30 g de gros sel
Sauce vinaigrette gourmande	Sel et poivre 1 cuillère à café de jus de citron 2 cuillères à café d'huile d'arachide 2 cuillères à café d'huile d'olive 1 cuillère à café de vinaigre de Jerez 1 cuillère à café de cerfeuil 1 cuillère à café d'estragon
Ustensiles de préparation et de présentation	1 casserole inoxydable 1 écumoire à manche 1 bassine 1 égouttoir à pieds 1 petit fouet 3 bols 1 couteau d'office 2 assiettes plates ou 1 saladier } refroidis au réfrigérateur

« *SURPRENANT ACCORD DE LA VINAIGRETTE ET DU FOIE GRAS* »

CUISSON DES LÉGUMES :

1. Jeter les haricots verts dans la casserole remplie du litre 1/2 d'eau bouillante salée à 30 g de sel; les cuire « al dente », à découvert, et à gros bouillons, entre 4 et 8 minutes selon leur grosseur. Les sortir rapidement de l'eau de cuisson à l'aide de l'écumoire et les plonger 10 secondes dans la bassine remplie d'eau glacée; puis les égoutter sur l'égouttoir à pieds.

2. Si elles sont fraîches, procéder de la même façon pour les pointes d'asperges qui pourront cuire à la suite dans la même eau de cuisson pendant 5 à 6 minutes *(voir méthode p. 52)*.

PRÉPARATION DE LA SAUCE :

3. Mélanger, comme pour une simple vinaigrette, mais à l'aide du petit fouet, et dans l'ordre suivant, le sel, le poivre et le jus de citron, les 2 sortes d'huile, puis le vinaigre de Jerez, le cerfeuil et l'estragon.

FINITION ET PRÉSENTATION :

4. Assaisonner séparément, dans les 3 bols, haricots verts, asperges et truffe avec la vinaigrette gourmande (3).

5. Disposer les feuilles de salade lavées et essorées dans le fond des assiettes plates ou du saladier. Dresser dessus, en forme de dôme, les haricots verts parsemés de l'échalote hachée, y planter çà et là les pointes d'asperges.

6. Tremper le petit couteau d'office dans l'eau chaude et **détailler** le foie gras en fines escalopes-copeaux.

7. Les répartir harmonieusement sur le dôme des haricots verts et décorer des rondelles de truffe.

ASTUCES ET IDÉES MAISON

● Si vous ne disposez que de gros haricots verts, coupez-les en deux dans le sens de la longueur, pour les « amincir ».

● Faute de truffe, tranchez de jolies lamelles dans un gros champignon de Paris, cru, bien frais et citronné.

● L'huile de noix et le vinaigre de vin remplacent à s'y méprendre l'huile d'arachide et le vinaigre de Jerez.

salade chaude des dames landaises

Marché pour 4 personnes

Ingrédients principaux	100 g de filets mignons de canard *, soit 8 filets Sel et poivre du moulin 5 cl de vin rouge d'Algérie 100 g de foie gras de canard frais cru ou de conserve mi-cuit 100 g de salade de mâche 100 g de pissenlits 40 g de truffes fraîches ou de conserve
Ingrédients d'assaisonnement	1 cuillère à soupe d'huile d'olive 2 cuillères à soupe de jus de citron Sel et poivre du moulin
Ustensiles de préparation et de présentation	1 petit couteau d'office 1 assiette creuse 1 panier à salade 1 linge blanc 1 grand saladier 1 poêle moyenne à fond épais 1 chinois étamine

* NOTE DE L'AUTEUR :

Le filet mignon de canard se présente comme une aiguillette de viande longue et peu épaisse, accolée sous le magret de canard gras *(voir définition du magret p. 166)*. Un petit nerf central le parcourt sur toute sa longueur.

C'est un morceau de choix, tendre et succulent. On le trouve également sous les « suprêmes » ou filets des autres canards, Barbarie, Nantais etc..., mais il est moins développé.

« *TRUCULENCE ET RAFFINEMENT SPLENDIDES* »

PRÉPARATION DES VIANDES :

1. A l'aide du petit couteau d'office, éliminer le nerf central qui traverse les filets mignons de canard.

2. Puis étendre ces derniers dans l'assiette creuse, les assaisonner de sel et poivre du moulin, les arroser des 5 cl de vin rouge et les laisser macérer pendant le temps de préparation des autres ingrédients.

3. **Détailler** le foie gras en petits dés de 1 cm de section

PRÉPARATION DES SALADES :

4. Éplucher les salades de mâche et de pissenlits, les laver soigneusement plusieurs fois à l'eau fraîche, les égoutter au panier à salade, puis, sur le linge.

5. **Détailler** au couteau d'office les 40 g de truffes, en lamelles de 2 mm d'épaisseur.

6. Mélanger harmonieusement dans le saladier, mâche, pissenlits et truffes : les assaisonner de sel et poivre du moulin, et les laisser ainsi en attente.

FINITION ET PRÉSENTATION :

7. Faire bien chauffer la poêle, sans matière grasse, y faire sauter vivement les dés de foie gras (3) pendant 30 à 40 secondes, pour les faire colorer sur toutes leurs faces et les laisser rendre leur graisse.

8. Verser cette graisse bouillante sur les salades (6), en se tenant au-dessus du chinois étamine pour récupérer les dés de foie gras.

9. Ajouter la cuillerée à soupe d'huile d'olive, les 2 cuillerées à soupe de jus de citron; bien mélanger le tout.

10. Dans la même poêle très chaude, faire sauter vivement, dans un peu d'huile, 15 secondes de chaque côté, les filets mignons de canard (2) égouttés sur un linge, les étendre sur les salades, parsemer l'ensemble des dés de foie gras sautés (8) et servir aussitôt.

ASTUCES ET IDÉES MAISON

● Cette salade est onéreuse, mais, en s'inspirant de la recette, on peut en réaliser une variante en remplaçant les dés de foie gras, par des dés de jambon blanc sautés dans une cuillerée à soupe d'huile d'olive, et les truffes, par des lamelles de champignons de Paris crus et citronnés.

● Les filets mignons de canard peuvent, à eux seuls, constituer un plat principal à part entière : il faut alors les laisser mariner plus longtemps, puis les griller ou les faire sauter, à raison de 4 par personne. On peut les accompagner agréablement d'un morceau de beurre frais ou vigneron *(voir recette p. 381)*, de salade ou de confiture chaude d'oignons à la grenadine *(voir recette p. 412).*

salade du jardin de curé

Marché pour 4 personnes

Ingrédients principaux

60 g de carottes
60 g de céleri-rave — épluchés et taillés en **julienne***, bâtonnets de 3 cm de longueur sur 1/2 cm de section

1 gousse d'ail écrasée mais non pelée
8 grains de poivre
40 cl d'huile d'olive
15 g de cresson effeuillé
10 g de trévise ou de batavia rouge soit 8 feuilles
15 g de mâche soit 6 petits bouquets
20 g de salade frisée ou de pourpier
100 g de pousses de soja
40 g de petits pois frais ou surgelés
1 litre d'eau
15 g de gros sel — cuisson du soja et des petits pois

mélange des salades

24 œufs de caille
150 g de poitrine fumée de porc en 3 tranches **détaillées** chacune en 12 petits lardons
2 cuillères à soupe de ciboulette hachée fraîche
2 cuillères à soupe de pluches de cerfeuil

Ingrédients de cuisson des œufs

50 cl d'eau
50 cl de vin rouge

Sauce d'accompagnement

10 cl de sauce vinaigrette gourmande *(voir recette p. 157)*

Ustensiles de préparation et de présentation

1 couteau d'office
1 petite casserole plate
1 panier à salade
2 grandes casseroles inoxydables
1 écumoire à manche
1 poêle moyenne
4 assiettes creuses ou
1 grand saladier — refroidis au réfrigérateur

* Voir illustration p. 103.

« *UN FOUILLIS DE SALADES, D'HERBES, DE LARD CROQUANT ET D'ŒUFS AU VIN* »

PRÉPARATION DES LÉGUMES « CONFITS » :

1. Étaler la **julienne*** de carottes et de céleri-rave dans le fond de la casserole plate. Ajouter l'ail, les 8 grains de poivre, et recouvrir des 40 cl d'huile d'olive. Porter à ébullition et laisser cuire à frémissements pendant 10 minutes. Laisser refroidir, égoutter la **julienne*** et **réserver** le bain de cuisson pour un autre usage.

PRÉPARATION DU MÉLANGE DES SALADES :

2. Éplucher les différentes salades, les laver soigneusement à l'eau fraîche, les égoutter au panier à salade, puis sur un linge.

3. Plonger les pousses de soja 2 minutes dans la 1re grande casserole remplie du litre d'eau bouillante salée; les égoutter à l'écumoire et les rafraîchir aussitôt 1 minute dans un récipient rempli d'eau froide et de glaçons.

4. Pratiquer de la même façon pour les petits pois en comptant 15 minutes de cuisson pour les frais et 6 minutes pour les surgelés.

5. Dans le grand saladier, mélanger entre elles les salades de cresson, trévise, mâche, frisée; ajouter pousses de soja, petits pois et légumes confits égouttés (1) ; **réserver.**

PRÉPARATION DES ŒUFS POCHÉS
ET DES LARDONS :

6. Casser les œufs de caille dans une assiette. Dans la seconde grande casserole, amener à frémissements les 50 cl

* Voir illustration p. 103.

d'eau et les 50 cl de vin rouge, *ne pas saler surtout* : le sel liquéfie l'albumine du blanc. Y glisser délicatement les œufs et les laisser **pocher** 1 minute à frémissements. Puis les tenir au tiède en éloignant légèrement la casserole du feu.

7. Chauffer la poêle, y faire sauter et colorer les lardons. Ne pas ajouter de matière grasse, le lard se suffit à lui-même.

FINITION ET PRÉSENTATION :

8. Assaisonner le mélange des salades (5) avec les 10 cl de vinaigrette gourmande en y ajoutant les petits lardons égouttés.

9. Présenter cette préparation, soit dressée en forme de dôme sur assiette individuelle, soit simplement telle quelle dans le saladier.

10. Répartir délicatement dessus les œufs de caille encore chauds (6). Parsemer enfin de la ciboulette hachée et des pluches de cerfeuil.

ASTUCES ET IDÉES MAISON

- Les œufs de caille peuvent être remplacés par des œufs de poule à raison d'1 par personne, à laisser **pocher** 3 minutes.

- 50 g de spaghetti coupés à 5 cm de longueur et cuits à l'eau salée « al dente », c'est-à-dire légèrement résistants sous la dent, remplaceront de façon amusante les pousses de soja parfois difficiles à trouver.

- Une grande tartine de pain grillée chaude sera l'accompagnement idéal de cette salade.

salade de jambon d'aile de canard aux pois de jardin

Marché pour 2 personnes

Ingrédients principaux	1 « magret » de canard * de 350 g 15 g de gros sel 1 pincée de fleurs de thym 1 coin de feuille de laurier 4 grains de coriandre } concassés 4 grains de poivre } concassés
Ingrédients de garniture	1/2 litre d'eau } cuisson des petits oignons 8 g de gros sel } cuisson des petits oignons 8 petits oignons nouveaux ou secs appelés « grelots » } épluchés 1 litre d'eau } cuisson des petits pois et de la laitue 15 g de gros sel } cuisson des petits pois et de la laitue 100 g de petits pois écossés 1/2 laitue
Sauce d'accompagnement	5 cl de sauce vinaigrette gourmande *(voir recette p. 157)* soit 3 cuillères à soupe
Ustensiles de préparation et de présentation	1 petit plat ovale 1 petit linge étamine 1 casserole en acier inoxydable 1 écumoire à manche 1 égouttoir à pieds 1 couteau d'office 1 petit saladier 1 couteau souple et tranchant 2 assiettes plates refroidies au réfrigérateur

* NOTE DE L'AUTEUR :

Le « magret » est le blanc ou « suprême » du canard gras, celui-là même que l'on fait confire. On le sert également souvent, grillé comme un steak dans la cheminée, ou cuit en cocotte *(voir recette p. 332)*. On peut le trouver en vente chez certains bons volaillers, amateurs de produits frais du *SUD-OUEST*.

« *UN JAMBON DÉLICAT, GOÛTEUX ET INÉDIT* »

PRÉPARATION DU JAMBON D'AILE DE CANARD :

1. Déposer le magret de canard, peau en dessous, au fond du petit plat ovale. Éparpiller dessus les 15 g de gros sel, la pincée de fleurs de thym, le coin de feuille de laurier, les grains de coriandre et de poivre concassés. Le laisser reposer ainsi au réfrigérateur 24 heures sous le sel, qui se trouvera absorbé progressivement pendant ce temps.

2. Le lendemain, l'envelopper, tel quel, dans un petit linge étamine en le ficelant comme un saucisson. Le suspendre en hauteur, à l'abri du courant d'air, dans un endroit sec, pendant 12 à 15 jours. Il est à point, lorsqu'en le pressant entre le pouce et l'index, on rencontre une résistance à la fois ferme et souple.

PRÉPARATION DE LA GARNITURE :

3. Dans la casserole inoxydable, faire bouillir le demi-litre d'eau salée à 8 g de gros sel et y laisser cuire pendant 7 minutes les petits oignons s'ils sont nouveaux, ou 15 minutes s'ils sont secs. Égoutter à l'écumoire et jeter l'eau.

4. Dans la même casserole, faire bouillir le litre d'eau salée à 15 g de gros sel, y jeter les 100 g de petits pois, les maintenir à plein feu 15 minutes, s'ils sont frais et extra-fins, et 6 minutes, s'ils sont surgelés. Les égoutter sur l'égouttoir à pieds.

5. Pendant ce temps, laver la demi-laitue. Lui ôter 2 grandes feuilles creuses du cœur qui serviront de réceptacle à la salade de petits pois. Cuire le reste à plein feu dans la même eau de cuisson (4) pendant 4 minutes, puis l'égoutter à l'écumoire.

FINITION ET PRÉPARATION :

6. Détacher les feuilles de la salade cuite; trancher et ôter leurs grosses côtes à l'aide du petit couteau d'office. Mélanger délicatement dans le saladier, les petits pois, les oignons, la salade et la sauce vinaigrette gourmande. En remplir les deux feuilles creuses prélevées au cœur (5) et les déposer au milieu de chaque assiette.

7. Dégager le « magret » de son étamine, le **parer** en ne le laissant enrobé que de 2 mm de graisse. Le **détailler**, à l'aide du couteau souple, en très fines tranches presque transparentes. Les ranger en couronne autour de la salade de petits pois en épousant le rond de l'assiette et en leur donnant un joli mouvement ondulant. Les assaisonner de quelques tours de moulin à poivre.

ASTUCES ET IDÉES MAISON

● Le jambon de Parme peut remplacer au pied levé le magret d'aile de canard.

● La salade de petits pois peut être réalisée à partir de 100 g de petits pois de conserve traités « à la française » ou à l'étuvée. Il suffit de les rincer sous le robinet d'eau fraîche, de les assaisonner et de les présenter comme précédemment.

● L'été, on ajoutera autour quelques copeaux de melon juteux, partenaire convoité de tous les jambons du monde.

salade buissonnière aux poissons fumés

Marché pour 4 personnes

Ingrédients principaux	120 g de saumon fumé 120 g d'esturgeon fumé 1 cuillère à café d'huile d'olive
Ingrédients de la garniture	60 g de carottes 60 g de céleri-rave (épluchés et taillés en **julienne***, bâtonnets de 3 cm de longueur sur 1/2 cm de section) 1 gousse d'ail écrasée mais non pelée 8 grains de poivre 40 cl d'huile d'olive 10 g de mâche soit 4 petits bouquets 10 g de batavia rouge soit 8 feuilles 10 g de cresson effeuillé soit 1 petite poignée 20 g de salade frisée ou de pourpier (mélange des salades) 2 petits avocats très mûrs 8 g de racine de gingembre ou de zeste de citron 1 cuillère à soupe d'échalote hachée 48 grains de poivre vert 4 cuillères à soupe de pluches de cerfeuil ou de persil plat 24 baies de groseilles (facultatif)
Sauce d'accompagnement	8 cl de vinaigrette gourmande *(voir recette p. 157)*
Ustensiles de préparation et de présentation	1 petite casserole plate 1 couteau souple 1 grande assiette plate 1 pinceau 1 couteau d'office 1 panier à salade 1 couteau économe 4 assiettes plates ou 1 grand saladier (refroidis au réfrigérateur)

* Voir illustration p. 103.

« *UNE ODEUR DE BOUCANE ET DES LÉGUMES EN SALADE* »

PRÉPARATION DES LÉGUMES CONFITS :

1. Étaler la **julienne*** de carottes et de céleri-rave dans le fond de la casserole plate. Ajouter l'ail, les 8 grains de poivre et recouvrir des 40 cl d'huile d'olive. Porter à ébullition et laisser cuire à frémissements pendant 10 minutes, laisser refroidir, égoutter la **julienne*** et **réserver** le bain de cuisson pour un autre usage.

PRÉPARATION DES POISSONS FUMÉS :

2. A l'aide du couteau souple, trancher finement le saumon et l'esturgeon fumés, et les **détailler** chacun en 24 petites escalopes-copeaux; les ranger au fur et à mesure sur une grande assiette plate, et les badigeonner très légèrement d'huile d'olive, au pinceau, pour les faire briller.

PRÉPARATION DU MÉLANGE DES SALADES :

3. Éplucher les différentes salades au couteau d'office, les laver soigneusement à l'eau fraîche, les égoutter au panier à salade, puis sur un linge.

4. Éplucher les avocats au couteau économe; les couper en deux, au couteau d'office, en extraire le gros noyau, puis les trancher chacun en 8 quartiers de lune; les assaisonner dans le fond d'une assiette avec 1/3 de la sauce vinaigrette gourmande.

5. Tailler en fine **julienne*** de 1 mm de section les 8 g de racine de gingembre ou de zeste de citron; si l'on emploie ce dernier, il y aura lieu de **blanchir** sa **julienne*** à l'eau bouillante pendant 7 à 8 minutes.

6. Mélanger entre elles les salades de mâche, batavia, cres-

* Voir illustration p. 103.

son, frisée ou pourpier, les assaisonner du restant de sauce vinaigrette gourmande et de l'échalote hachée.

FINITION ET PRÉSENTATION :

7. Ranger les copeaux d'esturgeon et de saumon fumés (2) en rond, tout autour du bord intérieur des assiettes; parsemer le saumon des grains de poivre vert.

8. Disposer, à l'intérieur de ce premier cercle et en couronne, les quartiers de lune d'avocats assaisonnés (4).

9. Monter à l'intérieur de ces deux cercles le mélange des salades (6) en forme de buisson. Décorer en plantant, çà et là, les bâtonnets de légumes confits (1). Parsemer des pluches de cerfeuil et des baies de groseilles qui ajoutent gaiement leur note de couleur à cette salade.

ASTUCES ET IDÉES MAISON

● Les harengs à l'huile et les roll-mops ne manquent pas de charme pour réaliser cette recette et remplacer d'une manière plus économique saumon et esturgeon.

● Amusez-vous à fumer vous-même vos poissons : pour cela, faites l'acquisition dans les bons magasins d'articles de pêche, d'une petite boîte à fumer : elle s'appelle ABU SMOKE BOX et nous vient de Suède; vous vous transformerez vite en « boucanier du dimanche ».

● Cette salade est délicieuse accompagnée d'une grande tartine de pain de campagne grillée et enduite d'un mélange de crème fouettée et de raifort râpé.

salade de homard

Marché pour 2 personnes

Ingrédients principaux	1 litre de nage *(voir recette p. 116)* 1 homard vivant de 500 g, femelle de préférence pour ses œufs 160 g de haricots verts fins équeutés 12 pointes d'asperges fraîches bien épluchées au couteau économe, ou de conserve 1 cuillère à café d'échalote hachée 4 jolies feuilles de salade, batavia rouge, trévise... 1 cuillère à soupe de pluches de cerfeuil
Eau de cuisson des légumes	1 litre 1/2 d'eau 30 g de gros sel
Sauce d'accompagnement	1 jaune d'œuf 1/2 cuillère à café de moutarde blanche 5 cl d'huile d'arachide 5 cl d'huile d'olive Sel et poivre blanc 1 cuillère à café de jus de citron 1/2 cuillère à café de concentré de tomate 1/2 cuillère à café d'estragon frais haché 1 grosse cuillère à soupe des légumes de la nage hachés Quelques gouttes d'Armagnac (facultatif)
Ustensiles de préparation et de présentation	2 grandes casseroles en acier inoxydable 1 écumoire à manche 4 bols 1 paire de gros ciseaux 1 couteau lourd et tranchant 1 bassine 1 petit fouet 1 saladier ou 2 assiettes plates } refroidis au réfrigérateur

« UNE SALADE DE MER ROYALE »

CUISSON DU HOMARD :

1. Faire bouillir la nage dans la première casserole, y mettre à cuire le homard pendant 10 minutes à gros bouillons; l'égoutter à l'écumoire et le laisser refroidir.

2. S'il s'agit d'une femelle, ôter la grappe d'œufs placée sous le ventre et l'égrener au-dessus du premier bol.

3. Détacher la queue, la décortiquer après avoir, à l'aide des gros ciseaux, sectionné les anneaux qui en forment le dessous. La tronçonner au couteau en 8 médaillons.

4. Décortiquer également la chair des pinces, préalablement brisées avec le dos du couteau lourd pour en permettre l'extraction. La tête ou « coffre » non utilisée pourra servir à confectionner la sauce américaine *(voir recette p. 81)*.

CUISSON DES LÉGUMES :

5. Jeter les haricots verts dans la seconde casserole remplie du litre 1/2 d'eau bouillante salée à 30 g de gros sel; les cuire « al dente », à découvert, et à gros bouillons, entre 4 et 8 minutes selon leur grosseur. Les sortir rapidement de l'eau de cuisson à l'aide de l'écumoire et les plonger 10 secondes dans la bassine remplie d'eau glacée; puis les égoutter à nouveau.

6. Si elles sont fraîches, procéder de la même façon pour les pointes d'asperges qui pourront cuire à la suite dans la même eau de cuisson pendant 5 à 6 minutes *(voir méthode p. 52)*.

PRÉPARATION DE LA SAUCE :

7. Dans le deuxième bol, confectionner une mayonnaise liquide *(voir méthode p. 73)* en incorporant au jaune d'œuf la 1/2 cuillerée à café de moutarde, les 2 huiles, le sel, le poivre et

la cuillerée à café de jus de citron, puis, en fin d'opération, la 1/2 cuillerée à café de concentré de tomate, la 1/2 cuillerée à café d'estragon, la cuillerée à soupe de légumes de nage et l'Armagnac.

FINITION ET PRÉSENTATION :

8. Assaisonner séparément, dans les deux autres bols, asperges et haricots verts avec la moitié de la sauce (7); les saupoudrer de l'échalote hachée.

9. Disposer les feuilles de salade lavées et essorées dans le fond du saladier ou des assiettes plates. Monter au centre les haricots verts en forme de dôme, les piquer de-ci de-là des pointes d'asperges.

10. Disposer tout autour, en couronne, les médaillons de homard, les **napper** du restant de sauce (7) et semer dessus les œufs du homard rougis par la cuisson (2) ainsi que la cuillerée à soupe de pluches de cerfeuil.

11. Dresser en haut du dôme les 2 pinces du crustacé (4), pointes en l'air.

ASTUCES ET IDÉES MAISON

● Le homard coûte cher, les langoustines un peu moins... cette recette s'en accommode parfaitement, tout comme des moules, au prix plus accessible encore.

● Si vous voulez obtenir une sauce plus « ronde » que celle que j'ai choisie pour cette recette, ajoutez 1 cuillerée à soupe de sauce américaine *(voir recette p. 81)*.

● Cependant une simple vinaigrette à l'échalote hachée convient très bien à l'assaisonnement de ce plat, si vous avez soin d'y ajouter de l'estragon haché.

salade tiède de langoustines aux pois gourmands

Marché pour 2 personnes

Ingrédients principaux

- 3 litres d'eau
- 60 g de gros sel
- 16 langoustines fraîches de taille moyenne
- 1 litre d'eau
- 15 g de gros sel
- 100 g de pois gourmands équeutés
- 12 pointes d'asperges fraîches pelées, ou de conserve
- 100 g de morilles fraîches ou 15 g de morilles sèches mises à tremper dans l'eau
- 10 cl d'eau
- 1/2 citron
- Sel et poivre
- 80 g de beurre
- 1 cuillère à café de pluches de cerfeuil ou 1/2 cuillère à café de persil plat } frais hachés

Ustensiles de préparation et de présentation

- 2 casseroles inoxydables
- 1 couteau d'office
- 1 casserole plate, sautoir et son couvercle
- 1 écumoire à manche
- 1 égouttoir à pieds
- 2 grandes assiettes plates individuelles chaudes

« *UNE SALADE TIÈDE, NAÏVE ET RAFRAICHISSANTE* »

CUISSON DES LANGOUSTINES :

1. Dans la première casserole, faire bouillir les 3 litres d'eau salée à 60 g de gros sel. Y jeter les langoustines, les laisser cuire 1 minute et demie puis, les conserver au tiède dans leur eau de cuisson en éloignant la casserole du feu.

CUISSON DES LÉGUMES :

2. Dans la seconde casserole, faire bouillir le litre d'eau salée à 15 g de gros sel. Y mettre à cuire 6 minutes, à gros bouillons et à découvert, pois gourmands et pointes d'asperges si elles sont fraîches. Les conserver au tiède dans leur eau de cuisson en éloignant la casserole du feu.

3. Laver plusieurs fois les morilles à grande eau fraîche, afin d'en éliminer toute trace de sable, et les égoutter sur un linge. Les **détailler** chacune, au couteau d'office, en quatre lanières dans le sens de la hauteur, les mettre dans la casserole plate et les recouvrir des 10 cl d'eau additionnés de quelques gouttes de jus de citron. Assaisonner, couvrir à demi et laisser cuire 10 minutes à feu moyen; le jus doit **réduire** de la moitié de son volume.

FINITION ET PRÉSENTATION :

4. Pendant ce temps, sortir à l'écumoire les langoustines de leur eau de cuisson et en décortiquer les queues *(voir méthode p. 149)*.

5. Égoutter pois gourmands et asperges sur l'égouttoir à pieds.

6. Dresser les queues de langoustines sur les pois gourmands dont on aura tapissé le fond des deux assiettes chaudes.

7. Éparpiller dessus les pointes d'asperges et les morilles égouttées à l'écumoire. Tenir au tiède sur la porte ouverte du four préalablement chauffé à doux (170 °C — Thermostat 5).

8. Remettre sur feu moyen la casserole contenant le jus de cuisson des morilles (3) ; y jeter les 80 g de beurre en parcelles et faire bouillir doucement 3 minutes. En fin d'opération, faire décrire à la casserole quelques cercles rapides sur elle-même afin d'homogénéiser cette sauce au beurre : elle s'épaissit et devient onctueuse.

9. Rectifier l'assaisonnement de la sauce, y incorporer la moitié des pluches de cerfeuil ou de persil, et en **napper** délicatement les deux assiettes. Parsemer l'ensemble des pluches de cerfeuil ou persil restant.

ASTUCES ET IDÉES MAISON

- C'est l'action seule du bouillonnement simultané du liquide et du beurre qui crée spontanément, après évaporation d'une certaine partie d'eau, la liaison onctueuse souhaitée.

- Cette sauce simple à réaliser peut être agrémentée de fines herbes, de condiments comme le poivre vert, le safran, etc... et accompagner toutes sortes de mets : poissons **pochés** ou grillés, mais aussi légumes cuits à l'eau ou à la vapeur.

- **Feuilleté de langoustines aux pois gourmands.** Cette recette constitue une merveilleuse garniture pouvant servir à fourrer un feuilletage, ajoutant ainsi un nouveau « feuilleté léger » à l'éventail de ceux que nous vous proposons *(voir p. 201)*.

3. Saupoudrer dessus les pointes d'asperges et les morilles [illegible] Remettre [illegible] sur la porte ouverte du four préalablement chauffé [illegible] (170 °C — thermostat [illegible]).

4. Remettre [illegible] la casserole contenant le jus de cuisson des morilles (3), y ajouter [illegible] de beurre [illegible] et faire bouillir doucement [illegible]. En fin d'opération, faire décrire à la casserole quelques cercles rapides sur elle-même afin d'homogénéiser cette sauce au beurre : elle s'épaissit et devient onctueuse.

5. Rectifier l'assaisonnement de la sauce. Y [illegible] la moitié des pluches de cerfeuil ou de persil, [illegible] en napper délicatement les deux [illegible]. Parsemer l'ensemble des pluches de cerfeuil ou persil restant.

ASTUCES ET [illegible]

● C'est l'action [illegible] du bouillonnement simultané du [illegible] et du beurre qui [illegible], après évaporation d'une certaine partie d'eau, la liaison onctueuse [illegible].

● Cette sauce simple à réaliser peut être agrémentée de fines herbes, de condiments [illegible] et accompagner toutes sortes de mets : poissons pochés ou grillés, [illegible] légumes [illegible] à l'eau ou à la vapeur.

● Feuilleté de langoustines aux pois gourmands. Cette recette [illegible] ajoutant ainsi un nouveau [illegible] léger [illegible] que nous vous proposons (voir p. [illegible]).

LES ENTRÉES

dame tartine

Marché pour 4 personnes

Ingrédients principaux	200 g de gruyère râpé 20 g de farine 10 g de sel 10 tours de poivre du moulin 2 œufs 1 cuillère à soupe de kirsch 4 tranches de pain de campagne de 16 cm de longueur, 10 cm de largeur et 1,5 cm d'épaisseur 1 bain de friture de 2 litres d'huile
Ingrédients de garniture	1 tranche de jambon de 100 g, de 1/2 cm d'épaisseur 100 g de tomates concassées crues, égouttées *(voir recette p. 410)* 30 g d'oignon pelé et haché 1 cuillère à soupe de persil frais haché
Ustensiles de préparation	1 mixer 1 saladier 1 couteau fin et tranchant 1 spatule en bois 1 bassine à friture 1 écumoire à manche 1 linge 4 assiettes chaudes

« *UNE ENTRÉE SANDWICH, MOELLEUSE ET CROUSTILLANTE* »

1. Broyer ensemble, au mixer, pendant 3 minutes, les 200 g de gruyère râpé, les 20 g de farine, le sel et le poivre. Ajouter les œufs l'un après l'autre, puis la cuillerée à soupe de kirsch. Verser ce mélange crémeux dans le saladier, et le rentrer 10 minutes au réfrigérateur pour lui faire prendre une consistance plus ferme.

2. **Détailler** au couteau la tranche de jambon en petits dés de 1/2 cm de côté.

3. Sortir le saladier du réfrigérateur et y ajouter les dés de jambon, les 100 g de tomate concassée, les 30 g d'oignon haché et la cuillerée à soupe de persil. Mélanger le tout à l'aide de la spatule en bois.

4. En tartiner confortablement les 4 tranches de pain de campagne.

5. Faire chauffer le bain de friture (180 °C) et y plonger rapidement les tartines, une minute du côté garni, puis 30 secondes de l'autre côté.

6. Les sortir, à l'écumoire à manche, en les égouttant, puis les poser sur un linge pour éponger l'excès de graisse, et servir tel quel, sur assiettes chaudes.

ASTUCES ET IDÉES MAISON

- Les tartines peuvent être préparées la veille ou le matin, garnies (4) et glissées sous poche plastique pour éviter le dessèchement du pain, jusqu'à leur cuisson en friture.

- On peut s'amuser à varier la garniture à l'infini, en remplaçant ou en ajoutant certains éléments, câpres, morceaux d'anchois, dés de champignons, etc.

- Pour les réfractaires à l'huile de friture, les tartines peuvent être cuites 6 minutes sur la plaque en tôle du four préalablement chauffé à très chaud (250 °C — Thermostat 9-10). Dans ce cas, il est préférable de tartiner également la face du pain non garnie, de 10 g de beurre par tranche.

brioche à la moelle au beurre rouge

Marché pour 4 personnes

Ingrédients principaux	350 g de moelle de bœuf achetée chez le boucher	
	1 litre d'eau froide 15 g de gros sel	cuisson de la moelle
	2 grosses cuillères à soupe d'échalotes hachées 25 cl de vin de Bordeaux rouge 250 g de beurre ramolli, sorti du réfrigérateur 15 minutes avant son utilisation Sel et poivre 1 cuillère à soupe de persil frais haché	sauce beurre rouge
	4 rondelles de brioche, diamètre 10 cm, épaisseur 2 cm découpées dans une brioche dite « mousseline »	
	Gros sel et poivre du moulin	

Ustensiles de préparation et de présentation	1 bassine d'eau froide 1 couteau d'office 1 casserole moyenne (pour cuire la moelle) 1 casserole à fond épais (pour « monter » le beurre) 1 petit fouet 1 bain marie 1 écumoire à manche 5 assiettes très chaudes 1 spatule en acier

« *UNE ENTRÉE SIMPLE ET SAVOUREUSE* »

PRÉPARATION DE LA MOELLE :

1. La veille, demander au boucher de vous réserver 350 g de moelle d'os de bœuf, qui se présente en « boudins ».

2. La mettre à dégorger toute une nuit au réfrigérateur dans une bassine d'eau froide.

3. Le lendemain, **détailler** cette moelle au couteau d'office, en rondelles de 1 cm d'épaisseur, les mettre dans la casserole, les recouvrir du litre d'eau froide salée à 15 g de gros sel, et les laisser ainsi jusqu'au moment de la cuisson.

PRÉPARATION DE LA SAUCE BEURRE ROUGE :

4. Mettre, sur feu moyen, la seconde casserole garnie des 2 grosses cuillerées à soupe d'échalotes hachées, recouvertes des 25 cl de vin de Bordeaux.

5. Faire cuire à découvert et laisser **réduire** cette préparation des 3/4 de son volume, jusqu'à ce qu'elle prenne la consistance d'une marmelade mouillée.

6. Réduire le feu pour ramener et maintenir la température aux environs de 60 °C, et laisser tiédir la préparation.

7. Y verser alors, peu à peu, les 250 g de beurre en parcelles, en fouettant vivement : l'ensemble devient alors crémeux.

8. Finir d'incorporer le beurre en accentuant son fouettage, et, pour en compenser et réchauffer la température initiale, remettre quelques instants la casserole à feu plus vif. Saler, poivrer, ajouter la cuillerée à soupe de persil, réduire à nouveau le feu pour ramener la température à 60 °C en y maintenant la préparation, ou, si elle doit attendre, en la conservant au bain-marie à la même température.

FINITION ET PRÉSENTATION :

9. Mettre la casserole contenant la moelle (3) sur le feu, porter à ébullition et retirer immédiatement du feu; égoutter les tranches de moelle, devenues translucides, à l'écumoire à manche, et les déposer sur une assiette très chaude posée sur la porte ouverte du four préalablement chauffé à doux (170 °C — Thermostat 5).

10. Passer les 4 tranches de brioche sous le gril du four, les faire dorer des deux côtés.

11. Les déposer au centre des 4 assiettes chaudes et les garnir, à la spatule en acier, des tranches de moelle bien chaudes; saler et poivrer ces dernières de gros sel et de poivre du moulin.

12. Verser tout autour des brioches, et non dessus, la sauce beurre rouge (8) et servir aussitôt.

ASTUCES ET IDÉES MAISON

● Le secret du beurre blanc ou rouge est tout simple : il suffit de le réaliser sur une source de chaleur douce, le coin du feu, petit gaz ou bain-marie, ne dépassant pas 60 °C. Le dos du doigt trempé légèrement dans le mélange doit supporter aisément le contact de la chaleur; ainsi le beurre restera-t-il moelleux et ne « tournera pas ».

● Il faut veiller à ce que la moelle soit servie très chaude, froide elle devient pâteuse et sans charme.

œufs poule au caviar

Marché pour 4 personnes

Ingrédients principaux	8 œufs très frais 50 g d'oignon épluché 1/2 cuillère à soupe de ciboulette 10 g de beurre ramolli à la température de la cuisine 10 g de sel Poivre du moulin 1 cuillère à soupe de crème fraîche double 4 pots de caviar d'Iran « Sevruga » de 30 g chacun tenus au frais
« Mouillettes » d'accompagnement	12 mouillettes de pain de mie dorées sous le gril ou 12 belles asperges tièdes
Ustensiles de préparation et de présentation	1 coupe-œuf « coupe-coque » ou 1 couteau tranchant à scie fine 2 petits saladiers 1 couteau d'office 1 petit fouet 1 chinois étamine 1 pinceau 1 casserole à fond épais en fonte émaillée 8 coquetiers

« DES ŒUFS SURPRISE DÉBORDANT DE CAVIAR SOMPTUEUX »

PRÉPARATION DES COQUILLES D'ŒUFS :

1. Décapiter délicatement chacun des 8 œufs à l'aide du petit appareil dentelé réservé à cet usage ou d'un couteau à scie fine, en sciant la coquille 1 cm au-dessus de la partie la plus renflée de l'œuf; conserver les 8 petits capuchons de coquille ainsi obtenus.

2. Vider 6 œufs dans l'un des petits saladiers et 2 œufs à part dans l'autre; conserver ces derniers pour un autre usage. Récupérer les 8 coques; laver soigneusement coques et capuchons à l'eau chaude, les mettre à sécher retournés sur un linge sec.

CUISSON DES ŒUFS BROUILLÉS :

3. Hacher finement l'oignon et la ciboulette au couteau.

4. Battre légèrement au fouet les 6 œufs pour casser leur résistance; les passer au chinois étamine afin d'en éliminer toutes les parcelles de coquilles et les germes de blancs d'œufs.

5. Enduire au pinceau le fond de la casserole des 10 g de beurre, y verser les œufs battus et tamisés (4), mettre sur feu doux et fouetter vivement à l'aide du petit fouet, en augmentant légèrement et progressivement la température — celle-ci ne doit pas dépasser 65º — jusqu'à ce que les œufs atteignent la consistance d'une crème légère.

6. Retirer du feu. Saler, poivrer. Ajouter la crème fraîche en continuant de fouetter, puis l'oignon et la ciboulette hachés (3).

FINITION ET PRÉSENTATION :

7. Disposer les coques d'œufs (2) bien propres et sèches dans

les coquetiers. A l'aide d'une cuillère à café, les remplir aux 4/5 de la brouillade d'œufs (6). Compléter d'un petit dôme de 15 g de caviar et recouvrir délicatement du petit capuchon correspondant, en laissant paraître le caviar.

ASTUCES ET IDÉES MAISON

- Dans cette recette, la brouillade d'œufs est aussi délicieuse servie froide que chaude. On peut donc la préparer à l'avance. Seul le caviar glacé sera ajouté au dernier moment.

- L'emploi, moins onéreux, d'œufs de saumon ou de lump convient parfaitement bien.

- Enfin, le caviar peut tout aussi bien être agréablement remplacé par de fines tranches-copeaux de saumon ou d'anguilles fumés (120 g de l'un ou l'autre)... mais aussi, plus légèrement, par une purée de tomates à la ciboulette *(voir recette p. 134)*.

escargots en pots aux croûtons

Marché pour 4 personnes

Ingrédients principaux	48 escargots frais 1 poignée de gros sel 1 poignée de farine 2 litres d'eau 1/2 litre d'eau 1/2 litre de vin blanc sec 1 carotte } épluchés et coupés 1 oignon } en rondelles 1 bouquet garni 10 g de sel Poivre } bouillon de cuisson
Beurre d'escargots	400 g de beurre 40 g d'ail épluché 100 g de persil frais équeuté 1 cuillère à café de moutarde 20 g de poudre d'amandes (facultatif) 10 g de sel 2 g de poivre 1 pointe de muscade râpée 40 g de champignons de Paris } taillés en petits 60 g de jambon blanc } dés de 5 mm
Ingrédients de garniture des pots à escargots	200 g de tomate concassée cuite *(voir recette p. 410)* 50 g de beurre 48 petits ronds de pain de mie frais **détaillés** à l'emporte-pièce (diamètre 1,5 cm — épaisseur 3 mm)
Ustensiles de préparation et de présentation	1 petit couteau d'office, 1 grande casserole 1 écumoire à manche, 1 casserole moyenne 1 mixer, 1 saladier, 1 spatule en bois 48 petits pots à escargots en grès 1 emporte-pièce (diamètre 1,5 cm) 1 spatule en acier, 4 assiettes plates

« POUR UN ESCARGOT PRÉCIEUX, DES PETITS CROÛTONS DORÉS EN GUISE DE COUVRE-CHEF »

PRÉPARATION DES ESCARGOTS :

1. Éliminer l'opercule en le décollant du dessous avec le petit couteau d'office.

2. Laisser reposer les escargots pendant 2 heures en les brassant régulièrement avec une poignée de gros sel et un peu de farine.

3. Les laver plusieurs fois à grande eau.

4. Faire bouillir les 2 litres d'eau dans la grande casserole; y plonger les escargots 5 minutes.

5. Les égoutter à l'écumoire et en extraire la chair à l'aide d'une grosse épingle.

6. Supprimer la partie noire de l'extrémité du tortillon de l'animal, le cloaque.

7. Mettre les escargots dans la casserole moyenne, verser dessus le 1/2 litre d'eau, le 1/2 litre de vin blanc; ajouter carotte, oignon, bouquet garni, sel et poivre.

8. Porter à ébullition, écumer et laisser cuire doucement de 1 h 30 à 2 h 30, selon la grosseur des escargots. Pour en vérifier la cuisson, on pique leur chair à l'épingle et celle-ci doit pouvoir s'enfoncer sans trop de résistance. Les laisser refroidir dans le bouillon de cuisson.

PRÉPARATION DU BEURRE :

9. Broyer ensemble au mixer, le beurre, l'ail, le persil, la moutarde, la poudre d'amandes et les épices. **Débarrasser** dans le saladier et y mélanger les petits dés de champignons et de jambon avec la spatule en bois.

FINITION ET PRÉSENTATION :

10. Égoutter les escargots sur un linge.

11. Garnir le fond de chaque petit pot en grès d'1/2 cuillerée à café de tomate concassée cuite, poser dessus les escargots, finir de remplir les pots avec le beurre (9).

12. Beurrer des 50 g de beurre le dessus des petits ronds de pain de mie taillés à l'emporte-pièce, à l'aide de la spatule en acier. Les poser sur les petits pots garnis à ras bord.

13. Mettre les petits pots à four préalablement chauffé à moyen (220 °C — Thermostat 7) pendant 8 minutes.

14. Dresser aussitôt une douzaine de petits pots sur chacune des 4 assiettes et servir.

ASTUCES ET IDÉES MAISON

● Le temps de passage au four des petits pots doit juste correspondre au rissolage des croûtons et au réchauffage des escargots et du beurre qui les entoure. Un beurre d'escargot ne doit jamais se transformer en huile, mais conserver au contraire l'onctuosité crémeuse du beurre. La poudre d'amandes et la moutarde y contribuent grandement.

● Il existe de très beaux escargots de conserve (Bourgogne ou Petits Gris) qui peuvent, au pied levé, se substituer aux frais.

* NOTE DE L'AUTEUR :

Les meilleurs escargots sont ceux qui ont passé l'hiver au ralenti, murés dans leur coquille, à l'abri d'une pellicule calcaire, l'opercule. Les autres doivent être mis au jeûne quelques jours avant leur emploi.

terrine ménagère aux foies de volaille

Marché pour 8 personnes

Ingrédients principaux	500 g de foies de poulets ou mieux 350 g de foies et 150 g de cœurs de poulets 200 g de poitrine fraîche de porc 200 g de chair à saucisse 200 g de bardes fines de lard, achetées chez le charcutier et réservées au **chemisage** des terrines 4 feuilles de laurier 4 brins de thym
Ingrédients de la marinade	10 cl d'Armagnac 5 cl de Porto rouge 5 cl de Jerez 10 g d'ail épluché et haché frais 20 g de persil frais haché 1 cuillère à café rase de fleurs de thym 1 pointe de couteau de noix de muscade râpée 1 cuillère à café rase de sucre semoule 12 g de sel 12 tours de moulin à poivre
Légume d'accompagnement	Confiture d'oignons à la grenadine *(voir recette p. 412)*
Ustensiles de préparation et de présentation	1 couteau d'office 1 couteau de boucher 1 grand saladier 1 terrine de porcelaine à feu et son couvercle, longueur 16 cm, largeur 11 cm, hauteur 7 cm 1 bain-marie

« *UN VRAI PÂTÉ DE GRAND-MÈRE* »

LA VEILLE, PRÉPARATION DES VIANDES EN MARINADE :

1. A l'aide du petit couteau d'office, gratter et ôter très soigneusement toutes les traces vertes laissées par la poche de fiel amer entre les 2 lobes des foies.

2. Couper foies et cœurs en deux morceaux.

3. A l'aide du grand couteau, **détailler** d'abord les 200 g de poitrine de porc, en 4 tranches, puis celles-ci en lardons de 1 cm de largeur sur 2 cm de hauteur.

4. Verser foies, cœurs et lardons dans le grand saladier, y ajouter les 200 g de chair à saucisse et les ingrédients suivants de la marinade : Armagnac, Porto, Jerez, ail, persil, fleurs de thym, muscade, sucre, sel et poivre.

5. Mélanger bien l'ensemble à la fourchette et laisser ainsi mariner toute la nuit au réfrigérateur.

LE LENDEMAIN, MOULAGE ET CUISSON DE LA TERRINE :

6. Tapisser le fond et les côtés de la terrine des fines bardes de lard, puis la garnir entièrement des viandes marinées (5); recouvrir le pâté ainsi fait des dernières bardes de lard, et coiffer le tout des feuilles de laurier et des brins de thym intercalés.

7. Mettre à cuire au bain-marie dans le four préalablement chauffé à moyen (220 °C — Thermostat 7) pendant 1 h 45 mn. Le dessus de la terrine va prendre une jolie teinte caramélisée.

FINITION ET PRÉSENTATION :

8. Sortir la terrine du four et du bain-marie, laisser refroidir 3 heures à la température de la cuisine, puis la rentrer une nuit au réfrigérateur.

Servir le lendemain, en présentant la terrine entière aux convives, et en la tranchant devant eux. L'accompagner de cornichons, de petits oignons au vinaigre et de confiture d'oignons à la grenadine. *(Voir recette p. 412.)*

terrine fondante de canard sauvage

Marché pour 8 personnes

Ingrédients principaux	2 jeunes canards sauvages « cols verts » de 1 kg pièce Sel et poivre 1 cuillère à soupe d'huile d'arachide
Ingrédients de la farce	190 g de lard gras sans viande 320 g de foies de canards sauvages débarrassés du fiel 12 g de sel 4 g de poivre 1 pointe de quatre épices 25 cl de crème fraîche double 4 jaunes d'œufs 4 cl d'Armagnac
Ingrédients de la garniture	50 g de raisins blonds de Smyrne
Ustensiles de préparation et de présentation	1 plat ovale à rôtir 1 mixer 1 chinois étamine 1 saladier 1 couteau souple et fin 1 spatule en bois 1 plat en terre à rôtir 1 bain-marie

« UNE TERRINE DE VENAISON A MANGER A LA CUILLÈRE »

LA VEILLE, CUISSON DES CANARDS :

N. B. Seules, les ailes ou « suprêmes » des canards s'utilisent pour la confection de cette recette. Demandez donc à votre volailler de découper et enlever les cuisses que vous pourrez confire à part *(voir recette p. 340)*.

1. Déposer les canards ainsi préparés dans le plat ovale à rôtir, les assaisonner de sel et poivre, les arroser de la cuillerée à soupe d'huile d'arachide et les mettre à cuire à four préalablement chauffé à chaud (250 °C — Thermostat 9-10) pendant 15 minutes. Les canards doivent rester « rosés ».

PRÉPARATION DE LA FARCE :

2. Broyer le lard gras au mixer, y ajouter foies de canard, sel, poivre et quatre épices. Amener l'ensemble à consistance de pommade. Verser dessus crème, jaunes d'œufs et Armagnac. Continuer de broyer jusqu'à ce que la pommade devienne liquide, soit environ 30 secondes.

3. Passer ce mélange au travers du chinois étamine, dans le saladier, en le pressant bien à l'aide du dos d'une cuillère à soupe; des petits filaments issus du lard et des foies resteront accrochés dans le chinois.

4. Rincer les raisins de Smyrne à l'eau tiède et les égoutter sur un linge.

5. **Lever*** les 4 filets de canards cuits (1) en incisant nettement la chair tout au long et de chaque côté de l'os de la poitrine et en glissant la lame du couteau entre cet os et les filets qui y adhèrent. Les dépouiller de la peau et les **détailler** en dés de 1/2 cm de section.

* Voir illustration p. 100.

6. Mélanger la préparation (3), les raisins et les dés de canard (5) à l'aide de la spatule en bois.

FINITION ET PRÉSENTATION :

7. Verser ce mélange dans le plat en terre à rôtir et mettre à cuire, au bain-marie, recouvert d'un papier d'aluminium, à four moyen préalablement chauffé à doux (200 °C — Thermostat 6), pendant 30 minutes. L'épaisseur de la terrine obtenue doit être d'environ 5 cm.

8. **Réserver** au frais jusqu'au lendemain et servir « à la cuillère », avec des tranches de pain de campagne grillées.

ASTUCES ET IDÉES MAISON

● Il y a deux façons de reconnaître la jeunesse et la bonne qualité d'un canard, sauvage ou domestique :
— à la flexibilité de son bec : celui-ci doit plier aisément lorsqu'on le pince entre le pouce et l'index.
— à la souplesse de la chair de ses ailerons et de leurs pointes.

● Vous pourrez vous amuser auprès de vos invités en les interrogeant sur les composantes de cette terrine : la majorité vous répondra : « C'est du foie gras! ...»

terrine d'anguilles au vin de Tursan

Marché pour 8 personnes

Ingrédients principaux	2 grosses anguilles, dépouillées et désarêtées, ou des filets d'anguilles, d'un poids net de 450 g
Ingrédients de la marinade	Sel et poivre du moulin 20 cl de vin blanc sec de Tursan, vin des Landes 5 cl d'Armagnac (facultatif) 1 cuillère à soupe rase d'estragon 1 cuillère à soupe rase de cerfeuil 1 cuillère à soupe rase de ciboulette } frais hachés
Ingrédients de la farce	20 g de beurre 350 g de champignons de Paris épluchés et taillés en **mirepoix**, petits dés de 5 mm de côté 1 cuillère à soupe rase d'échalote 1 cuillère à soupe rase de persil frais } hachés Sel et poivre 350 g de chair de filet de saumon dépouillé et désarêté ou, à défaut, de chair de merlan 12 g de sel Poivre du moulin 2 œufs entiers 200 g de beurre sorti du réfrigérateur 10 minutes avant emploi 1 cuillère à café rase d'estragon 1 cuillère à soupe de persil 1 cuillère à soupe de cerfeuil 1 cuillère à café rase de ciboulette } frais hachés grossièrement 1 pointe de cayenne 1 pointe de safran
Sauce d'accompagnement	Sauce mousse de cresson *(p. 128)*

Ustensiles de préparation	1 plat creux ovale en terre 1 poêle moyenne, 1 mixer 1 saladier, 1 spatule en bois 1 spatule en acier 1 terrine de charcutier en porcelaine blanche, longueur 15 cm, largeur 9 cm, hauteur 10 cm

« *UN POISSON GOÛTEUX POUR UNE TERRINE FLEURANT LES HERBES* »

LA VEILLE, MARINADE DES ANGUILLES :

1. Coucher les 4 filets d'anguilles au fond du plat creux, les assaisonner de sel et poivre du moulin, verser dessus les ingrédients de la marinade, vin blanc sec, Armagnac, estragon, cerfeuil, ciboulette, et laisser mariner toute la nuit au réfrigérateur.

LE LENDEMAIN, CUISSON DES ANGUILLES :

2. Mettre le plat creux de marinade (1) sur feu doux, porter à frémissements légers, et, laisser cuire ainsi en couvrant d'une feuille de papier aluminium, pendant 20 minutes.

3. Après cuisson, découvrir, laisser refroidir et reposer dans la marinade les filets d'anguilles dont la chair s'est rétractée en cours d'ébullition.

PRÉPARATION DE LA FARCE :

4. Faire chauffer la poêle à feu vif, y faire blondir les 20 g de beurre, y jeter les 350 g de la **mirepoix** de champignons, les faire sauter pendant 5 minutes.

5. Ajouter la cuillerée à soupe d'échalote hachée, la cuillerée à soupe de persil haché, saler, poivrer, et continuer

de faire sauter pendant 2 minutes; **débarrasser** dans une assiette plate et laisser refroidir.

6. Dans le bol du mixer, préalablement mis à glacer 1/2 heure au réfrigérateur, mettre les 350 g de chair de saumon ou de merlan, les 12 g de sel et le poivre. Broyer environ 30 à 40 secondes, pour obtenir une purée homogène.

7. Ajouter les œufs l'un après l'autre, et broyer à nouveau 20 secondes.

8. Ajouter alors les 200 g de beurre ramolli, les herbes hachées, le cayenne, le safran, broyer à nouveau 30 secondes, afin de rendre la farce bien lisse. Au besoin, arrêter l'instrument pour décoller des parois du bol la farce y ayant adhéré au cours des broyages successifs, et la ramener dans la zone centrale du broyage pour homogénéisation parfaite du mélange.

9. **Débarrasser** la farce dans le saladier, et y mélanger les champignons refroidis (5) à l'aide de la spatule en bois.

MONTAGE ET CUISSON DE LA TERRINE :

10. Sortir les filets d'anguilles de leur marinade de cuisson (3), les égoutter et les fendre en deux dans le sens de la longueur.

11. A la spatule en acier, **chemiser** de 1 cm d'épaisseur de farce (9) les parois et le fond de la terrine en porcelaine.

12. « Monter » la terrine en superposant et intercalant couches de lanières d'anguilles et couches de farce restantes, jusqu'à épuisement des ingrédients. Terminer par une couche de farce, recouvrir d'un papier aluminium, il servira de couvercle pour la cuisson.

13. Laisser cuire doucement pendant 3 heures au bainmarie, dans le four préalablement chauffé à très doux (140 °C — Thermostat 3).

FINITION ET PRÉSENTATION :

14. Laisser refroidir la terrine quelques heures à la température de la cuisine, et la rentrer, presque froide, pendant une nuit au réfrigérateur. Le lendemain, la présenter telle quelle sur table, et la servir aux convives, sans la démouler, en découpant directement dans la terrine des tranches de 1 cm d'épaisseur; l'accompagner de la sauce mousse de cresson froide.

ASTUCES ET IDÉES MAISON

- La cuisson volontairement longue et lente de cette terrine lui apporte toute l'onctuosité souhaitable.

- Pour la rendre encore plus fondante et plus fraîche, on peut, avant le **chemisage** de farce, « tapisser » le fond et les parois de la terrine de fines bardes de lard gras, doublées de fines rondelles de citron pelé à vif.

• terrine de carpe ou de rougets au saint-Émilion :

Je n'aime que les terrines de poissons préparées avec des poissons « goûteux », aussi vous inviterai-je à préparer une terrine de carpe ou de rougets au vin rouge, en vous inspirant de la présente recette, mais en substituant à l'anguille son poids en filets de carpe ou de rougets désarêtés, et au vin de Sancerre, du bordeaux Saint-Émilion. La sauce mousse de tomates *(voir recette p. 130)* accompagnera agréablement ce plat transposé.

LES FEUILLETÉS LÉGERS D'ENTRÉE

feuilleté d'asperges au beurre de cerfeuil

Marché pour 4 personnes

Ingrédients principaux

40 asperges fraîches ou de conserve de grosseur moyenne
1 litre d'eau / 15 g de gros sel } cuisson des asperges
1 poignée de farine surfine
180 g de **pâte feuilletée** fraîche ou surgelée *(voir recette p. 452 et illustration p. 104)*
1 œuf battu

Ingrédients de la sauce

6 cl d'eau de cuisson des asperges
3 cuillères à soupe de pluches de cerfeuil
6 cl de crème fraîche double
240 g de beurre ramolli à la température de la cuisine
Sel et poivre
1 cuillère à soupe de jus de citron

Ustensiles de préparation et de présentation

1 couteau économe
1 couteau d'office
1 casserole moyenne
1 rouleau à pâtisserie
1 grand couteau tranchant
1 pinceau
1 écumoire à manche
1 casserole plate, sautoir
1 couteau-scie
4 assiettes plates individuelles ou / 1 plat long de service } très chauds

« DES ASPERGES CHAUDES SUR UN NUAGE DE PÂTE »

PRÉPARATION DES ASPERGES, (dans le cas d'asperges fraîches) :

1. Peler les asperges au couteau économe en partant de la tête vers le pied. Cette opération s'effectue en maintenant l'asperge à plat sur la table par le pied.

2. Les laver et les couper à 8 cm de la pointe; le tronçon de tige restant pourra servir à faire un potage. Les jeter pêle-mêle dans la casserole moyenne remplie du litre d'eau bouillante salée à 15 g de gros sel, laisser cuire 7 minutes, puis éloigner du feu et conserver au chaud dans l'eau de cuisson.

CONFECTION DES FEUILLETÉS :

3. Pendant le temps de cuisson des asperges, fariner légèrement la table de travail, y étendre la **pâte feuilletée*** à l'aide du rouleau à pâtisserie, et lui donner la forme d'une bande rectangulaire d'environ 16 cm de largeur, 26 cm de longueur et 4 mm d'épaisseur. Avec le grand couteau bien tranchant, découper net et franchement dans cette bande, un grand rectangle de 14 cm de largeur sur 24 cm de longueur. Couper à nouveau cette bande en 4 parties égales sur la longueur pour obtenir 4 petits rectangles de pâte feuilletée de 6 cm de largeur sur 14 cm de longueur.

4. Les poser *retournés* sur la plaque à pâtisserie du four. Pour les faire dorer, badigeonner d'œuf battu, au pinceau, leur face supérieure, en évitant surtout que la dorure de l'œuf ne dégouline sur la tranche des feuilletés : cela nuirait à leur développement. Enfourner et laisser cuire 12 à 15 minutes à four préalablement chauffé à chaud (220 °C — Thermostat 8). Leur cuisson terminée, les tenir au chaud sur la porte ouverte du four.

* Voir illustration p. 104.

PRÉPARATION DE LA SAUCE :

5. Égoutter les asperges à l'écumoire, les disposer dans le fond de la casserole plate, verser dessus 6 cl de leur eau de cuisson et 2 cuillerées de cerfeuil. Faire bouillir et laisser **réduire** de moitié.

6. Ajouter la crème fraîche, le beurre en parcelles, assaisonner de sel, poivre, jus de citron, porter à ébullition pendant 1 minute, en faisant décrire à la casserole quelques mouvements circulaires rapides sur elle-même. Éloigner du feu.

FINITION ET PRÉSENTATION :

7. A l'aide du couteau-scie, ouvrir délicatement les feuilletés en deux, dans le sens de la longueur.

8. Ranger leurs fonds sur les assiettes individuelles ou le plat de service, disposer sur chacun d'eux 10 asperges égouttées à l'écumoire, les recouvrir de la sauce cerfeuil (6), parsemer de la dernière cuillerée à soupe de pluches de cerfeuil frais, coiffer du chapeau de feuilletage, et servir aussitôt.

ASTUCES ET IDÉES MAISON

- Pour cette recette, les petites asperges vertes sauvages, plus difficiles à trouver, font merveille.

- La saison des asperges est très courte, mais on peut bien sûr, si on le désire, pratiquer cette recette toute l'année, en employant la même quantité d'asperges de conserve.

- On peut également les remplacer, pour des raisons de budget, par leur quantité correspondante de fleurs de choux-fleurs, le résultat est inédit et élégant.

feuilleté de truffes au vin de Graves

Marché pour 4 personnes

Ingrédients principaux	1 poignée de farine surfine 180 g de **pâte feuilletée** fraîche ou surgelée *(voir recette p. 452 et illustration p. 104)* 1 œuf battu 120 g de truffes de conserve soit 4 grosses truffes 120 g de foie gras frais ou de conserve mi-cuit
Ingrédients de la sauce d'accompagnement	50 g de beurre 5 g de sel 4 tours de moulin à poivre 6 cl de vin blanc sec de Graves (Bordeaux) 6 cl de Jerez 6 cl de jus de truffes de la boîte 50 cl de crème dite « fleurette » 1 cuillère à soupe de jus de citron
Ustensiles de préparation et de présentation	1 rouleau à pâtisserie 1 grand couteau tranchant 1 pinceau 1 couteau d'office 1 casserole plate, ou sauteuse 1 spatule en bois 1 écumoire 1 couteau-scie 4 assiettes plates individuelles ou } très chauds 1 plat long de service } très chauds

« *UN VOILE DE FOIE GRAS POUR MAGNIFIER LA TRUFFE* »

CONFECTION ET CUISSON DES FEUILLETÉS :

1. Fariner légèrement la table de travail, y étendre la **pâte feuilletée** * à l'aide du rouleau à pâtisserie, et lui donner la forme d'une bande rectangulaire d'environ 16 cm de largeur, 26 cm de longueur et 4 mm d'épaisseur.

2. Avec le grand couteau bien tranchant, découper net et franchement dans cette bande, un grand rectangle de 14 cm de largeur sur 24 cm de longueur.

3. Couper à nouveau cette bande en 4 parties égales sur la longueur pour obtenir 4 petits rectangles de pâte feuilletée de 6 cm de largeur sur 14 cm de longueur.

4. Les poser *retournés* sur la plaque à pâtisserie du four. Pour les faire dorer, badigeonner d'œuf battu, au pinceau, leur face supérieure, en évitant surtout que la dorure de l'œuf ne dégouline sur la tranche des feuilletés : cela nuirait à leur développement. Enfourner et laisser cuire 12 à 15 minutes à four préalablement chauffé à chaud (220 °C — Thermostat 8). Leur cuisson terminée, les tenir au chaud sur la porte ouverte du four.

PRÉPARATION DES TRUFFES :

5. Pendant le temps de cuisson des feuilletés, couper les truffes en lamelles de 2 mm d'épaisseur.

6. Faire chauffer le beurre dans la casserole plate, y déposer les truffes assaisonnées de sel et poivre, et les y faire revenir doucement pendant 3 minutes.

7. Verser dessus vin blanc, Jerez et jus de truffes. Faire bouillir et laisser **réduire** le mélange d'1/3 de son volume.

* Voir illustration p. 104.

8. Ajouter les 50 cl de crème fleurette, porter à nouveau à ébullition et laisser **réduire** à petits bouillons, à feu doux, pendant environ 15 minutes, afin d'obtenir la consistance d'une crème anglaise légère. Pour vérifier la bonne consistance de la sauce, y plonger une spatule en bois, et, avec l'index, tracer un sillon sur la sauce recouvrant la spatule; si le sillon de la sauce ne se referme pas, l'épaisseur de la sauce est parfaite.

FINITION ET PRÉSENTATION :

9. A l'aide du couteau d'office trempé dans de l'eau chaude, trancher les 120 g de foie gras en 8 larges lamelles.

10. Égoutter les truffes à l'écumoire, vérifier l'assaisonnement de la sauce, ajouter la cuillerée à soupe de jus de citron.

11. A l'aide du couteau-scie, ouvrir délicatement les feuilletés en deux, dans le sens de la longueur; ranger leurs fonds sur les assiettes individuelles ou le plat de service, les tapisser des lamelles de foie gras puis des truffes, **napper** de la sauce (8), recouvrir du chapeau de feuilletage et servir aussitôt.

feuilleté de grenouilles au cresson et aux mousserons

Marché pour 4 personnes

Ingrédients principaux	1 poignée de farine surfine 180 g de **pâte feuilletée** fraîche ou surgelée *(voir recette p. 452 et illustration p. 104)* 1 œuf battu 800 g soit 20 paires de cuisses de grenouilles
Ingrédients de la sauce	15 g de beurre 100 g de mousserons équeutés, lavés 2 fois à l'eau fraîche et égouttés 5 g de sel fin 4 tours de moulin à poivre 1/2 litre de crème dite « fleurette » 1 cuillère à café rase de purée mousse de cresson *(voir recette p. 420)* 1 cuillère à café de jus de citron 2 cuillères à soupe de vin blanc sec 1 cuillère à soupe rase d'échalote hachée
Ingrédients de finition	15 g de feuilles de cresson avec leurs petites queues
Ustensiles de préparation et de présentation	1 rouleau à pâtisserie 1 grand couteau tranchant 1 pinceau 1 casserole moyenne à fond épais et son couvercle 1 écumoire à manche 1 assiette 1 couteau-scie 4 assiettes plates ou } très chauds 1 plat long de service } très chauds

« *LA GRENOUILLE DE LA FABLE EN MILLEFEUILLES* »

CONFECTION DES FEUILLETÉS :

1. Fariner légèrement la table de travail, y étendre la **pâte feuilletée** * à l'aide du rouleau à pâtisserie, et lui donner la forme d'une bande rectangulaire d'environ 16 cm de largeur, 26 cm de longueur et 5 mm d'épaisseur.

2. Avec le grand couteau bien tranchant, découper net et franchement dans cette bande, un grand rectangle de 14 cm de largeur sur 24 cm de longueur.

3. Couper à nouveau cette bande en quatre parties égales sur la longueur, pour obtenir 4 petits rectangles de pâte feuilletée de 6 cm de largeur sur 14 cm de longueur.

4. Les poser *retournés* sur la plaque à pâtisserie du four. Pour les faire dorer, badigeonner d'œuf battu, au pinceau, leur face supérieure, en évitant surtout que la dorure de l'œuf ne dégouline sur la tranche des feuilletés : cela nuirait à leur développement. Enfourner et laisser cuire 12 à 15 minutes à four préalablement chauffé à chaud (220 °C — Thermostat 8). Leur cuisson terminée, les tenir au chaud sur la porte ouverte du four.

PRÉPARATION DES GRENOUILLES
ET DE LA SAUCE :

5. Faire blondir doucement les 15 g de beurre dans la casserole, y faire revenir, sans colorer, pendant 2 minutes, les 100 g de mousserons, les assaisonner des 5 g de sel et des 4 tours de moulin à poivre.

6. Puis verser le 1/2 litre de crème fleurette et porter à ébullition ; ajouter alors les 20 paires de cuisses de grenouilles, couvrir et laisser cuire à petits bouillons pendant 5 minutes.

7. A l'aide de l'écumoire, sortir les cuisses de grenouilles

* Voir illustration p. 104.

de leur crème de cuisson, en ayant bien soin d'y laisser les mousserons ; les déposer sur une assiette pour les laisser refroidir.

8. Continuer de faire bouillir la cuisson de crème (6) à découvert, pendant environ 8 minutes, y ajouter les cuillerées à café de mousse de cresson et de jus de citron, et laisser **réduire** de moitié.

9. Pendant ce temps, désosser délicatement, à la main, les cuisses de grenouilles (7) et en recueillir toute la chair que l'on remet aussitôt dans la sauce crème aux mousserons (8); éloigner du feu et ajouter les cuillerées à soupe de vin blanc sec et d'échalote hachée. Mélanger bien le tout à la fourchette et couvrir pour maintenir chaud.

FINITION ET PRÉSENTATION :

10. A l'aide du couteau-scie ouvrir délicatement les feuilletés en deux, dans le sens de la longueur.

11. Ranger leurs fonds sur les assiettes individuelles ou le plat de service, disposer sur chacun d'eux 5 grenouilles dans leur sauce crémée, en les laissant légèrement déborder du feuilletage; les **napper**, ainsi que le fond de l'assiette, de la sauce restante, parsemer les grenouilles des 15 g de feuilles de cresson, coiffer le tout du chapeau de feuilletage et servir aussitôt.

ASTUCES ET IDÉES MAISON

● C'est l'apport conjugué du vin blanc sec, de l'échalote hachée crue et du cresson croquant à saveur poivrée, qui teinte de frais l'originalité de cette sauce. C'est pourquoi les grenouilles, parfois difficiles à trouver, peuvent être aussi bien remplacées par de petits morceaux de poissons dont la texture est voisine, comme la lotte ou l'anguille, etc. Il faudra alors porter leur temps de cuisson à 8 minutes.

● De même, les mousserons peuvent être remplacés par leur poids en champignons de Paris, girolles, morilles, cèpes, etc., émincés en lamelles ou coupés en quatre selon leur taille.

feuilleté de Saint-Jacques aux truffes

Marché pour 4 personnes

Ingrédients principaux	24 coquilles Saint-Jacques fraîches vivantes (noix + corail) 1 poignée de farine surfine 180 g de **pâte feuilletée** fraîche ou surgelée *(voir recette p. 452 et illustration p. 104)* 1 œuf battu
Ingrédients de la sauce d'accompagnement	15 g de beurre 80 g de truffes de conserve **détaillées** en **julienne***, bâtonnets de 3 cm de longueur sur 2 mm de section 1 cuillère à soupe du jus de truffes de la boîte 30 cl de crème dite « fleurette » Sel et poivre
Ustensiles de préparation et de présentation	1 couteau rigide 1 rouleau à pâtisserie 1 grand couteau tranchant 1 pinceau 1 casserole plate, sautoir 1 petite casserole et son couvercle 1 couteau-scie 1 écumoire à manche 4 assiettes individuelles ou } très chauds 1 plat long de service }

PRÉPARATION DES SAINT-JACQUES : cette opération peut être faite par le poissonnier :

1. Ouvrir chaque coquillage en introduisant le couteau à

* Voir illustration p. 103.

lame rigide entre les deux parties de la coquille, et détacher au couteau la noix qui adhère à la coquille plate du dessus et la retient.

2. Puis, à l'aide d'une cuillère à soupe, décoller la noix (partie blanche + corail) de la coquille concave du dessous.

3. Récupérer tout le jus des coquilles en le filtrant à travers une passoire doublée d'un linge étamine.

4. Après en avoir éliminé le noir de l'estomac et les parties membraneuses, laver les noix de Saint-Jacques à l'eau courante et les essorer sur un linge.

CONFECTION ET CUISSON DES FEUILLETÉS :

5. Fariner légèrement la table de travail, y étendre la **pâte feuilletée*** à l'aide du rouleau à pâtisserie, et lui donner la forme d'une bande rectangulaire d'environ 16 cm de largeur, 26 cm de longueur et 5 mm d'épaisseur.

6. Avec le grand couteau bien tranchant, découper net et franchement dans cette bande, un grand rectangle de 14 cm de largeur sur 24 cm de longueur.

7. Couper à nouveau cette bande en 4 parties égales sur la longueur pour obtenir 4 petits rectangles de pâte feuilletée de 6 cm de largeur sur 14 cm de longueur.

8. Les poser *retournés* sur la plaque à pâtisserie du four. Pour les faire dorer, badigeonner d'œuf battu, au pinceau, leur face supérieure, en évitant surtout que la dorure de l'œuf ne dégouline sur la tranche des feuilletés : cela nuirait à leur développement. Enfourner et laisser cuire 12 à 15 minutes à four préalablement chauffé à chaud (220 °C — Thermostat 8). Leur cuisson terminée, les tenir au chaud sur la porte ouverte du four.

PRÉPARATION DE LA SAUCE DES SAINT-JACQUES :

9. Faire chauffer les 15 g de beurre dans la casserole plate, y faire revenir doucement pendant 2 minutes la **julienne*** de

* Voir illustrations p. 104 et p. 103.

truffes, puis verser le jus de truffes et la crème fleurette, assaisonner de sel et poivre ; laisser bouillir 3 ou 4 minutes à feu doux et **réduire** de la moitié de son volume.

10. Pendant ce temps, faire chauffer dans la petite casserole l'eau filtrée des Saint-Jacques (3) et y **pocher** les noix 1 minute à frémissements et à couvert.

FINITION ET PRÉSENTATION :

11. A l'aide du couteau-scie, ouvrir délicatement les feuilletés en deux dans le sens de la longueur, déposer leurs fonds sur les assiettes individuelles ou le plat de service, les garnir des noix de Saint-Jacques (10) égouttées à l'écumoire, et, les **napper** confortablement de la sauce (9) que l'on aura enrichie de l'eau de cuisson (10). Couvrir des chapeaux de feuilletage et servir aussitôt.

ASTUCES ET IDÉES MAISON

● On peut souligner davantage encore le parfum de mer de cette préparation en remplaçant 12 des coquilles Saint-Jacques par 12 huîtres plates belons (taille 00) **pochées** simplement 30 secondes à frémissements dans leur eau filtrée que l'on ajoutera également à la sauce (9).

● Pour parfaire avec originalité la saveur de cette recette, on peut, après avoir **nappé** les coquillages de sauce, les parsemer de 4 cuillerées à soupe d'étuvée de légumes *(voir recette p. 274)*.

● On peut aussi présenter ces feuilletés avec humour et originalité : conserver, laver, brosser et essuyer très soigneusement les coquilles plates et concaves de 4 Saint-Jacques vidées (2).
En beurrer légèrement les intérieurs au pinceau, les tapisser délicatement de la pâte feuilletée. Mettre à cuire au four les coquillages ainsi doublés du feuilletage qui, pendant la cuisson, va en épouser parfaitement les formes.
Les démouler après cuisson et les fourrer de la sauce chaude des Saint-Jacques (9).

feuilleté d'écrevisses à l'oignon croquant

Marché pour 4 personnes

Ingrédients principaux	1 poignée de farine surfine 180 g de **pâte feuilletée** fraîche ou surgelée *(voir recette p. 452 et illustration p. 104)* 1 œuf battu 32 écrevisses décortiquées et leur sauce coulis *(voir recette p. 126 à préparer d'avance)*	
Ingrédients de la garniture	60 g d'oignons 1 cuillère à café de ciboulette	frais hachés
Ustensiles de préparation et de présentation	1 rouleau à pâtisserie 1 grand couteau tranchant 1 pinceau 1 casserole plate, sautoir 1 bain-marie 1 couteau-scie	
	4 assiettes plates individuelles ou 1 plat long de service	très chauds

« *UN PARFUM SLAVE POUR DES ÉCREVISSES* »

CONFECTION ET CUISSON DES FEUILLETÉS :

1. Fariner légèrement la table de travail, y étendre la **pâte feuilletée** à l'aide du rouleau à pâtisserie, et lui donner la forme d'une bande rectangulaire d'environ 16 cm de largeur, 26 cm de longueur et 5 mm d'épaisseur.

2. Avec un grand couteau bien tranchant, découper net et franchement dans cette bande, un grand rectangle de 14 cm de largeur sur 24 cm de longueur.

3. Couper à nouveau cette bande en 4 parties égales sur la longueur pour obtenir 4 petits rectangles de pâte feuilletée de 6 cm de largeur sur 14 cm de longueur.

4. Les poser *retournés* sur la plaque à pâtisserie du four. Pour les faire dorer, badigeonner d'œuf battu, au pinceau, leur face supérieure en évitant surtout que la dorure de l'œuf ne dégouline sur la tranche des feuilletés : cela nuirait à leur développement. Enfourner et laisser cuire 12 à 15 minutes à four préalablement chauffé à chaud (220 °C — Thermostat 8). Leur cuisson terminée, les tenir au chaud sur la porte ouverte du four.

FINITION ET PRÉSENTATION :

5. Mettre à chauffer au bain-marie les écrevisses et leur sauce coulis.

6. Puis, à l'aide du couteau-scie, ouvrir délicatement les feuilletés en deux dans le sens de la longueur.

7. Ranger leurs fonds sur les assiettes individuelles ou le plat de service, les garnir équitablement des écrevisses et de leur sauce réchauffées, éparpiller dessus l'oignon haché cru et la ciboulette, puis les coiffer du chapeau de feuilletage et servir aussitôt.

ASTUCES ET IDÉES MAISON

● L'oignon haché cru est un peu comme la groseille que l'on écrase dans la bouche; il communique au mets qu'il accompagne sa fraîcheur et sa saveur sucrée. On pourra donc employer cette astuce pour d'autres préparations.

millefeuille d'écrevisses

Marché pour 4 personnes

Ingrédients principaux	1 poignée de farine 300 g de **pâte feuilletée** fraîche ou surgelée *(voir recette p. 452 et illustration p. 124)* 32 écrevisses décortiquées et leur sauce coulis **réservées** séparément } voir recette p. 126 à préparer d'avance 8 têtes d'écrevisses **réservées** pour la décoration
Ingrédients du bavarois d'écrevisses	2 feuilles de gélatine 20 cl de crème dite « fleurette » 1 cuillère à café d'estragon } frais 1 cuillère à café de cerfeuil } hachés Sel et poivre 3 bacs de glaçons
Ustensiles de préparation et de présentation	1 bain-marie 1 spatule en bois 1 bassine 1 saladier 1 petit fouet 1 rouleau à pâtisserie 1 grand couteau tranchant 1 spatule en acier 1 plat long de service

« *DES ÉCREVISSES EN BAVAROIS POUR L'ÉTÉ* »

PRÉPARATION DU BAVAROIS D'ÉCREVISSES :

1. Réchauffer la sauce coulis, seule, au bain-marie.

2. Pendant ce temps, faire tremper les 2 feuilles de gélatine 10 minutes dans de l'eau fraîche, pour les rendre souples et les faire gonfler.

3. Lorsque la sauce coulis est chaude, égoutter la gélatine et l'y incorporer. Faire refroidir l'ensemble en le remuant de temps en temps avec la spatule en bois; au besoin, rentrer la préparation au réfrigérateur ou l'installer dans une bassine à demi remplie d'eau et de glaçons.

4. Sortir la crème fleurette du réfrigérateur, la verser dans le saladier et la fouetter avec le petit fouet jusqu'à ce qu'elle devienne ferme, légère et qu'elle tienne aux branches du fouet.

5. Dès que la sauce (3) commence à épaissir et à « prendre » y mélanger les 2 cuillerées à soupe d'herbes hachées, les 32 queues d'écrevisses et la crème fouettée que l'on incorpore délicatement à la préparation, à l'aide de la spatule en bois; on obtient ainsi une crème légère ayant l'onctuosité aérienne du bavarois. Rectifier l'assaisonnement et rentrer au réfrigérateur.

PRÉPARATION DU MILLEFEUILLE :

6. Fariner légèrement la table de travail, y étendre la **pâte feuilletée*** à l'aide du rouleau à pâtisserie, en lui donnant la forme d'un grand rectangle de 20 cm sur 45 cm et 2 mm d'épaisseur.

7. Découper net, au couteau tranchant, dans cette pâte étalée, 3 bandes rectangulaires de 15 cm sur 20 cm.

* Voir illustration p. 104.

8. Humecter légèrement d'eau la plaque en tôle du four; y déposer les 3 bandes de pâte, en piquer régulièrement toute la surface à la fourchette : précautions qui évitent à la pâte de trop gonfler en cours de cuisson.

9. Enfourner et laisser cuire pendant 20 minutes à four préalablement chauffé à chaud (220 °C — Thermostat 8). Cuire en deux fois si le four n'est pas assez grand pour contenir les trois bandes rectangulaires en même temps.

10. Sortir du four et laisser refroidir sur la grille à pâtisserie, la pâte doit alors avoir pris une belle couleur noisette.

FINITION ET PRÉSENTATION :

11. A l'aide de la spatule en acier, tartiner confortablement la première bande de feuilletage de la moitié de la préparation (5) et la garnir de 16 écrevisses; couvrir de la seconde bande de feuilletage et la tartiner également de la préparation (5) en y déposant les 16 écrevisses restantes. Coiffer le tout de la troisième bande de feuilletage préalablement recouverte sur sa face supérieure d'une fine pellicule du restant de crème (5). Décorer des 8 têtes d'écrevisses **réservées** et présenter sur le plat long de service. Découper et servir.

ASTUCES ET IDÉES MAISON

● Le feuilletage peut être étalé la veille sur la plaque du four et rentré tel quel au réfrigérateur. Cuite le lendemain, la pâte feuilletée ne rétrécira pas comme cela arrive quelquefois.

● On peut réaliser cette recette plus facilement en modifiant la recette de la sauce coulis d'écrevisses : 30 cl de crème dite « fleurette » fouettée, à laquelle on incorpore 2 cuillerées à café de fines herbes, 1 cuillerée à café de jus de citron, 1 cuillerée à soupe de concentré de tomates, sel, poivre et piment. 30 queues de petites langoustines **pochées** 1 minute 30 dans de l'eau bouillante salée puis décortiquées, remplaceront les écrevisses.

LES FOIES GRAS

terrine de foie gras frais des Landes

Servie froide

Marché pour 10 personnes

Ingrédients principaux	2 foies gras frais crus de canards des Landes de 600 g pièce	
	16 g de sel fin 3 g de poivre blanc en poudre 1 pointe de noix de muscade râpée 1 pointe de 4 épices 1 cuillère à café rase de sucre semoule 2 cl de Porto 2 cl de Jerez 2 cl d'Armagnac	Marinade des foies
Ustensiles de préparation et de présentation	1 bassine 1 petit couteau d'office 1 plat ovale en terre 1 terrine de charcutier en porcelaine blanche et son couvercle, longueur 16 cm, largeur 11 cm, hauteur 7 cm	

« *LE MEILLEUR PÂTÉ (!) DU MONDE...* »

LA VEILLE, DÉNERVAGE DES FOIES ET PRÉPARATION DE LA MARINADE :

1. Mettre à tremper les 2 foies pendant une heure dans la bassine d'eau tiède, à température animale (37 °C). Cette opération permet de les faire dégorger mais aussi de les ramollir et de rendre plus facile leur dénervage.

2. Les égoutter et séparer à la main les lobes de chacun des 2 foies, chaque foie gras étant formé de 2 lobes différents, un gros et un petit.

3. Ouvrir chaque lobe en deux, à l'aide du petit couteau d'office, pour laisser ainsi apparaître le réseau des veines qui les irriguent; soulever celles-ci, à partir du bout de chaque lobe, en les décollant un peu avec la pointe du couteau, puis pour les ôter, les arracher en tirant vers soi, avec précaution, et en continuant de s'aider du couteau.

4. Gratter et ôter très soigneusement avec le même couteau d'office toutes les traces vertes laissées par la poche de fiel amer sur les lobes des foies.

5. Coucher les 4 lobes ouverts, dans le fond du plat ovale; les assaisonner de sel, poivre, muscade, quatre épices, sucre, et les **mouiller** au Porto, Jerez et Armagnac.

6. Les laisser mariner ainsi 12 heures au réfrigérateur, en prenant soin, pendant ce temps, de les retourner 2 ou 3 fois dans leur marinade.

LE LENDEMAIN, CUISSON DES FOIES :

7. Sortir les foies gras du réfrigérateur 1 heure avant de les cuire, refermer les lobes sur eux-mêmes en leur redonnant approximativement leur forme primitive. Disposer ensuite successivement, en les tassant bien, le premier gros lobe, dans le fond de la terrine, puis les deux petits lobes, et enfin le dernier gros lobe.

8. C'est le plat ovale en terre de la marinade qui servira de bain-marie de cuisson : le rincer soigneusement et le remplir de 2 cm d'eau; le mettre au four préalablement chauffé à très doux (150 °C — Thermostat 4) et amener la température de l'eau à 70 °C.

9. Y installer la terrine de foie gras sans la couvrir et enfourner au four maintenu à la même température. Laisser cuire 40 minutes; pendant le temps de cuisson, l'eau du bain-marie ne doit en aucun cas dépasser ni tomber en dessous de 70 °C. En vérifier à plusieurs reprises la température avec un thermomètre.

FINITION ET PRÉSENTATION DE LA TERRINE :

10. Sortir l'ensemble terrine — bain-marie du four, ôter la terrine du bain-marie, la recouvrir de son couvercle, et la laisser refroidir naturellement 2 à 3 heures à la température de la cuisine. Puis la rentrer au réfrigérateur au moins une nuit avant de la servir.

11. On présentera la terrine telle quelle sur table, en l'accompagnant simplement de grandes tranches de pain de campagne grillées, et non pas de brioche... c'est une hérésie!

ASTUCES ET IDÉES MAISON

● Selon la qualité des foies et le respect fidèle du procédé de cuisson indiqué, la graisse rejetée par les foies doit former sur la terrine une couche variant entre 1/2 cm et 1 cm d'épaisseur.

● La terrine de foie gras sera meilleure et plus moelleuse à déguster 3 à 4 jours après sa cuisson; elle peut se conserver 8 jours au réfrigérateur.

● Pour les amateurs, voici comment reconnaître la qualité d'un foie gras cru : prendre le foie avec les deux mains, un lobe dans chacune d'elles, et étirer pour séparer lentement les deux lobes :
— si la chair se casse comme un morceau de suif, le foie, très graisseux, fondra beaucoup à la cuisson;
— si la chair se tend comme un élastique avant de se déchirer, le foie, très nerveux, ne fondra pas à la cuisson, mais, en contrepartie, sera, une fois cuit, sec et sans parfum;
— si la chair, avant de se rompre, s'étire souplement, sans résistance, comme du chewing gum, et présente ensuite une cassure franche, vous aurez là, certainement, le foie idéal pour réussir une belle terrine.

foie gras frais en gelée de poivre

Servi froid

Marché pour 4 personnes

Ingrédients principaux	1 foie gras frais cru de canard des Landes de 600 g 8 g de sel fin 2 g de poivre blanc en poudre 600 g de graisse de canard ou d'oie
Ingrédients de finition	{ 15 g de gelée en poudre instantanée { 25 cl d'eau froide { 10 g de sucre semoule { 4 cuillères à soupe de vinaigre de vin 1 cuillère à café d'Armagnac 5 g de poivre en grains concassés ou « poivre mignonnette » obtenus en concassant les grains de poivre sous une casserole ou autre instrument à fond plat et lourd 3 bacs de glaçons pilés
Instruments de préparation et de présentation	1 petit couteau d'office 1 assiette creuse 1 terrine de charcutier en porcelaine, longueur 16 cm, largeur 11 cm, hauteur 7 cm 1 écumoire à manche 1 assiette plate 2 petites casseroles 1 bassine 1 plat creux ovale de service, longueur 32 cm

LA VEILLE, MACÉRATION DU FOIE :

1. Conserver au foie gras sa forme intacte, ne pas en séparer les lobes, ne pas le faire dégorger, ni le dénerver, comme dans la recette de la terrine *(voir p. 220)*.

2. Prendre simplement soin de gratter et ôter très soigneusement, à l'aide du petit couteau d'office, toutes les traces vertes laissées par la poche de fiel amer entre les deux lobes du foie.

3. L'assaisonner sur toutes ses faces des 8 g de sel fin et des 2 g de poivre blanc, et le laisser macérer ainsi dans une assiette creuse, toute la nuit au réfrigérateur.

LE LENDEMAIN, CUISSON DU FOIE :

4. Faire fondre à feu ou four préalablement chauffé à doux (160 °C — Thermostat 5) la graisse d'oie dans la terrine et l'amener à frémissements imperceptibles.

5. Y déposer le foie sorti, une heure avant, du réfrigérateur, et le laisser cuire, à cette même température, 15 minutes, en le retournant à mi-cuisson.

6. Le sortir de la terrine en s'aidant de l'écumoire à manche, et le poser délicatement sur une assiette plate. Recouvrir hermétiquement celle-ci d'un papier aluminium, et, dès que le foie est refroidi, le rentrer tel quel, une nuit, au réfrigérateur.

FINITION ET PRÉSENTATION :

7. Dans la première casserole, délayer la gelée en poudre instantanée dans les 25 cl d'eau froide, puis, amener le mélange à ébullition.

8. Dans la seconde casserole, faire bouillir ensemble, pendant 2 minutes, les 10 g de sucre et les 4 cuillerées de vinaigre, jusqu'à ce que le liquide devienne sirupeux et d'une jolie teinte caramel.

9. Transvaser le sirop dans la première casserole (7) et ajouter la cuillerée à café d'Armagnac; installer la casserole dans une bassine remplie de glace pilée, et tourner à la cuillère, jusqu'à ce que la préparation refroidisse et commence tout juste à « prendre » en gelée.

10. Sortir le foie gras du réfrigérateur, le déposer sur le plat creux ovale, et, le **napper** à l'aide d'une cuillère à soupe, de la moitié de la gelée « prête à prendre » (9). Parsemer régulièrement des 5 g de poivre « mignonnette » et finir de **napper** de la gelée restante.

11. Rentrer le foie gras au réfrigérateur et le laisser reposer ainsi au moins une heure avant de servir.

12. Présenter le foie entier aux convives et le découper devant eux en tranches de 1 cm d'épaisseur; le servir accompagné de sa gelée et de grandes tranches de pain de campagne grillées.

ASTUCES ET IDÉES MAISON

● Vous pourrez conserver ce foie gras 1 mois au réfrigérateur, voici comment : le lendemain de sa cuisson, après l'avoir bien égoutté, l'envelopper entièrement dans un papier aluminium qui en épousera parfaitement la forme, le remettre dans sa terrine de cuisson, recouvert de sa graisse fondue, et le rentrer au froid. Ainsi, à tout moment, vous aurez la possibilité d'offrir à vos invités un foie gras entier parfait : la graisse lui conserve son moelleux et le papier aluminium sa forme primitive. On pourra alors le servir tel quel ou **nappé** de la gelée au poivre de cette recette.

foie gras en habit vert aux blancs de poireaux

Servi chaud

Marché pour 4 personnes

Ingrédients principaux

1 foie gras frais cru de canard des Landes de 600 g

1 litre d'eau
10 g de gros sel

Sel et poivre du moulin

Ingrédients de la garniture

1 litre d'eau
10 g de gros sel

12 belles feuilles vertes de laitue, lavées et laissées entières

200 g soit 16 blancs de jeunes poireaux — coupés à 4 cm de longueur
200 g de haricots verts extra-fins équeutés — coupés à 4 cm de longueur

25 g de beurre

Ingrédients de la sauce d'accompagnement

15 cl de bouillon de volaille obtenus à partir de 1/4 de tablette de bouillon de volaille instantané dilué dans 15 cl d'eau

5 cl de Porto

2 cl de jus de truffes (facultatif)

50 g de beurre

Ustensiles de préparation et de présentation

1 couteau d'office

2 casseroles moyennes

1 écumoire

1 bassine

1 plat creux allant au four

1 poêle

4 assiettes plates individuelles ou 1 grand plat rond de service — chauds

1 petite casserole

« *LE FOIE GRAS ROSÉ EN ROBE MOELLEUSE DE LAITUE* »

LA VEILLE :

1. A l'aide du petit couteau d'office, gratter et ôter très soigneusement toutes les traces vertes laissées par la poche de fiel amer entre les deux lobes du foie.

2. Dans la première casserole remplie du litre d'eau bouillante salée à 10 g de gros sel, plonger le foie gras 1 minute pour lui faire exsuder une partie de ses graisses. La minute écoulée, arrêter le feu, laisser refroidir le foie dans cette cuisson et l'y tenir au frais jusqu'au lendemain.

PRÉPARATION DES LÉGUMES ET DU FOIE :

3. Dans la seconde casserole, mettre à bouillir le litre d'eau et les 10 g de gros sel, y **blanchir** 1 minute les feuilles de laitue; les sortir à l'écumoire, les rafraîchir dans la bassine d'eau fraîche, et les étendre sur un linge sec, la côte centrale de la feuille disposée perpendiculairement à soi.

4. Dans la même eau, plonger 10 minutes les blancs de poireaux attachés en bottillon avec une ficelle, et 6 minutes, les haricots verts. Les égoutter aussitôt cuits.

5. A l'aide de l'écumoire, sortir délicatement le foie gras de son eau de cuisson et l'égoutter soigneusement sur un linge. Séparer les deux lobes, puis, à l'aide du couteau d'office trempé dans l'eau chaude, les découper comme un rosbif en 12 tranches de 1 cm 1/2 d'épaisseur. Assaisonner de sel et poivre du moulin.

6. Déposer chaque tranche de foie au centre d'une feuille de laitue (3), et l'emmailloter à l'intérieur de celle-ci en formant un petit baluchon : pour ce faire, il suffit d'inciser la feuille dans son premier tiers et de chaque côté de la grosse

côte afin de dégager cette dernière et la transformer ainsi en tige de cette feuille-baluchon.

7. Déposer les petits baluchons dans le fond du plat creux en les retournant, pliage en dessous; puis ajouter les 15 cl de bouillon de volaille, les 5 cl de Porto et les 2 cl de jus de truffes. Les laisser cuire 10 minutes à four préalablement chauffé à doux (180 °C — Thermostat 6).

FINITION ET PRÉSENTATION :

8. Pendant la cuisson du foie, faire sauter à la poêle, dans les 25 g de beurre, blancs de poireaux et haricots verts.

9. Dresser les blancs de poireaux en demi-cercle, tout autour de chaque assiette ou du plat de service, en les intercalant avec des petits fagots de haricots verts. Déposer au centre les baluchons de laitue en forme de trêfle à trois feuilles. Tenir les assiettes ou le plat au chaud, sur la porte ouverte du four maintenu à doux.

10. Verser le jus de cuisson du foie (7) dans la petite casserole, le faire bouillir et le laisser **réduire** de la moitié de son volume; incorporer les 50 g de beurre en parcelles en faisant décrire à la casserole des mouvements circulaires rapides sur elle-même. Vérifier l'assaisonnement et verser cette sauce tout autour de l'assiette ou du plat, entre les légumes et le foie gras.

ASTUCES ET IDÉES MAISON

● On peut agréablement remplacer le foie gras de canard, assez onéreux et parfois difficile à trouver, par de jolis foies de volaille bien blonds, à raison de deux par baluchon. Il faudra alors, au lieu de les pocher comme le foie gras entier (2), les faire sauter vivement sur toutes leurs faces dans un peu de beurre et les assaisonner de sel, poivre, échalote hachée fine, fleur de thym, en les conservant saignants à l'intérieur, afin qu'après leur cuisson au four en baluchon de feuille, ils restent rosés.

foie gras chaud de canard aux petites céréales

Servi chaud

Marché pour 4 personnes

Ingrédients principaux	1 foie gras frais cru de canard des Landes de 600 g Sel et poivre 20 g de farine 2 cl d'huile d'arachide
Ingrédients de la garniture de légumes	{ 1 litre d'eau { 15 g de gros sel 20 g de grains de maïs frais ou surgelés 20 g de petits haricots rouges secs 20 g de petits pois frais ou surgelés 8 belles feuilles vertes de laitue { 1/2 citron { 1/2 litre d'eau 2 cuillères à soupe d'eau froide 40 g de beurre
Ingrédients de la sauce d'accompagnement	2 cuillères à soupe d'échalotes hachées (20 g) 6 cl de vinaigre de Jerez 6 cl d'huile de noix 2 cuillères à café de persil plat } frais 2 cuillères à café de cerfeuil } hachés Sel et poivre
Ustensiles de préparation et de présentation	1 grande casserole 1 couteau économe 1 petite casserole 1 casserole plate ou sauteuse 1 couteau d'office 1 grande poêle à fond épais 4 grandes assiettes plates individuelles ou } chauds 1 plat long de service }

« *SAUTÉ CROUSTILLANT ET DÉGLACÉ AU VINAIGRE INCISIF* »

CUISSON DES PETITES CÉRÉALES ET DES LÉGUMES :

1. Dans la grande casserole remplie du litre d'eau bouillante salée à 15 g de gros sel, mettre à cuire successivement les petites céréales et les légumes :
• 20 minutes les grains de maïs frais,
• 10 minutes les petits haricots rouges,
• 6 minutes les petits pois (3 minutes s'ils sont surgelés),
• 2 minutes les feuilles de laitue.

2. Pendant ce temps, à l'aide du couteau économe, peler la moitié du citron dans le sens de la hauteur pour obtenir 10 g de zestes. Les **détailler** en très fine **julienne*** de 1 mm d'épaisseur et 4 cm de longueur. **Blanchir** celle-ci 2 minutes dans la petite casserole remplie du demi-litre d'eau bouillante non salée.

3. La cuisson des légumes terminée, réunir dans la casserole plate, maïs, haricots rouges, petits pois, zestes de citron, et les **mouiller** des 2 cuillerées à soupe d'eau froide. Faire bouillir puis incorporer les 40 g de beurre en parcelles, en faisant décrire à la casserole des cercles rapides sur elle-même, ce qui va épaissir l'ensemble et enrober les légumes d'une couche luisante. Tenir au chaud à feu très doux.

PRÉPARATION ET CUISSON DU FOIE GRAS :

4. A l'aide du petit couteau d'office, gratter et ôter très soigneusement toutes les traces vertes laissées par la poche de fiel amer entre les deux lobes du foie.

5. Avec le même couteau, trempé dans l'eau chaude, **escaloper** en biais le foie gras cru en 4 grosses tranches de 1 cm et

* Voir illustration p. 103.

demi d'épaisseur et d'environ 150 g chacune. Les assaisonner de sel, poivre, et, les passer soigneusement dans la farine en les tapotant entre les mains pour en éliminer le surplus.

6. Mettre l'huile d'arachide à chauffer dans la poêle; lorsqu'elle commence à fumer, y déposer les tranches de foie gras et les laisser cuire 2 à 3 minutes de chaque côté.

FINITION ET PRÉPARATION :

7. Tapisser le fond des assiettes individuelles ou du plat de service des feuilles de laitue (1), poser dessus la ou les tranches de foie gras, éparpiller tout autour petites céréales et légumes (3), et tenir au chaud sur la porte ouverte du four préalablement chauffé à moyen (220 °C — Thermostat 7).

8. Faire revenir pendant 10 secondes l'échalote hachée dans la poêle de cuisson, verser le vinaigre de Jerez, laisser bouillir et **réduire** de moitié, puis retirer du feu. Ajouter l'huile de noix, les herbes hachées, saler, poivrer, et, **napper** de cette sauce les tranches de foie gras **réservées** au chaud. Servir immédiatement.

ASTUCES ET IDÉES MAISON

- On peut employer du maïs de conserve déjà cuit.

- Cette recette rappelle celle traditionnelle des foies de veau ou d'agneau au vinaigre; pourquoi ne pas préparer ceux-ci accompagnés des mêmes légumes ?

- Les foies étant humides, la farine permet à la cuisson de bien « saisir » les tranches et de rendre leur surface croustillante. Mais le farinage doit se faire juste au moment de les cuire, afin d'éviter tout risque de détrempage qui transformerait l'ensemble en pâte mollasse.

foie gras de canard aux navets confits

Servi chaud

Marché pour 4 personnes

Ingrédients principaux

1 foie gras frais cru de canard des Landes de 600 g
20 g de farine
2 cl d'huile d'arachide

Ingrédients de la garniture et de la sauce d'accompagnement

1 litre d'eau
15 g de gros sel } cuisson des navets
48 mini-navets { soit 500 g nets de légumes obtenus à partir de gros navets, taillés, arrondis et **tournés*** en forme de grosses olives
25 g de beurre
1 cuillère à soupe de sucre semoule
1 cuillère à soupe de vinaigre de vin
4 cuillères à soupe de Jerez
4 cuillères à soupe de Porto rouge
2 cuillères à soupe d'eau
30 g de truffes **détaillés** en **julienne*** (bâtonnets de 2 cm de longueur sur 2 mm de section) (facultatif)
40 g de beurre

Ustensiles de préparation et de présentation

1 casserole inoxydable et son couvercle
1 égouttoir à pieds
1 casserole plate ou sauteuse
1 petit couteau d'office
1 grande poêle à fond épais
4 assiettes plates individuelles ou } très
1 plat long de service } chauds

---

* Voir illustrations p. 101 et p. 103.

« LA COMPLICITÉ DU FOIE GRAS ET D'UN LÉGUME NAÏF »

PRÉPARATION DES NAVETS ET DE LA SAUCE :

1. Dans la casserole, faire bouillir le litre d'eau salée à 15 g de gros sel. Y jeter les petits navets, laisser cuire à découvert, pendant 15 minutes. Les égoutter sur l'égouttoir à pieds.

2. Dans le sautoir, faire chauffer les 25 g de beurre en « beurre noisette » *(voir méthode p. 40)*. Y verser les navets égouttés, les laisser blondir légèrement sur toutes leurs faces.

3. Les saupoudrer de la cuillerée à soupe de sucre semoule, leur laisser prendre pendant 3 minutes une teinte ambrée en les faisant rouler sur eux-mêmes dans un mouvement rotatif de la casserole.

4. Verser alors la cuillerée à soupe de vinaigre de vin et laisser bouillir environ 10 secondes, jusqu'à ce que le liquide soit presque complètement évaporé.

5. Ajouter alors les 4 cuillerées à soupe de vin de Jerez, les 2 cuillerées à soupe de Porto rouge et les 2 cuillerées à soupe d'eau, laisser cuire à petits bouillons 1 minute.

6. Puis, éparpiller sur la cuisson les 30 g de la **julienne*** de truffes, si l'on a pu s'en procurer, et les 40 g de beurre en parcelles; celui-ci va fondre dans le bouillonnement du liquide et apporter à la sauce l'onctuosité souhaitée; laisser sur feu doux et couvrir pour garder au chaud jusqu'à l'emploi.

PRÉPARATION ET CUISSON DU FOIE GRAS :

7. A l'aide du petit couteau d'office, gratter et ôter très soigneusement, toutes les traces vertes laissées par la poche de fiel amer entre les deux lobes du foie.

8. Avec le même couteau trempé dans l'eau chaude, **escaloper** en biais le foie gras cru en 4 tranches de 1 cm 1/2 d'épaisseur et d'environ 150 g chacune. Les assaisonner de sel, poivre, et les passer soigneusement dans la farine en les tapotant entre les mains pour en éliminer le surplus.

9. Mettre l'huile d'arachide à chauffer dans la poêle; lorsqu'elle commence à fumer, y déposer les tranches de foie gras, et les laisser cuire 2 à 3 minutes de chaque côté.

FINITION ET PRÉSENTATION :

10. Déposer les tranches de foie de canard sur les assiettes individuelles ou le plat long de service, et les **napper** entièrement de la sauce et ses navets (6). Servir aussitôt.

ASTUCES ET IDÉES MAISON

● Tout comme dans la recette du foie gras aux petites céréales, le foie de veau poêlé ou sauté, peut servir de transposition agréable au foie gras et s'harmonisera parfaitement avec le doux-amer de la sauce aux navets confits. Tentez l'expérience et surprenez vos invités, ils seront curieux de connaître la formule.

pot-au-feu de foie gras

Marché pour 4 personnes

Ingrédients principaux

1 gros oignon non épluché
1 litre 1/2 de bouillon de volaille obtenu à partir de 3 tablettes de bouillon de volaille instantané diluées dans 1 litre 1/2 d'eau
1 foie gras frais cru de canard de 600 g
12 cl de Porto
12 cl de Madère
Gros sel et poivre du moulin

Ingrédients de la garniture de légumes et sauce d'accompagnement

16 mini-carottes
16 mini-navets
16 mini-concombres
} soit 200 g nets de chaque légume obtenus à partir de légumes normaux taillés, arrondis et **tournés*** en forme de grosses olives

8 petits oignons nouveaux ou secs dits « grelots »
4 petits poireaux
24 pointes d'asperges fraîches pelées ou de conserve
{ 1 litre 1/2 d'eau
{ 20 g de gros sel
4 petites pommes de terre BF 15 ou hollandaises
8 feuilles de chou tendres
120 g de nouilles plates

20 cl de sauce beurrée aux truffes *(voir recette p. 122)* ou 20 cl de sauce coulis de tomates fraîches *(voir recette p. 120)*

Ustensiles de préparation et de présentation

3 grandes casseroles
1 couteau d'office
1 écumoire
1 égouttoir à pieds
1 couteau fin, souple et tranchant
1 grand plat long de service chaud

* Voir illustration p. 101.

CUISSON DES LÉGUMES :

1. Couper le gros oignon en deux moitiés, ne pas les éplucher et les mettre à dorer, côté cœur en l'air, sous le gril du four; les laisser bien caraméliser.

2. Dans la 1re casserole, faire bouillir le litre 1/2 de bouillon de volaille avec l'oignon doré, y mettre à cuire 10 minutes les carottes, les navets, les oignons et les poireaux, 5 minutes les concombres et les asperges si elles sont fraîches. Puis les tenir au chaud dans le bouillon en éloignant la casserole du feu.

3. Cuire à part, dans la seconde casserole remplie du litre 1/2 d'eau salée à 20 g de gros sel, les petites pommes de terre pendant 20 minutes et les feuilles de chou pendant 10 minutes.

CUISSON DU FOIE GRAS :

4. A l'aide du couteau d'office, gratter et ôter très soigneusement toutes les traces vertes laissées par la poche de fiel amer entre les deux lobes du foie.

5. **Réserver** au fond de la première casserole (2) 1/3 du bouillon de volaille qui y a cuit, de manière à en laisser les légumes juste recouverts pour les maintenir chauds, et transvaser les 2/3 du bouillon restant dans la troisième casserole. Y ajouter le Porto, le Madère, amener le mélange à ébullition et laisser **réduire** du tiers de son volume.

6. Baisser le feu pour ramener le bouillon à frémissements légers; y **pocher** le foie gras 15 minutes environ, puis le sortir délicatement à l'écumoire et l'égoutter en l'enroulant dans un linge entre deux assiettes creuses posées sur la porte ouverte du four préalablement chauffé à doux (160 °C — Thermostat 5).

7. Monter légèrement le feu, puis plonger les nouilles dans le bouillon en ébullition et compter 6 minutes de cuisson après la reprise de l'ébullition; les sortir à l'écumoire et les égoutter dans l'égouttoir à pieds.

FINITION ET PRÉSENTATION :

8. Tapisser le centre du plat des feuilles de chou égouttées.

9. A l'aide du couteau fin, **escaloper** le foie de canard en 8 tranches de 1 cm d'épaisseur, les saler au gros sel et donner quelques tours de moulin à poivre. Reconstituer le foie et l'allonger sur la litière de feuilles de chou.

10. Disposer harmonieusement tout autour, en plusieurs petits bouquets et dômes, les légumes et les nouilles, en jouant de leurs formes et de leurs couleurs.

11. Arroser les légumes de 4 cuillerées à soupe du bouillon de cuisson (2) et (5).

12. Servir le plat tel quel, et, à part, en saucière chaude, la sauce aux truffes dont on arrosera les nouilles au goût de chacun.

ASTUCES ET IDÉES MAISON

● Le temps de cuisson du foie gras est variable selon sa forme plus ou moins allongée ou arrondie et sa qualité. Aussi indiquons-nous ici le temps moyen de 15 minutes de cuisson. Celui-ci pouvant varier de 2 à 3 minutes en plus ou en moins.

● **Réserver** le bouillon de cuisson du foie gras, il est délicieux. On peut le servir à part : il faut alors le dégraisser presque complètement avec une petite louche et le servir en soupières ou bols individuels, enrichi d'un œuf qui va **pocher** doucement dans le liquide bouillant.

● Dès le printemps, les légumes **tournés*** pourront être remplacés par les mêmes petits légumes nouveaux entiers (carottes, navets, oignons...) auxquels on aura soin de laisser en les pelant, 2 cm du toupet vert des feuilles ou fanes, formé à leur sommet par le faisceau des tiges.

* Voir illustration p. 101.

COQUILLAGES, CRUSTACÉS ET POISSONS

huîtres chaudes en feuilles vertes

Marché pour 4 personnes

Ingrédients principaux	24 huîtres plates belons (taille double zéro) ou 24 huîtres « spéciales » portugaises
Ingrédients de la sauce d'accompagnement	150 g de beurre ramolli à la température de la cuisine Poivre 1 cuillère à soupe de jus de citron
Ingrédients de la garniture de légumes	70 g de carottes } épluchés 80 g de blancs de poireaux } et lavés 20 g de beurre { 1 litre d'eau { 10 g de gros sel 24 feuilles de laitue Sel et poivre
Ustensiles de préparation et de présentation	1 casserole plate ou sauteuse 1 grande casserole 1 petite casserole 1 cuillère à café 1 passoire doublée d'un linge étamine 4 plats à huîtres ou 4 assiettes plates recouvertes de gros sel 1 fouet

« *HUÎTRES EN HABIT AU BEURRE D'EAU MARINE* »

PRÉPARATION DE LA JULIENNE DE LÉGUMES ET DE LA LAITUE :

1. Tailler en très fine **julienne** * — bâtonnets de 3 cm de longueur et 1 mm de section — les carottes et les blancs de poireaux. Faire chauffer dans la casserole plate les 20 g de beurre, et y faire revenir vivement, pendant 2 minutes, la **julienne** * assaisonnée de sel et poivre. Tenir au chaud sur la porte ouverte du four préalablement chauffé à doux (180 °C — Thermostat 6).

2. **Blanchir** les feuilles de laitue 1 minute dans la grande casserole remplie du litre d'eau bouillante salée à 10 g de gros sel, les égoutter sur un linge.

PRÉPARATION DES HUÎTRES : faire ouvrir les huîtres chez le poissonnier.

3. A l'aide de la cuillère à café, détacher la chair des huîtres de leurs coquilles en se tenant au-dessus de la passoire, pour récupérer leur jus filtré dans la petite casserole placée en dessous.

4. Laver les coquilles concaves, les asseoir dans les alvéoles des plats à huîtres ou sur les assiettes recouvertes de gros sel, en les enfonçant bien pour éviter qu'elles ne basculent. Les tenir au chaud à l'entrée du four, près de la casserole de **julienne** (1).

5. **Pocher** les huîtres 30 secondes à frémissements dans la casserole contenant leur eau filtrée (3); les égoutter. **Réserver** leur eau de cuisson.

6. Emmailloter les huîtres dans les feuilles de laitue (2) en formant des sortes de petits baluchons; les replacer dans leurs coquilles respectives (4); les tenir au chaud sur la porte ouverte du four maintenu à doux.

* Voir illustration p. 103.

PRÉPARATION DE LA SAUCE :

7. Faire bouillir et **réduire** de moitié (sans ajouter de sel!) l'eau de cuisson des huîtres (5); incorporer les 150 g de beurre en parcelles en baissant le feu, et en faisant décrire à la casserole quelques cercles rapides sur elle-même, ceci afin d'homogénéiser cette sauce au beurre : elle s'épaissit et devient onctueuse. On peut substituer à ce mouvement rotatif de la casserole l'utilisation du fouet. Assaisonner de 2 tours de moulin à poivre, et ajouter la cuillerée à soupe de jus de citron.

FINITION ET PRÉSENTATION :

8. Recouvrir chaque huître tenue au chaud (6), d'une cuillerée à soupe de sauce au beurre (7), et la parsemer de la **julienne** * de légumes (1). Servir aussitôt.

ASTUCES ET IDÉES MAISON

- Les huîtres peuvent être cuites et emmaillotées la veille dans les feuilles de laitue, replacées dans leurs coquilles et conservées au réfrigérateur. Le jour de leur emploi, les sortir, les laisser revenir à la température de la cuisine et les passer 1 minute à four très chaud (240 °C — Thermostat 9). Au sortir du four, les **napper** de la sauce au beurre (7) qui doit être confectionnée le jour même.

- Pour un repas de fête, Noël par exemple, la **julienne** * de légumes pourra être remplacée par 1/2 cuillerée à café de caviar glacé pour chaque huître.

* Voir illustration p. 103.

coquilles Saint-Jacques à l'effilochée d'endives

Marché pour 4 personnes

Ingrédients principaux	24 coquilles Saint-Jacques vivantes Sel et poivre 2 grosses cuillères à soupe de farine 60 g de beurre
Ingrédients de la sauce à l'effilochée d'endives	250 g d'endives épluchées et lavées 40 g de beurre Sel et poivre 1 cuillère à café de sucre semoule 50 cl de crème dite « fleurette »
Ingrédients de finition	1 grosse cuillère à soupe de pluches de cerfeuil ou de persil frais } hachés
Ustensiles de préparation et de présentation	1 couteau à lame rigide 1 couteau d'office 1 casserole large à fond épais et son couvercle 1 poêle 4 assiettes individuelles ou 1 plat rond de service } chauds 1 écumoire à manche

« DOUCEUR SUCRÉE DES SAINT-JACQUES ET SUBTILE AMERTUME DE L'ENDIVE »

PRÉPARATION DES COQUILLAGES : cette opération peut être faite par le poissonnier.

1. Ouvrir chaque coquillage en introduisant le couteau à lame rigide entre les deux parties de la coquille et détacher au couteau la noix qui adhère à la coquille plate du dessus et la retient.

2. Puis, à l'aide d'une cuillère à soupe, décoller la noix (partie blanche + corail), de la coquille concave du dessous.

3. Après en avoir éliminé le noir de l'estomac et les parties membraneuses, laver les noix de Saint-Jacques à l'eau courante et les essorer sur un linge.

PRÉPARATION DE LA SAUCE A L'EFFILOCHÉE D'ENDIVES :

4. A l'aide du couteau d'office, **détailler** les endives lavées et bien égouttées, en tronçons de 4 cm de longueur, puis les retailler dans l'autre sens, en **julienne**,* petits bâtonnets de 4 mm de section.

5. Faire chauffer dans la casserole les 40 g de beurre, jusqu'à ce qu'il devienne « noisette » : au contact de la chaleur, il blondit et ne « chante » plus, l'eau qu'il contenait s'est évaporée.

6. Y jeter alors la **julienne*** d'endives, l'assaisonner de sel et poivre et la saupoudrer de la cuillerée à café de sucre ; laisser colorer légèrement en remuant à la fourchette.

7. Puis couvrir la casserole et laisser cuire à feu doux pendant 15 minutes.

* Voir illustration p. 103.

8. Ajouter ensuite les 50 cl de crème fleurette et laisser frémir à faibles bouillons, à découvert, pendant 10 minutes; en fin de cuisson, le mélange épaissit légèrement et devient onctueux.

CUISSON DES COQUILLAGES :

9. Piquer délicatement à la fourchette les coraux oranges des coquilles Saint-Jacques, afin d'éviter leur éclatement à la cuisson; assaisonner coraux et noix de sel et poivre, les rouler dans la farine et les tapoter entre les mains pour en éliminer le surplus.

10. Faire chauffer dans la poêle les 60 g de beurre en beurre « noisette » (5), y jeter les Saint-Jacques et les laisser cuire à feu vif 1 minute à 1 minute et demie de chaque côté, selon leur épaisseur : elles doivent être légèrement colorées en fin de cuisson.

PRÉSENTATION :

11. **Napper** le fond des assiettes individuelles ou du plat de service de la sauce à l'effilochée d'endives (8).

12. A l'aide de l'écumoire à manche, sortir et égoutter les coquilles Saint-Jacques au-dessus de la poêle de cuisson, et déposer délicatement noix et coraux sur les assiettes ou le plat **nappés**, puis, parsemer le tout des pluches de cerfeuil, et servir aussitôt.

ASTUCES ET IDÉES MAISON

● Pour gagner du temps dans la confection de la sauce à l'effilochée d'endives (8), on peut, plus simplement, couper les endives en fines rondelles de 2 mm d'épaisseur.

● On peut aussi utiliser agréablement cette sauce pour mettre en valeur des escalopes de veau sautées ou de la volaille **pochée**.

les coquilles à la coque de Didier Oudill

Marché pour 4 personnes

Ingrédients principaux	12 coquilles Saint-Jacques vivantes 2 kg de gros sel Sel et poivre 80 g de beurre 120 g de **pâte feuilletée** *(voir recette p. 452 et illustration p. 104)* aplatie au rouleau puis **détaillée** en 8 bandes de 3 cm de largeur sur 25 cm de longueur 1/2 œuf entier battu
Ingrédients de la garniture de légumes	100 g de carottes } épluchés et lavés 100 g d'oignons } épluchés et lavés 100 g de champignons de Paris } épluchés et lavés 50 g de beurre Sel et poivre 1 cuillère à café rase d'estragon frais haché 1 cuillère à soupe d'échalote hachée
Ustensiles de préparation et de présentation	1 couteau rigide 1 bol 1 passoire 1 brosse 1 mouli-julienne 1 couteau d'office bien tranchant 1 casserole à fond épais et son couvercle la plaque à rôtir du four 1 rouleau à pâtisserie 1 grand couteau tranchant 1 pinceau 4 assiettes individuelles ou } chauds 1 plat long de service } chauds

« *SIMPLICITÉ ET RAFFINEMENT* »

PRÉPARATION DES COQUILLAGES : cette opération peut être faite par le poissonnier.

1. Ouvrir chaque coquillage en introduisant le couteau à lame rigide entre les deux parties de la coquille, et détacher au couteau la noix qui adhère à la coquille plate du dessus et la retient.

2. Puis, à l'aide d'une cuillère à soupe, décoller la noix (partie blanche + corail) de la coquille concave du dessous.

3. Récupérer dans le bol tout le jus des coquilles en le filtrant à travers la passoire doublée d'un linge étamine.

4. Après en avoir éliminé le noir de l'estomac et les parties membraneuses, laver les noix de Saint-Jacques à l'eau courante, les essorer sur un linge et les couper en deux dans le sens de l'épaisseur : on obtient ainsi 24 rondelles.

5. **Réserver** 8 coquilles complètes vides, après les avoir brossées à l'eau.

PRÉPARATION DE LA GARNITURE DE LÉGUMES :

6. Râper les carottes en **julienne** *, petits bâtonnets de 4 cm de longueur sur 2 mm de section, en les passant au mouli-julienne pourvu de la grille adaptée à cet usage. Oignons et champignons, à chair plus élastique et spongieuse, sont à tailler à la main, au couteau d'office, en petits bâtonnets de mêmes dimensions.

7. Faire chauffer dans la casserole les 50 g de beurre, y faire revenir, successivement et dans l'ordre, carottes et oignons pendant 5 minutes, puis champignons de Paris pendant 3 minutes : les carottes et oignons cuiront donc 8 minutes.

* Voir illustration p. 103.

8. Saler, poivrer, ajouter la cuillerée à café d'estragon haché, couvrir et laisser étuver 2 minutes.

CUISSON DES COQUILLAGES :

9. Étaler soigneusement le gros sel sur la plaque à rôtir de votre four ; y ranger les 8 coquilles creuses **réservées** (5) en les enfonçant bien dans le sel pour éviter qu'elles ne basculent en cours de cuisson.

10. Répartir équitablement dans les 8 coquilles la moitié de la garniture de légumes (7) et (8) et parsemer de la cuillerée à soupe d'échalote hachée.

11. Déposer sur chaque coquille le corail et 3 rondelles de Saint-Jacques (4); les assaisonner de sel et poivre.

12. Recouvrir les 8 coquilles du restant de légumes (10), les arroser du jus filtré (3) et déposer 10 g de beurre sur chacune d'elles.

13. Coiffer chaque coquille creuse garnie, de la coquille plate correspondante, et cerner le tour du coquillage ainsi reformé, de sa bande de feuilletage préalablement badigeonnée au pinceau de l'œuf battu : cette précaution assurera lors de la cuisson une fermeture parfaitement hermétique.

14. Mettre à cuire au four préalablement chauffé à très chaud (250 °C — Thermostat 9-10) pendant 10 à 12 minutes selon la grosseur des Saint-Jacques.

PRÉSENTATION :

15. Garnir le fond des assiettes individuelles ou du plat de service du gros sel de cuisson (9) et (14), après l'avoir concassé légèrement car il durcit en cours de cuisson. Y disposer les coquilles de la même manière que pour leur cuisson, laissant ainsi à chaque convive le plaisir de les découvrir.

ASTUCES ET IDÉES MAISON

● Pour confectionner les bandes de feuilletage (13), on peut, bien entendu, employer de la pâte feuilletée surgelée vendue dans le commerce... ou plus simplement encore, les remplacer par une pince à linge en bois!

mousseline de Saint-Jacques au coulis d'écrevisses

Marché pour 6 personnes

Ingrédients principaux	375 g de chair de coquilles Saint-Jacques fraîches décortiquées (noix + corail) 10 g de sel 10 tours de moulin à poivre 1 œuf entier 1 blanc d'œuf 1/2 litre de crème fraîche double très froide 50 g de beurre fondu 6 écrevisses décortiquées soit 6 têtes vidées + 6 queues } **réservées** lors de la confection de la sauce coulis d'écrevisses 6 rondelles de truffes (facultatif)
Sauce d'accompagnement	40 cl de sauce coulis d'écrevisses *(voir recette p. 126)*
Ustensiles de préparation et de présentation	1 mixer 1 pinceau 6 ramequins de porcelaine blanche (diamètre 9 cm, hauteur 4 cm) 1 bain-marie 6 assiettes plates individuelles ou 1 grand plat de service } chauds

« *LE SECRET DES MOUSSES DE POISSONS* »

PRÉPARATION DE LA MOUSSELINE :

1. Broyer ensemble au mixer pendant 3 à 4 minutes les 350 g de Saint-Jacques, le sel et le poivre.

2. Lorsque la chair du poisson est devenue bien lisse, ajouter l'œuf entier et le blanc d'œuf. Rebroyer 1 minute pour bien homogénéiser l'ensemble. Mettre le bol du mixer et son contenu au réfrigérateur pendant 1/2 heure pour raffermir le mélange obtenu.

3. Puis refixer le bol sur le mixer, y verser le demi-litre de crème fraîche et broyer à nouveau quelques dizaines de secondes, afin que la préparation devienne bien onctueuse.

MOULAGE ET CUISSON :

4. A l'aide du pinceau, enduire l'intérieur des 6 ramequins avec les 50 g de beurre fondu.

5. Les remplir à ras bords de la mousseline de poisson (3), et les cuire au bain-marie, au four préalablement chauffé à moyen (220 ºC — Thermostat 7), pendant 30 minutes. Pour éviter qu'une pellicule durcie n'en ternisse la surface pendant la cuisson, les recouvrir d'une feuille de papier aluminium.

FINITION ET PRÉSENTATION :

6. A mi-cuisson des mousselines, réchauffer doucement la sauce coulis d'écrevisses. Y incorporer les queues d'écrevisses décortiquées, mais seulement deux minutes avant de servir, afin d'éviter leur rétraction et durcissement.

7. La cuisson des mousselines terminée, retourner les ramequins sur les assiettes individuelles ou le plat de service.

8. **Napper** confortablement les mousselines de la sauce coulis d'écrevisses (6); les décorer chacune en leur centre d'une lamelle de truffe, les flanquer d'une tête d'écrevisse vidée suivie d'une queue (6), reconstituant ainsi l'animal dans sa forme primitive.

ASTUCES ET IDÉES MAISON

● Ces mousselines peuvent se faire avec tous les poissons, à condition de modifier certains poids, selon la nature du poisson.
Pour 1/2 litre de crème fraîche double utilisé, la quantité d'œuf restant la même :
— 375 g de chair crue de homard ou langouste;
— 250 g de chair crue de brochet, turbot, Saint-Pierre, merlan, sole, colin ou calamar.

● Une autre façon encore plus simple d'accommoder cette recette, consiste à mélanger 200 g de chair de poisson broyée fin au mixer avec 1/2 litre de lait, 4 jaunes et 2 œufs entiers. On assaisonne l'ensemble, on cuit au bain-marie comme pour une crème caramel; l'ensemble est fondant et délicieux.

● Si l'on dispose de queues d'écrevisses **réservées** lors de la confection de la recette de la sauce coulis d'écrevisses, on pourra en fourrer chaque mousseline d'une ou plusieurs avant sa cuisson et créer ainsi un agréable effet de surprise.

● La rondelle de truffe peut être remplacée par une demi-olive dénoyautée.

● On peut remplacer la sauce coulis d'écrevisses par une sauce coulis de tomates *(voir recette p. 120)* parfumée au basilic ou à l'estragon.

homard aux truffes à la tomate fraîche et au basilic

Marché pour 4 personnes

Ingrédients principaux	4 petits homards vivants de 400 g pièce	
	2 litres d'eau 50 g de gros sel 15 cl de vinaigre d'alcool 1 bouquet garni 1 cuillère à café de poivre en grains écrasés	nage ou court-bouillon
Ingrédients de la sauce d'accompagnement	10 g de beurre 20 g de truffe taillés en **julienne** *, petits bâtonnets de 2 cm de longueur sur 2 mm de section Sel et poivre 40 cl de crème dite « fleurette » 2 grosses cuillères à soupe de tomate concassée crue *(voir recette p. 410)* 1/4 de cuillère à café de feuilles de basilic hachées fin au couteau et pilées au mortier ou broyées au mixer avec 1/2 cuillère à café d'huile d'olive	
Ustensiles de préparation et de présentation	1 couteau à manche lourd 1 faitout 1 petite casserole 1 grosse paire de ciseaux	
	4 assiettes individuelles ou 1 grand plat de service	chauds

* Voir illustration p. 103.

« *TRUFFE ET BASILIC : UN CONTRASTE SINGULIER ET HARMONIEUX POUR LE HOMARD* »

CUISSON DES HOMARDS :

1. Briser les grosses pinces des homards en les fendillant légèrement avec le dos du couteau lourd, pour en faciliter l'extraction de la chair après cuisson.

2. Plonger les homards entiers pendant 5 minutes dans le faitout rempli de la nage bouillante.

3. Le retirer du feu et y laisser tiédir et finir de cuire les crustacés pendant le temps de préparation de la sauce.

PRÉPARATION DE LA SAUCE :

4. Faire chauffer les 10 g de beurre dans la petite casserole, y faire sauter vivement pendant 30 secondes la **julienne** * de truffe, l'assaisonner légèrement de sel et poivre, la **mouiller** des 40 cl de crème fleurette; laisser bouillir à feu moyen et **réduire** pendant 10 minutes, jusqu'à ce que le mélange épaississe légèrement et devienne onctueux.

5. Ajouter alors les 2 cuillerées à soupe de tomate concassée, le basilic broyé, rectifier l'assaisonnement, et laisser « mûrir » la sauce en la tenant au chaud sur feu doux ou au bain-marie, sans laisser bouillir, pendant environ 15 minutes.

FINITION :

6. Sortir les homards de leur court-bouillon de cuisson, détacher leurs queues et en décortiquer la chair en sectionnant les anneaux qui en forment le dessous à l'aide de la paire de ciseaux ; détacher et décortiquer également les 8 pinces.

7. Vider entièrement les têtes de homards ou « coffres »

* Voir illustration p. 103.

de leur contenu charnu, en éliminer la poche caillouteuse, et, **réserver** l'estomac-corail et les intestins pour un usage ultérieur, liaison de sauces (sauce américaine) ou soupes...

8. A l'aide de la paire de ciseaux, pratiquer alors sur le dessus des 4 têtes, une entaille rectangulaire dans laquelle on plantera respectivement, pointes en l'air, chaque paire de pinces décortiquées.

PRÉSENTATION :

9. Dresser sur les 4 assiettes chaudes ou le plat de service, les 4 têtes garnies de leurs pinces, suivies des 4 queues décortiquées, préalablement tronçonnées en médaillons de 1/2 cm d'épaisseur, reconstituant ainsi le homard dans sa forme originelle. Seuls, les médaillons de homard seront **nappés** de la sauce d'accompagnement (5).

ASTUCES ET IDÉES MAISON

- En laissant mûrir la sauce (5), les 3 parfums qui la composent, truffe, tomate et basilic, s'épanouissent et échangent leurs parfums respectifs en osmose finale; cette sauce peut donc être préparée la veille.

- Ce plat peut aussi être enrichi de 12 huîtres plates ou spéciales, **pochées** 20 secondes sur chaque face dans leur eau filtrée; on ajoutera alors cette eau de cuisson à la sauce en même temps que la crème fleurette (4).

- Si l'on ne dispose pas de truffes, elles peuvent être remplacées agréablement par 30 g de **julienne** * de champignons de Paris.

* Voir illustration p. 103.

paupiettes d'écrevisses au thym et aux choux de Bruxelles

Marché pour 4 personnes

Ingrédients principaux	750 g d'écrevisses vivantes soit 20 pièces 1/2 litre d'eau, 10 g de gros sel } eau de cuisson des feuilles de choux 24 feuilles de choux de Bruxelles bien vertes 1 filet de bar de 500 g nets, préparé et **levé** par le poissonnier 75 g de beurre ramolli à la température de la cuisine
Ingrédients de cuisson des écrevisses	3 cl d'huile d'olive 1/2 carotte, 1/4 d'oignon, 1 échalote } épluchés et taillés en **mirepoix**, petits dés de 3 mm de section 1 petit bouquet garni 1 gousse d'ail écrasée non pelée Sel et poivre 1 pointe de cayenne 2 cl d'Armagnac 3 cl de Porto rouge 20 cl de vin blanc sec 2 tomates épépinées coupées en 4 1 cuillère à café de concentré de tomate
Ingrédients de la farce	200 g de tomate concassée cuite *(voir recette p. 410)* 1 petite branche de thym émietté 1/2 cuillère à café d'estragon frais haché

Ustensiles de préparation et de présentation	
	1 casserole plate, sautoir et son couvercle
	1 écumoire à manche
	1 mortier ou 1 mixer
	1 chinois étamine
	1 plat ovale à rôtir en terre
	1 petite louche
	2 petites casseroles
	1 couteau long souple et flexible
	1 couteau-batte
	4 assiettes plates individuelles ou } chauds
	1 plat long de service } chauds

« DES PETITS BALUCHONS DE POISSON AUX PARFUMS DE RIVIÈRE ET DE JARDIN »

CUISSON DES ÉCREVISSES :

1. Faire chauffer les 3 cl d'huile d'olive dans la casserole plate. Y jeter les écrevisses vivantes, les faire sauter et colorer à couvert, pendant 6 minutes.

2. Enlever la casserole du feu, ôter et égoutter les écrevisses à l'aide de l'écumoire, les déposer sur une assiette, détacher les queues, les décortiquer et les **réserver** jusqu'à l'emploi.

3. **Réserver** 4 têtes vidées pour la finition du plat et piler grossièrement les 16 autres têtes au mortier ou au mixer. Les remettre dans la casserole de première cuisson (1), ajouter la **mirepoix** de carotte, oignon, échalote, le bouquet garni, la gousse d'ail, le sel, le poivre, la pointe de cayenne, et faire revenir l'ensemble sans colorer, à découvert, pendant 5 minutes.

4. Puis verser l'Armagnac et le Porto, couvrir la casserole à demi : le mélange des alcools doit bouillir, **réduire** de moitié et imprégner les écrevisses de leurs parfums.

5. Ajouter alors les 20 cl de vin blanc, les 2 tomates épépinées, la cuillerée à café de concentré de tomate. Laisser bouillir à découvert 15 minutes, jusqu'à évaporation de la moitié du volume.

6. Passer cette sauce au chinois étamine sur le plat ovale de cuisson des paupiettes, en pressant fortement sur les légumes et les débris des têtes pilées avec le dos de la petite louche, afin d'en extraire le maximum de sucs et parfums.

7. Faire tiédir ensemble sur feu doux, dans la première petite casserole, la farce composée des 200 g de tomate concassée cuite, du thym émietté et de l'estragon, y mélanger doucement les 20 queues d'écrevisses décortiquées (2) et **réserver** la préparation.

8. Dans la seconde petite casserole, remplie du 1/2 litre d'eau bouillante salée à 10 g de gros sel, **blanchir** les feuilles de choux de Bruxelles 15 secondes, éloigner la casserole du feu, et **réserver** au tiède dans leur cuisson jusqu'à l'emploi.

9. **Escaloper** en biais, à l'aide du couteau long, le filet de bar, en 4 fines tranches d'environ 12 cm de côté. Si vous ne parvenez pas aisément à les trancher assez fines et régulières, glisser les quatre tranches entre deux feuilles de papier aluminium, et les aplatir délicatement à l'aide du plat d'un couteau-batte, pour les amener à la bonne taille.

10. Puis déposer au centre de chacune des escalopes de bar une grosse cuillerée à soupe de tomate concassée et 5 écrevisses tièdes (7), les refermer hermétiquement en repliant leurs bords en forme de petits baluchons-paupiettes; les déposer, pliage en dessous, dans le plat ovale, sur la sauce écrevisses (6).

FINITION ET PRÉSENTATION :

11. Mettre à cuire pendant 4 minutes au four préalablement chauffé à très chaud (250 °C — Thermostat 9-10). Puis ôter les paupiettes du plat en les égouttant à l'aide de l'écumoire, et les déposer sur les assiettes ou le plat de service.

12. Remettre le plat rempli de la sauce de cuisson (11) sur feu vif, faire bouillir et y incorporer les 75 g de beurre en parcelles qui vont fondre dans le bouillonnement intense de la sauce et lier l'ensemble en le rendant onctueux.

13. En **napper** aussitôt les paupiettes, les décorer des 4 têtes d'écrevisses **réservées** (3) et disposer tout autour les feuilles tièdes des choux de Bruxelles (8), en couronne de pétales de fleurs.

ASTUCES ET IDÉES MAISON

● On peut remplacer la sauce-écrevisses (7) par le même volume de sauce américaine préparée d'avance *(voir recette p. 81)* ; dans ce cas, on finira de lier la sauce (12) non pas au beurre, mais avec 25 cl de crème fraîche double.

● On peut également, plus simplement, fourrer l'intérieur des paupiettes, de moules cuites à l'échalote, au vin blanc sec et à la crème, puis sorties de leurs coques; leur sauce de cuisson, légèrement **réduite**, et agrémentée de fines herbes hachées, remplacera agréablement la sauce-écrevisses (12).

homard rôti au four

Marché pour 2 personnes

Ingrédients principaux	1 homard vivant de 900 g		
	25 cl de nage *(voir recette p. 116)* ou à défaut,	cuisson du homard	
	25 cl d'eau		
	7 g de gros sel		
	2 cuillères à soupe d'huile d'olive		
Sauces d'aromatisation et d'accompagnement	15 cl de vin blanc sec		beurre d'herbes
	1 pincée de fleurs de thym		
	1 cuillère à café de cerfeuil ou de persil plat	frais hachés	
	1 pincée d'estragon		
	250 g de beurre ramolli pendant 1 heure à la température de la cuisine		
	Sel et poivre		
	1 filet d'anchois à l'huile	beurre d'anchois	
	15 g de beurre ramolli pendant 1 heure à la température de la cuisine		
Ustensiles de préparation et de présentation	2 petites casseroles inoxydables dont 1 avec couvercle		
	1 petit fouet		
	1 mixer (facultatif)		
	1 couteau d'office		
	1 gros couteau à manche lourd		
	1 plat ovale en fonte émaillée		
	1 clou		
	1 saucière		
	2 assiettes chaudes		

« MOELLEUX DANS SA CARAPACE ET NOURRI AU BEURRE D'HERBES »

PRÉPARATION DES DEUX BEURRES :

● BEURRE D'HERBES :

1. Faire bouillir dans la première petite casserole, les 15 cl de vin blanc et le mélange d'herbes, fleurs de thym, cerfeuil, estragon; laisser **réduire** jusqu'à ce qu'il reste environ 3 cuillerées à soupe d'infusion.

2. Laisser tiédir cette préparation, puis y ajouter les 250 g de beurre ramolli, le sel et le poivre; malaxer le tout à la fourchette, ou mieux, battre avec un petit fouet de manière à obtenir une pommade homogène et **réserver** dans la casserole jusqu'à l'emploi.

● BEURRE D'ANCHOIS :

3. Broyer au mixer le filet d'anchois et les 15 g de beurre ramolli, ou, à défaut de mixer, hacher finement le filet d'anchois au couteau d'office et l'incorporer à la fourchette ou au fouet aux 15 g de beurre ramolli dans un bol, de manière à obtenir également une pommade homogène.

CUISSON DU HOMARD :

4. Détacher à la main, d'un geste net, les grosses pinces du homard, puis les briser légèrement avec le dos du couteau lourd pour en faciliter l'extraction de la chair après cuisson.

5. Jeter les pinces ainsi préparées dans la deuxième petite casserole remplie des 25 cl de nage bouillante, ou, plus simplement, des 25 cl d'eau bouillante salée à 7 g de gros sel; laisser cuire 8 minutes à couvert, puis, retirer du feu et laisser au chaud dans leur cuisson jusqu'à l'emploi.

6. Mettre à chauffer, sur feu vif, le plat ovale enduit des 2 cuillerées à soupe d'huile d'olive, y déposer le homard débarrassé de ses pinces (4) et le rouler plusieurs fois dans l'huile chaude, pour bien en enduire la carapace sur toutes ses faces.

7. Puis, rentrer le plat au four préalablement chauffé à très chaud (250 °C — Thermostat 9-10). Laisser cuire 8 minutes à cette température, et la réduire (220 °C — Thermostat 7) pour la seconde étape de la cuisson qui durera 15 minutes.

8. Prélever 100 g de beurre d'herbes (2) et les incorporer au beurre d'anchois (3), en mélangeant bien le tout à la fourchette.

9. Entre les deux étapes de la cuisson, sortir le plat du four, et avec la pointe d'un couteau ou un gros clou, percer un trou rond de la taille du petit doigt sur la tête du crustacé, pour y introduire et nourrir une première fois sa chair du tiers du mélange (8).

10. Remettre le plat au four et renouveler cette opération deux fois pendant les 15 minutes de la seconde étape de cuisson.

FINITION ET PRÉSENTATION :

11. La cuisson terminée, déposer le homard sur la planche de travail, et, à l'aide du gros couteau, le fendre et l'ouvrir en deux dans le sens de la longueur.

12. Le débarrasser de la petite poche caillouteuse située dans le haut de la tête.

13. Dresser le homard ouvert dans son plat de cuisson; décortiquer les deux pinces **réservées** au chaud dans leur cuisson (5) et les planter dans les cavités (12) de la tête.

14. Servir aussitôt, accompagné du restant de beurre d'herbes, présenté à part en saucière.

ASTUCES ET IDÉES MAISON

● Le homard, comme tous les crustacés, se compose de trois parties : la tête ou « coffre », les pinces et la queue.
La tête ou « coffre », contient la poche caillouteuse qui est à éliminer, les intestins et l'estomac ou « corail » qui rougissent à la cuisson, sont utilisés pour lier la sauce américaine.
Les pinces et la queue renferment la chair, et, chez les femelles, les œufs se présentent collés en grappe sous cette dernière; tout comme le « corail », ils rougissent à la cuisson et sont quelquefois utilisés pour la liaison de la sauce.

● Les crustacés fendus en deux vivants et grillés dessèchent généralement à la cuisson; leur chair se rétracte et devient caoutchouteuse; dans cette recette, la chair du homard, bien collée à sa carapace, et nourrie aux beurres parfumés, conserve un moelleux exceptionnel; on gagnera à accommoder la langouste de la même manière.

● L'accompagnement que je préfère pour ce plat est une petite salade chaude, composée de 50 g de carottes, 25 g de céleri-branche, 25 g de blancs de poireaux, 50 g de champignons de Paris taillés en très fine **julienne** *, assaisonnée de sel, poivre et jus de citron, et, cuite doucement dans le beurre, de manière à conserver un léger croquant à tous ces légumes.

* Voir illustration p. 103.

homard, langouste ou écrevisses à la nage

Servis chauds ou froids

Marché pour 2 personnes

Ingrédients principaux	1 homard vivant de 800 g ou 1 langouste vivante de 800 g (femelles de préférence) ou 20 écrevisses de 60 g pièce environ 1 cuillère à soupe de persil frais haché
Nage ou court-bouillon de cuisson	*(Voir recette p. 116)*
Ustensiles de préparation et de présentation	1 couteau à manche lourd 1 grande casserole inoxydable 1 gros couteau tranchant 1 plat ovale ou 1 légumier

NOTE DE L'AUTEUR :

Si l'on craint, en mangeant les écrevisses, d'y trouver le petit boyau noir qui leur parcourt l'épine dorsale : les mettre à tremper, 12 heures avant la cuisson, dans une solution d'eau additionnée de poudre de lait écrémé qui provoque un lavage du boyau.

Lorsque les écrevisses doivent être utilisées en queues décortiquées, il suffit, après les avoir cuites et débarrassées de leur carapace, de pincer entre le pouce et l'index ce même boyau cuit, et de l'arracher dans le sens tête-queue.

Il faut noter attentivement que :

- une surcuisson des crustacés entraîne un durcissement désagréable de leur chair,
- une très légère sous-cuisson les rend plus moelleux,
- un temps de repos entre la fin de la cuisson et le dressage sur plat permet le relâchement de la chair, et, par là même, l'attendrit.

« *UNE CUISSON, GARANT DU GOÛT ORIGINEL...* »

CUISSON DES CRUSTACÉS :

1. Pour les homards, briser leurs grosses pinces en les fendillant légèrement avec le dos du couteau lourd, pour en faciliter l'extraction de la chair après cuisson.

2. Plonger le crustacé choisi dans la casserole remplie de nage bouillante, en respectant bien les temps de cuisson suivants :
— homard ou langouste de 800 g : 14 minutes,
— écrevisses : 2 minutes.

FINITION :

3. A l'aide du gros couteau tranchant, fendre et ouvrir en deux, dans le sens de la longueur, le homard ou la langouste.

4. Détacher leurs deux pinces et les décortiquer.

5. Les débarrasser de la petite poche caillouteuse située dans la tête *(voir méthode p. 263)*.

PRÉSENTATION :

6. Homard et langouste :
Les dresser dans le plat creux ovale en les recouvrant des légumes de la nage, et les **mouiller** d'un quart de litre du court-bouillon de cuisson; les saupoudrer du persil haché.

Écrevisses :
Les dresser entières, en forme de pyramide, dans le légumier, et les saupoudrer du persil haché.

SERVICE :

7. On peut servir accompagné, au choix :
- soit de sauce vierge *(voir méthode p. 118)* ;
- soit de sauce rouille *(voir recette p. 114)* ;
- soit de sauce beurre blanc *(voir recette p. 79)*.

gâteau de homard soufflé aux carottes fondantes

Marché pour 5 personnes

Ingrédients de la garniture de la farce des gâteaux	1 homard vivant de 350 g 1 litre d'eau } cuisson du homard 25 g de gros sel } cuisson du homard 1/2 cuillère à café de cerfeuil } frais hachés 1/2 cuillère à café d'estragon } frais hachés 25 g de truffe taillée en fine **julienne** *, petits bâtonnets de 2 cm de longueur sur 2 mm de section
Ingrédients de la farce mousseline des gâteaux	160 g de chair de homard crue soit 1 homard vivant de 350 g, femelle de préférence 3 g de sel 2 tours de moulin à poivre 1/2 œuf entier battu 1/2 blanc d'œuf 150 g de crème fraîche double tenue à glacer au réfrigérateur 1 cuillère à soupe d'œufs recueillis sous le ventre du homard femelle
Eau de cuisson des gâteaux	25 cl d'eau
Ingrédients de la sauce	25 cl d'eau 15 g de beurre 1 pincée de sucre Sel et poivre 250 g de carottes épluchées et **détaillées** en fines rondelles 2 cl de Porto 2 cl de sauce américaine ou coulis d'écrevisses *(voir recettes p. 81 et 126)* 25 cl de crème fraîche double 1 pincée d'estragon frais haché

* Voir illustration p. 103.

Ingrédients de finition	6 lamelles de truffe
Ustensiles de préparation et de présentation	1 couteau à manche lourd 2 casseroles moyennes et 1 couvercle 1 égouttoir à pieds 1 saladier 1 grosse paire de ciseaux 1 mixer 1 spatule en bois 1 spatule en acier 10 carrés de papier aluminium de 10 cm de côté 1 grande cocotte ronde et 1 grille à pieds, diamètre 37 cm 5 assiettes creuses ou } chauds 1 plat creux de service } chauds

« *UNE MOUSSE AÉRIENNE DE HOMARD ET DES RONDELLES NAÏVES DE CAROTTES* »

PRÉPARATION DES GÂTEAUX :

● PRÉPARATION DE LA GARNITURE :

1. Détacher à la main, d'un geste net, les pinces du premier homard vivant, puis les briser légèrement avec le dos du couteau lourd, pour en faciliter l'extraction de la chair après cuisson. Faire bouillir alors dans l'une des casseroles moyennes, le litre d'eau salée à 25 g de gros sel.

2. Y plonger homard et pinces, laisser cuire pendant 5 minutes, et rafraîchir aussitôt dans l'égouttoir à pieds, 1 minute, sous l'eau froide.

3. Décortiquer le tout et **détailler** la chair obtenue en petits dés de 1 cm de section; **réserver** dans le saladier jusqu'à l'emploi, après avoir ajouté le cerfeuil et l'estragon hachés, et la **julienne*** de truffe.

● PRÉPARATION DE LA MOUSSELINE :

4. Détacher la queue du second homard vivant, la décortiquer « à cru », en sectionnant, à l'aide de la paire de ciseaux, les anneaux qui en forment le dessous; détacher et décortiquer également les deux pinces; extraire enfin de la tête ou « coffre » les intestins et l'estomac-corail, les **réserver**.

5. Broyer ensemble au mixer pendant 2 minutes, la chair de la queue et des pinces, le corail et les intestins **réservés** (4), le sel et le poivre.

6. Lorsque ce mélange est devenu bien lisse, ajouter le 1/2 œuf battu, le 1/2 blanc d'œuf, et, broyer à nouveau 1 minute pour bien homogénéiser l'ensemble. Mettre le bol

* Voir illustration p. 103.

du mixer et son contenu au réfrigérateur pendant 1/2 heure, pour raffermir la préparation obtenue.

7. Puis refixer le bol sur le mixer, et incorporer les 150 g de crème double glacée, broyer à nouveau quelques dizaines de secondes, afin que la préparation devienne bien onctueuse, et **réserver** à nouveau 15 minutes dans le réfrigérateur.

8. Mélanger soigneusement dans le saladier, tous les ingrédients de la garniture (3), et ceux de la mousseline (7), à l'aide de la spatule en bois, puis, ajouter à l'ensemble, si l'on a pu disposer d'un homard femelle, la cuillerée à soupe de ses œufs, en les y incorporant délicatement.

CONFECTION DES GÂTEAUX :

9. Répartir équitablement sur 5 feuilles de papier aluminium posées à plat sur la table de travail, toute la farce préparée (8). En confectionner, à l'aide d'une cuillère et en lissant à la spatule en acier, 5 galettes de 10 cm de diamètre et 1 cm 1/2 d'épaisseur, puis poser sur les gâteaux ainsi formés, les 5 autres feuilles de papier aluminium.

CONFECTION DE LA SAUCE :

10. Mettre à bouillir dans la seconde casserole moyenne les 25 cl d'eau, les 15 g de beurre, la pincée de sucre, le sel, le poivre, y jeter les rondelles de carottes, couvrir à demi et laisser cuire à feu moyen pendant 20 minutes. Lorsque la cuisson est terminée, toute l'eau doit s'être complètement évaporée et les carottes se trouvent enduites d'une couche sirupeuse luisante.

11. Oter le couvercle, verser les 2 cl de Porto, laisser **réduire** de moitié, ajouter la sauce américaine, la crème, l'estragon, et laisser **réduire** à nouveau l'ensemble du tiers de son volume; vérifier l'assaisonnement et **réserver** au chaud au bain-marie.

CUISSON DES GÂTEAUX SOUFFLÉS A LA VAPEUR :

12. Verser 25 cl d'eau au fond de la grande cocotte ronde, puis y installer la grille ronde pour cuisson à la vapeur; faire chauffer à feu vif et à couvert.

13. Lorsque l'eau bout, déposer les gâteaux (9) sur la grille et les laisser cuire à couvert 3 minutes de chaque côté : ils vont gonfler, s'épanouir et devenir « soufflés » et moelleux.

PRÉSENTATION :

14. **Napper** le fond des assiettes creuses ou du plat de service de la sauce chaude aux rondelles de carottes (11), sortir les gâteaux cuits (13) de leur papier de protection, les déposer délicatement sur la sauce, et les décorer chacun d'une lamelle de truffe.

ASTUCES ET IDÉES MAISON

● Mon choix va de préférence à l'achat de homards femelles, pour la tendreté particulière de leur chair et la richesse iodée de leurs œufs, que l'on utilisera crus pour agrémenter les farces ou sauces de crustacés.

● On peut confectionner agréablement cette recette avec des produits moins onéreux, et remplacer, pour la garniture de la farce, les dés de homard cuit par des langoustines cuites et préparées selon la même méthode, et, pour la farce-mousseline, la chair de homard crue par le même poids de chair de saumon.

● On peut aussi bien accompagner les gâteaux soufflés de sauce au beurre blanc *(voir recette p. 79)*, plus facile à réaliser, et à laquelle on aura préalablement ajouté les rondelles de carottes "glacées" *(voir méthode § 10)*.

sardines glacées au vin rouge

Marché pour 4 personnes

Ingrédients principaux	650 g de sardines fraîches soit 16 pièces moyennes Sel et poivre du moulin
Ingrédients de la marinade	1 litre de vin rouge d'Algérie 20 cl de vinaigre de vin rouge 2 carottes moyennes soit 90 g 1 oignon moyen soit 80 g } épluchés et coupés en fines rondelles de 2 mm d'épaisseur 1 tout petit bouquet garni 3 clous de girofle
Ingrédients de la garniture	2 citrons pelés à vif et **détaillés** en 16 rondelles de 2 mm d'épaisseur 2 cuillères à soupe de jus de citron 1 cuillère à soupe de pluches de cerfeuil
Sauce d'accompagnement	Sauce-mousse froide de tomate *(voir recette p. 130)*
Ustensiles de préparation	1 casserole moyenne 1 plat creux ovale en terre 1 saucière

« POUR RAFRAÎCHIR LES DÉJEUNERS D'ÉTÉ CHAUD »

LA VEILLE, PRÉPARATION DE LA MARINADE ET DES SARDINES :

1. Réunir dans la casserole tous les ingrédients de la marinade : vin rouge, vinaigre de vin, carottes, oignon, bouquet garni et clous de girofle; porter à ébullition et laisser cuire 25 minutes à feu doux, à découvert, en faisant **réduire** la marinade du quart de son volume.

2. Puis la transvaser dans le plat creux pour la faire refroidir rapidement.

3. Écailler les sardines, les vider et leur couper la tête.

4. Les laver rapidement à l'eau fraîche et les éponger soigneusement dans un linge.

5. Les assaisonner de sel et poivre du moulin et les immerger dans le plat de marinade en le **réservant** une nuit au réfrigérateur.

CUISSON DES SARDINES ET FINITION :

6. Sortir le plat de marinade du réfrigérateur, recouvrir les sardines des rondelles de citron et les arroser du jus de citron.

7. Mettre le plat sur le feu, porter à frémissements légers et laisser cuire ainsi 30 secondes.

8. Retirer le plat du feu, y conserver les sardines et verser la marinade seule dans la casserole; la remettre sur feu doux et la laisser cuire à découvert à bouillons légers pendant 15 minutes, pour la faire **réduire** à nouveau du tiers de son volume.

9. La reverser dans le plat sur les sardines, et laisser refroidir en les retournant de temps en temps.

10. Rentrer le plat au réfrigérateur et servir tel quel, un ou deux jours après, en parsemant le tout de la cuillerée à soupe de pluches de cerfeuil, et en accompagnant de sauce mousse froide de tomate *(voir recette p. 130)* présentée en saucière.

ASTUCES ET IDÉES MAISON

● D'entrée, cette recette peut devenir plat d'été à part entière. Pour cela, on remplacera les rondelles d'oignon par 20 petits oignons nouveaux, cuits dans la première cuisson de la marinade (1) et 125 g de lard maigre de poitrine **détaillés** en petits lardons de 1 cm de section, **blanchis** 1 minute dans de l'eau bouillante non salée, et cuits dans la seconde cuisson de la marinade (8).

papillotes de saumon à l'étuvée de légumes

Marché pour 4 personnes

Ingrédients principaux	6 cl d'huile d'arachide 600 g nets de filets de saumon frais dépouillé et désarêté par le poissonnier Sel et poivre 1 cuillère à café d'échalote hachée 12 feuilles d'estragon 80 g de beurre ramolli à la température de la cuisine 8 cuillères à soupe de vin blanc sec 10 cl de bouillon de volaille obtenus à partir de 1/5 de tablette de bouillon de volaille instantané diluée dans 10 cl d'eau
Ingrédients de la garniture de légumes	100 g de carottes } épluchés 100 g de champignons de Paris } épluchés 100 g d'oignons } épluchés 50 g de beurre Sel et poivre 1 cuillère à café rase d'estragon frais haché
Ustensiles de préparation et de présentation	1 mouli-julienne 1 couteau d'office 1 casserole à fond épais et son couvercle 1 spatule en bois 1 pinceau 4 feuilles de papier sulfurisé découpées en 4 ronds de 35 cm de diamètre 1 pince à épiler 1 couteau long, souple et tranchant 1 plat ovale à rôtir assez grand pour contenir les 4 papillotes 4 assiettes individuelles chaudes

« UNE POCHETTE SURPRISE AUX EFFLUVES DE RIVIÈRE ET DE JARDIN »

PRÉPARATION DE LA GARNITURE DE LÉGUMES :

1. Tailler les carottes en **julienne***, petits bâtonnets de 4 cm de longueur sur 2 mm de section, en les passant au mouli-julienne pourvu de la grille adaptée à cet usage.

2. Les champignons et l'oignon, à chair plus élastique et spongieuse, sont à tailler à la main, au couteau d'office, en petits bâtonnets de mêmes dimensions.

3. Faire chauffer dans la casserole les 50 g de beurre, et y faire revenir, sans colorer, successivement et dans l'ordre, carottes et oignons pendant 5 minutes, puis champignons de Paris pendant 3 minutes : les carottes et oignons cuiront donc 8 minutes. En cours de cuisson, prendre soin de les remuer à la spatule en bois afin d'éviter qu'ils n'attachent.

4. Saler, poivrer, ajouter la cuillerée à café rase d'estragon, couvrir et laisser étuver 2 minutes; enlever la casserole du feu et laisser refroidir.

PRÉPARATION ET CUISSON DES PAPILLOTES :

5. A l'aide du pinceau, badigeonner de 3 cl d'huile d'arachide les 4 ronds de papier sulfurisé; les plier en deux et répartir équitablement toute la **julienne** * de légumes (4) au centre des 4 demi-lunes inférieures ainsi formées.

6. A l'aide de la pince à épiler, ôter les toutes petites arêtes fichées dans l'épaisseur de la chair du saumon : on les sent au toucher sous les doigts, en effleurant la surface du poisson.

7. Cette opération terminée, à l'aide du couteau souple et tranchant, découper le saumon comme un rosbif en 12 petites tranches de 1 cm d'épaisseur.

8. Ranger à plat sur la **julienne** * (5), 3 tranches de saumon par papillote, les assaisonner de sel, poivre, échalote.

* Voir illustration p. 103.

9. Puis répartir, dans chaque papillote, 3 feuilles d'estragon, 20 g de beurre en parcelles, 2 cuillerées à soupe de vin blanc et 1 cuillerée à soupe de bouillon de volaille.

10. Refermer chaque papillote en rabattant complètement le papier sur lui-même, puis l'ourler en en pinçant très soigneusement les bords, de manière à lui donner la forme d'un chausson aux pommes, et assurer ainsi sa fermeture hermétique.

11. Préchauffer 5 minutes à four très chaud (250 °C — Thermostat 9-10) le plat à rôtir, badigeonné au pinceau des 3 cl restants d'huile d'arachide (5).

12. Le sortir du four, y déposer les papillotes (10) en prenant soin de ne pas les faire se toucher; remettre le plat au four et laisser cuire 2 minutes.

13. Les présenter, au sortir du four, dans le plat, gonflées et mordorées, et les servir aussitôt en les déposant telles quelles sur les assiettes chaudes individuelles des convives, leur laissant ainsi le plaisir d'en découvrir le contenu.

ASTUCES ET IDÉES MAISON

- On peut enrichir le service de ces papillotes, en les accompagnant d'un beurre blanc au citron vert *(voir recette p. 79)*.

- Faute d'estragon frais, on peut employer de l'estragon au vinaigre, en diminuant sa quantité de moitié.

- Le papier sulfurisé peut très bien être remplacé par du papier aluminium.

- On peut aussi agréablement réaliser ce plat à partir de saumon congelé, les papillotes cuiront alors 1/2 minute de moins, ou de tranches de colin ou de cabillaud taillées à la même épaisseur.

bar aux algues

Marché pour 2 personnes

Ingrédients principaux	1 bar ou loup de 800 g 2 grosses poignées d'algues, varech, provenant des bourriches d'huîtres, à demander au poissonnier 10 cl d'eau Sel et poivre du moulin
Sauce d'accompagnement	20 cl de sauce vierge *(voir recette p. 118)*
Ingrédients de garniture et de décoration	6 cuillères à soupe de purée mousse de cresson *(voir recette p. 420)* 2 écrevisses entières (facultatif)
Ustensiles de préparation et de présentation	1 grosse paire de ciseaux 1 cocotte ovale en fonte et son couvercle 1 bain-marie 1 couteau fin et tranchant 2 grandes assiettes ou } très 1 plat de service ovale } chauds 1 saucière

« *A CHAQUE BOUCHÉE, LE PARFUM PROFOND DE LA MER* »

PRÉPARATION ET CUISSON DU POISSON :

1. Vider le poisson et, à l'aide de la grosse paire de ciseaux, enlever sa nageoire dorsale : cette opération peut être faite par le poissonnier.

2. Ne pas l'écailler, ses écailles retiennent une sorte de limon qui, à la cuisson sous les algues, va exacerber son parfum, et, après cuisson, permettre de mieux le dépouiller.

3. Dans le fond de la cocotte, faire une litière de la moitié des algues et verser les 10 cl d'eau; y coucher le bar, après en avoir assaisonné l'intérieur de sel et poivre, et ajouter les 2 écrevisses (facultatif).

4. Recouvrir soigneusement du restant d'algues, coiffer la cocotte de son couvercle, la mettre sur feu vif et laisser cuire à gros bouillons pendant 20 minutes.

PRÉPARATION DE LA SAUCE :

5. Entre-temps, mettre la sauce vierge à tiédir au bain-marie.

PRÉSENTATION :

6. La cuisson terminée, présenter directement aux convives le bar dans sa cocotte, et en soulever le couvercle pour leur faire humer les effluves iodés.

7. Ramener la cocotte en cuisine, sortir le bar de sa litière et le dépouiller de sa peau revêtue d'écailles : elle s'enlève comme une couverture.

8. **Lever** * les filets au couteau fin, les saler légèrement, les

* Voir illustration p. 102.

poivrer et les dresser soit sur les assiettes individuelles, soit sur le plat ovale.

9. **Napper** le poisson de 8 cuillerées à soupe de la sauce vierge (5) et servir le restant à part, en saucière.

10. Flanquer le poisson de la purée mousse de cresson rehaussée, pour le contraste des couleurs, des écrevisses rougies à la cuisson (3) et (4).

ASTUCES ET IDÉES MAISON

- C'est là, à mon sens, une façon heureuse de cuire le poisson de mer; il y gagne une richesse et une fraîcheur infinies de parfums.

- Pour épauler ce parfum et l'exacerber, le poivre gris ou noir gagne à être remplacé par le poivre vert lyophilisé et broyé au moulin.

- Si l'on n'a pas pu se procurer d'algues, la litière de cuisson du bar peut être faite de grosses bottes de persil plat ou frisé; il faudra alors saler l'eau de cuisson.

- On peut substituer au bar d'autres poissons, comme la sole, le saint-pierre, la dorade, la lotte, le lieu, etc.

- Si l'on vit à la campagne, on peut adopter cette méthode de cuisson pour les poissons de lac et de rivière — truite, perche, sandre, brochet — en utilisant comme litière un mélange d'herbes sauvages — orties, oseille, trèfle, thym, etc.

dorade en croûte de sel

Marché pour 2 personnes

Ingrédients principaux	1 dorade grise, rose ou mieux royale, de 800 g 1 kg de gros sel marin
Sauces et légume d'accompagnement	12 cl de sauce vierge *(voir recette p. 118)* ou 12 cl de sauce-crème ciboulette *(voir recette p. 124)* 6 cuillerées à soupe de purée mousse de poireaux *(voir recette p. 424)*
Ustensiles de préparation et de présentation	1 paire de gros ciseaux 1 plat ovale en fonte émaillée de la taille du poisson 1 couteau fin et tranchant 2 assiettes plates individuelles ou } très 1 plat long de service } chauds

« UNE CARAPACE DE SEL DE MER POUR CUIRE LE POISSON »

PRÉPARATION ET CUISSON DU POISSON :

1. Vider le poisson et, à l'aide de la paire de gros ciseaux, supprimer sa nageoire dorsale : cette opération peut être faite par le poissonnier.

2. Ne pas l'écailler, ses écailles retiennent une sorte de limon qui, à la cuisson sous le sel, va exacerber son parfum et, après cuisson, permettre de mieux le dépouiller.

3. Dans le fond du plat, étaler bien régulièrement le 1/3 du gros sel marin, allonger la dorade dessus, la recouvrir entièrement du sel restant.

4. Rentrer le plat au four préalablement chauffé à chaud (220 °C — Thermostat 7) et laisser cuire pendant 18 minutes.

FINITION ET PRÉSENTATION :

5. La cuisson terminée, présenter directement aux convives la dorade dans son plat.

6. Ramener le plat en cuisine, casser et ôter la croûte de sel légèrement durci qui l'enveloppe.

7. Dépouiller le poisson de sa peau revêtue d'écailles, elle s'enlève comme une couverture.

8. **Lever*** les filets au couteau fin, les saler très très légèrement si besoin est; les poivrer et les dresser, soit individuellement à l'assiette, soit sur le plat long.

9. Les **napper** confortablement de la sauce choisie.

10. Flanquer le poisson de purée mousse de poireaux et servir aussitôt.

ASTUCES ET IDÉES MAISON

- En cuisant et se cristallisant, le sel forme carapace et devient un second four hermétique.

- L'effet de présentation est des plus heureux et peut servir à la cuisson de maint autre poisson : colin, lieu, cabillaud... C'est même le mode de cuisson parfait pour les sardines qui, ainsi, ne risquent plus d'embaumer la cuisine de leur parfum tenace...

* Voir illustration p. 102.

saint-pierre en sabayon de poivre

Marché pour 2 personnes

Ingrédients principaux	1 saint-pierre de 800 g 10 g de beurre 1 cuillère à café d'échalote hachée Sel et poivre 10 cl de bouillon de volaille obtenus à partir de 1/5 de tablette de bouillon de volaille instantané dilué dans 10 cl d'eau 1 cuillère à soupe de vin blanc sec 10 cl de crème fraîche double 1 cuillère à café de grains de poivre gris
Ingrédients de la sauce sabayon	1 jaune d'œuf 1 cuillère 1/2 à soupe d'eau froide
Ustensiles de préparation et de présentation	1 pinceau 1 plat à rôtir en terre 1 casserole lourde 1 chinois étamine 1 petite casserole 1 couteau fin et tranchant 2 assiettes individuelles ou 1 plat long de service } chauds 1 petit saladier 1 petit fouet

« UNE SAUCE DE POISSON TOUTE EN DENTELLE... ET L'ESPRIT DU POIVRE »

PRÉPARATION ET CUISSON DU POISSON :

1. Faire **ébarber,** gratter et vider le saint-pierre par votre poissonnier.

2. Badigeonner au pinceau des 10 g de beurre le fond du plat à rôtir; éparpiller dessus l'échalote hachée, y déposer le saint-pierre, l'assaisonner de sel et poivre et **mouiller** avec le bouillon de volaille et le vin blanc.

3. Recouvrir le plat d'une feuille de papier aluminium et mettre à cuire au four préalablement chauffé à moyen (220 °C — Thermostat 7) pendant 20 minutes; arroser souvent le poisson de son jus en cours de cuisson.

4. 5 minutes avant la fin de la cuisson du poisson, ajouter dans le plat, tout autour du saint-pierre, les 10 cl de crème fraîche.

PRÉPARATION DE LA SAUCE :

5. Avec le fond d'une casserole lourde, écraser grossièrement les grains de poivre : ce poivre concassé appelé « mignonnette » se vend quelquefois tout préparé dans le commerce.

6. Oter le saint-pierre de son plat et le déposer entre deux assiettes chaudes.

7. Passer le jus de cuisson (4) au chinois étamine, sur la petite casserole. Y ajouter le poivre « mignonnette », faire bouillir à plein feu et laisser **réduire** de 1/3 de son volume.

8. Pendant ce temps, dépouiller délicatement le poisson de sa peau, détacher et **lever*** ses filets au couteau fin, les

* Voir illustration p. 102.

dresser sur les assiettes ou sur le plat de service, et les conserver au chaud sur la porte ouverte du four maintenu à doux (160 °C — Thermostat 5).

9. Verser le jaune d'œuf et l'eau froide dans le saladier et les fouetter au petit fouet 45 secondes, jusqu'à ce que l'ensemble augmente de volume et devienne mousseux.

10. Transvaser ce mélange, en continuant de fouetter, sur l'infusion de poivre bouillante (7) : le jaune d'œuf fouetté se coagule au contact de la chaleur et transmet à l'ensemble un épanouissement de volume et une grande légèreté.

11. En **napper** aussitôt les filets de saint-pierre (8) et servir.

ASTUCES ET IDÉES MAISON

- Cette recette peut s'accommoder de maint autre poisson de mer : sole, dorade, rascasse, merlan, rouget-grondin, etc.

- Le poivre peut être remplacé pour l'infusion par d'autres aromates et condiments : estragon, basilic, aneth, safran.

aile de raie aux oursins

Marché pour 4 personnes

Ingrédients principaux	1 aile de raie, « bouclée » de préférence, préparée par le poissonnier, d'un poids net de 800 g 1 litre de nage et ses légumes *(voir recette p. 116)*
Ingrédients de la sauce	20 cl de crème fraîche double 4 jaunes d'œufs 3 cuillères à soupe d'eau froide
Ingrédients de la garniture	4 très gros oursins
Ustensiles de préparation et de présentation	1 faitout et son couvercle 4 assiettes individuelles ou 1 plat ovale de service } chauds 1 écumoire à manche 1 petit couteau d'office 1 petite casserole 1 petit saladier 1 petit fouet

CHEZ LE POISSONNIER :

1. Faire ouvrir les oursins.

2. Faire également débarrasser l'aile de raie d'un cordon de 2 cm de largeur sur toute la longueur de la frange translucide latérale qui la borde, puis la faire trancher en 4 tronçons.

PRÉPARATION ET CUISSON DES POISSONS :

3. Laver soigneusement les tronçons de raie sous le robinet d'eau froide, pour faire disparaître la matière visqueuse qui recouvre sa peau.

4. Coucher les morceaux de raie dans le fond du faitout, et les recouvrir du litre de nage froide.

5. Porter à ébullition, couvrir, puis régler le feu de sorte que la raie continue de cuire doucement à frémissements, pendant 15 minutes.

6. Pendant ce temps, enlever délicatement à la cuillère à café, les languettes roses de corail des oursins, les disposer sur les assiettes individuelles ou le plat de service, et les tenir au chaud sur la porte ouverte du four préalablement chauffé à doux (160 °C — Thermostat 5).

7. A l'aide de l'écumoire à manche, retirer délicatement les morceaux de raie de leur cuisson; les déposer sur un linge pour les laisser finir de s'égoutter.

8. A l'aide du petit couteau d'office, dépouiller soigneusement les morceaux de raie de leur peau, et les **réserver** au chaud près des oursins, sur les assiettes ou le plat de service (6).

PRÉPARATION DE LA SAUCE :

9. Faire bouillir à découvert, à feu vif, dans la petite casserole, et laisser **réduire** de la moitié de leur volume, 10 cl de la nage de cuisson et ses légumes (5).

10. Ajouter les 20 cl de crème fraîche et laisser **réduire** à nouveau le mélange de la moitié de son volume.

11. Verser les 4 jaunes d'œufs et les 3 cuillerées à soupe d'eau froide dans le saladier et les fouetter 1 minute, jusqu'à ce que l'ensemble augmente de volume et devienne mousseux.

12. Verser ce mélange en continuant de fouetter, dans la **réduction** bouillante de nage crémée (10) ; le jaune d'œuf fouetté se coagule au contact de la chaleur et transmet à l'ensemble un épanouissement de volume et une grande légèreté. Éloigner aussitôt la casserole du feu.

FINITION ET PRÉSENTATION :

13. Présenter joliment les quartiers de raie sur les assiettes ou le plat de service **réservés** au chaud à l'entrée du four; décorer chaque morceau de poisson des languettes d'oursins en forme de pétales de fleurs, **napper** de la sauce (12) et servir aussitôt.

ASTUCES ET IDÉES MAISON

● La raie est peut-être le seul poisson qui gagne à « rassir » et n'être consommé que 2 à 3 jours après avoir été pêché.

● Voici deux suggestions pour remplacer les oursins :
— une vingtaine de pointes d'asperges vertes fraîches *(voir cuisson p. 52)* ou de conserve.
— 1 cuillerée à soupe de poivre vert, rincé 3 fois sous le robinet d'eau froide.
Dans ce cas, il est souhaitable d'ajouter 1/2 cuillerée à café de moutarde de Dijon dans la sauce (12), après sa **réduction** : la moutarde ne doit pas bouillir.

● Cuit à la vapeur, le brocoli, cette branche de corail vert tendre, est le légume d'accompagnement rêvé pour la raie.

merlan à la julienne de légumes

Marché pour 4 personnes

Ingrédients principaux	4 merlans de 220 g pièce environ
Ingrédients de la farce de légumes	100 g de carottes 50 g de céleri-rave 100 g de gros champignons de Paris } épluchés 50 g de beurre Sel et poivre 6 cl de Porto rouge 20 cl de crème fraîche double 1/2 cuillère à café d'estragon frais haché 1 jaune d'œuf
Ingrédients de cuisson des merlans	Sel et poivre 20 g de beurre ramolli à la température de la cuisine 1 cuillère à soupe rase d'échalote hachée 2 cuillères à soupe de vin blanc sec 10 cl de crème fraîche double 3 cl de Porto rouge 2 cl de Noilly Prat 1 cuillère à café de persil frais haché
Ustensiles de préparation et de présentation	1 paire de ciseaux 1 couteau long et souple 1 mouli-julienne 1 couteau d'office 1 casserole inoxydable et son couvercle 1 spatule en bois 1 pinceau 1 plat ovale en fonte émaillée 1 écumoire à manche 4 assiettes individuelles chaudes

« UNE RECETTE SUBLIME POUR LA CHAIR DÉLICATE ET FEUILLETÉE DU MERLAN »

PRÉPARATION DES MERLANS : cette opération peut être faite par le poissonnier.

1. **Ébarber** et vider les merlans par les ouïes.

2. Les désarêter : avec le couteau souple, inciser tout le long et de chaque côté de l'épine dorsale, en dégageant les filets. A l'aide des ciseaux, couper l'arête centrale aux deux extrémités près de la queue et de la tête, puis, la détacher et la sortir par l'incision : le merlan forme alors une poche en portefeuille.

PRÉPARATION DE LA FARCE :

3. Râper en **julienne***, petits bâtonnets de 4 cm de longueur sur 2 mm de section, carottes et céleri, en les passant au mouli-julienne pourvu de la grille adaptée à cet usage; les champignons, à chair trop élastique, sont à tailler à la main, au couteau d'office, en petits bâtonnets de mêmes dimensions.

4. Faire chauffer les 50 g de beurre dans la casserole et y faire revenir, sans colorer, à couvert, successivement et dans l'ordre, à 3 minutes d'intervalle, carottes, céleri, champignons : les carottes cuiront donc 9 minutes, le céleri 6 minutes et les champignons 3 minutes. Pendant toute cette opération, les remuer à la spatule en bois, afin d'éviter qu'ils n'attachent.

5. Saler, poivrer, ajouter les 6 cl de Porto, les 20 cl de crème fraîche, la demi-cuillerée à café d'estragon haché, et laisser bouillir, à demi couvert, à feu moyen, pendant 5 minutes.

6. Enlever la casserole du feu, et laisser refroidir après avoir soigneusement incorporé à la préparation (5) le jaune d'œuf préalablement battu à la fourchette.

* Voir illustration p. 103.

CUISSON DES MERLANS :

7. Assaisonner de sel et poivre l'intérieur des merlans, puis les farcir à la cuillère, des 2/3 de la **julienne*** de légumes (6).

8. A l'aide du pinceau, enduire le plat ovale des 20 g de beurre, le parsemer de l'échalote hachée et y déposer les merlans.

9. Garnir le dessus et le pourtour des poissons du restant de la **julienne*** de légumes (6) et (7), ajouter les 2 cuillerées à soupe de vin blanc et les 10 cl de crème fraîche.

10. Mettre à cuire au four préalablement chauffé à très chaud (250 ºC — Thermostat 9) pendant 6 à 8 minutes.

11. Retirer du four, ajouter le Noilly et le Porto. Remettre au four 2 à 3 minutes; les poissons et la sauce prennent alors une jolie couleur dorée.

PRÉSENTATION :

12. Présenter et servir les merlans dans leur plat de cuisson, ou les égoutter à l'écumoire et les dresser sur assiettes chaudes, en les **nappant** confortablement de la sauce de cuisson (11); dans les deux cas, saupoudrer du persil frais haché.

ASTUCES ET IDÉES MAISON

● La farce de légumes (6) peut, bien entendu, être préparée la veille, et les merlans farcis à ce moment-là, ainsi, la maîtresse de maison n'a-t-elle plus qu'à mettre les poissons au four le lendemain à l'heure du repas.

● Cette recette s'accommode agréablement de beaucoup de poissons d'eau douce : truites, perches, etc.

● La sauce **julienne*** (11) accompagne remarquablement bien les volailles **pochées** et viandes sautées « à blanc », poule cuite dans son bouillon, blanquette de veau, etc.

* Voir illustration p. 103.

bouillabaisse de morue

Marché pour 4 à 6 personnes

Ingrédients principaux	750 g de filet de morue bien blanche 10 cl d'huile d'olive 100 g d'oignons 80 g de blancs de poireaux 1 gousse d'ail (oignons, poireaux, ail : épluchés et finement hachés) 2 tomates 300 g de pommes de terre BF 15 ou hollandaises pelées 1 pincée de safran soit environ 4 g Poivre du moulin 1 bouquet garni 1 litre d'eau 10 cl de vin blanc sec
Ingrédients de finition	1/2 baguette de pain **détaillée** en 20 rondelles 10 cl d'huile d'olive 1 cuillère à café de persil frais haché
Sauce d'accompagnement	Sauce rouille *(voir recette p. 114)*
Ustensiles de préparation et de présentation	1 grand couteau 1 bassine 1 cocotte en fonte, diamètre 40 cm 1 spatule en bois 1 couteau d'office 1 pinceau 1 saucière 1 assiette chaude

« *LA MORUE PRÉPARÉE COMME JE L'AIME* »

LA VEILLE, DESSALAGE DE LA MORUE :

1. A l'aide du grand couteau, découper le filet de morue en 4 morceaux, et les mettre à dessaler 24 heures dans la bassine remplie d'eau froide et placée sous le robinet entrouvert en filet continu.

PRÉPARATION DE LA GARNITURE DE LÉGUMES :

2. Faire chauffer, à feu moyen, dans la cocotte en fonte, les 10 cl d'huile d'olive, y jeter oignons, blancs de poireaux et ail hachés. Laisser revenir, à découvert, sans colorer, pendant 15 minutes, et remuer de temps en temps à la spatule en bois pour éviter aux légumes d'attacher.

3. A l'aide du couteau d'office, couper les tomates en deux après leur avoir ôté le pédoncule, presser chaque moitié dans le creux de la main pour en faire sortir l'eau de végétation et les pépins, puis, en hacher grossièrement la chair au couteau.

4. Les ajouter aux autres légumes dans la cocotte et laisser cuire l'ensemble à nouveau, à découvert, 5 minutes.

5. Coucher dessus, à plat, les pommes de terre coupées en rondelles de 1 cm d'épaisseur.

CUISSON DE LA MORUE :

6. Égoutter soigneusement la morue sur un linge, la **détailler** en morceaux de 3 cm de côté, les ranger sur le lit de pommes de terre (5), assaisonner de la pincée de safran et de 4 tours de moulin à poivre, surtout ne pas saler ! Ajouter enfin le bouquet garni et **mouiller** de l'eau et du vin blanc.

7. Faire cuire à découvert et à plein feu pendant 25 minutes, puis vérifier l'assaisonnement. C'est l'action du bouillon-

nement intense et continu du liquide qui organise spontanément l'émulsion, donc le mariage homogène de l'huile et du liquide (eau + vin blanc), la pomme de terre parachevant en catalyseur cette liaison, grâce à la fécule qu'elle contient. On obtient ainsi un bouillon sirupeux, presque velouté, tout imprégné des parfums de légumes, d'aromates et de poissons.

8. Badigeonner au pinceau les 20 rondelles de pain, des 10 cl d'huile d'olive, puis les faire dorer sur leurs deux faces au gril du four.

PRÉSENTATION :

9. Oter le bouquet garni, saupoudrer de la cuillerée à café de persil haché et poser la cocotte telle quelle au centre de la table. Servir accompagné de la sauce rouille présentée à part en saucière, et des rondelles de pain dorées (8) dressées sur assiette chaude.

ASTUCES ET IDÉES MAISON

- Ce plat peut être entièrement préparé le matin ou la veille, et simplement mis à cuire lorsque vos invités commencent à prendre l'apéritif.

- On peut l'enrichir de larges et bonnes tranches de pain grillé chaud, frottées à l'ail et à l'huile d'olive et tartinées de tomate fraîche et d'anchois ou de sauce rouille.

sole grillée aux huîtres et à la ciboulette

Marché pour 2 personnes

Ingrédients principaux	1 grosse sole de 600 g Sel et poivre 1 cuillère à soupe d'huile d'arachide 8 huîtres « spéciales » portugaises, ou plates, « belons double zéro » 8 feuilles de laitue épluchées et lavées 1 litre d'eau } cuisson de la laitue 10 g de gros sel } cuisson de la laitue
Sauce d'accompagnement	10 cl de sauce crème ciboulette *(voir recette p. 124)* 1 cuillère à café rase de ciboulette fraîche hachée
Ustensiles de préparation et de présentation	1 grand couteau à lame mince flexible 1 paire de gros ciseaux 1 pinceau 3 assiettes plates 1 passoire doublée d'un linge étamine 1 petite casserole pour pocher les huîtres 1 casserole moyenne 1 spatule en acier 2 assiettes individuelles ou } chauds 1 plat long de service } chauds

« *UN MÉLANGE DE PARFUMS D'EAU DE MER, DE CIBOULETTE ET D'ODEUR DE CHEMINÉE* »

PRÉPARATION DE LA SOLE : cette opération peut être faite par le poissonnier.

1. Trancher en biais, au couteau, la tête de la sole à la naissance des filets.

2. Oter la peau grise du dos du poisson, conserver la peau blanche du ventre et l'écailler, puis la quadriller légèrement en losanges, avec la pointe du couteau.

3. A l'aide de la grosse paire de ciseaux, **ébarber** le poisson, lui inciser le dessous du ventre, pour éliminer l'estomac, puis laver l'intérieur de l'incision pratiquée sous l'eau froide du robinet.

4. Assaisonner la sole de sel et poivre, la badigeonner au pinceau de l'huile d'arachide, et la laisser en attente sur une assiette plate.

5. Préparer la sauce d'accompagnement.

6. Allumer le four à la position gril et en laisser la porte ouverte.

PRÉPARATION DES HUITRES : faire ouvrir les huîtres par le poissonnier.

7. A l'aide d'une cuillère à café, détacher délicatement la chair des huîtres de leurs coquilles, en se tenant au-dessus de la passoire étamine, pour récupérer leur jus filtré dans la petite casserole placée en dessous.

8. **Pocher** les huîtres 30 secondes à frémissements dans la petite casserole contenant leur eau filtrée; les égoutter sur un linge.

9. **Blanchir** 1 minute, les feuilles de laitue, dans la casserole moyenne remplie du litre d'eau bouillante salée à 10 g de gros sel, puis les égoutter sur un linge.

10. Emmailloter les huîtres dans les feuilles de laitue en formant des sortes de petits baluchons. Les **réserver** au tiède entre deux assiettes plates sur la porte du four tenu ouvert pendant toute l'opération de grillade de la sole.

CUISSON DE LA SOLE :

11. A l'aide du pinceau enduit d'huile (4), huiler le gril brûlant, puis y déposer la sole côté peau blanche, dans le sens de l'une des diagonales des barreaux, et laisser griller ainsi 2 minutes.

12. Décoller la sole à la spatule en acier, et la poser 2 autres minutes, sur le même côté, dans le sens de l'autre diagonale.

13. Faire griller l'autre face de la même façon, 4 minutes également.

FINITION ET PRÉSENTATION :

14. **Lever*** les 4 filets de la sole en l'incisant, le long de l'arête centrale, avec le couteau mince et flexible, et en glissant ce couteau entre chair et arêtes pour décoller les filets.

15. **Napper** le fond des assiettes ou du plat de service de la sauce crème de ciboulette (5), y déposer les 4 filets de sole, côté quadrillé dessus (12) et (13), et les décorer harmonieusement des 8 petits baluchons d'huîtres (10). Saupoudrer le tout de la ciboulette hachée.

ASTUCES ET IDÉES MAISON

● Dans cette recette, la sauce crème de ciboulette peut agréablement être remplacée par un beurre blanc *(voir recette p. 79)* que l'on agrémentera d'une cuillerée à soupe de fine **julienne*** d'écorce de citron préalablement **blanchie** 10 minutes à l'eau bouillante, et que l'on allégera au dernier moment en y incorporant 2 jaunes d'œuf et 3 cuillerées à soupe d'eau froide « montés en sabayon » *(voir recette p. 70)*.

● Pour moi, la seule façon de manger les filets de sole est de les laisser cuire attachés à l'arête; ainsi leur chair ne se rétracte-t-elle pas en tire-bouchons, prenant cette texture élastique si désagréable.

● Les poissons panés et grillés sont savoureux à manger et simples à réussir : il suffit avant de les cuire, de les passer, non pas à l'œuf battu et à la farine, mais dans du beurre fondu, puis de les rouler dans de la mie de pain fraîche, le beurre ayant pour rôle de conserver le moelleux du poisson, mais aussi de l'empêcher d'attacher au gril.

* Voir illustrations p. 102 et p. 103.

le marché du pêcheur en cocotte à la vapeur d'algues

Marché pour 4 personnes

Ingrédients principaux	1 bar de 400 g **levé*** en filets 4 coquilles St-Jacques 4 petits rougets-barbets de 60 g pièce 24 bigorneaux	
	1/2 litre d'eau 10 g de gros sel	cuisson des bigorneaux
	4 feuilles de laitue 4 huîtres portugaises « spéciales » 4 grosses moules 1 filet de sole de 100 g **levé*** par le poissonnier 4 grosses langoustines de 70 à 80 g pièce	
	4 poignées d'algues, varech provenant des bourriches d'huîtres, à demander au poissonnier 16 cl d'eau	cuisson des poissons et crustacés
Ingrédients de garniture	25 g de carotte 25 g d'oignon 25 g de blanc de poireau 25 g de ciboulette	épluchés et **détaillés** en très fine **julienne*** de 4 cm de longueur et de l'épaisseur des tiges de ciboulette
	Sel et poivre	
Sauces d'accompagnement	8 cl de beurre blanc *(voir recette p. 79)* 8 cl de sauce vierge *(voir recette p. 118)*	
Ustensiles de préparation et de présentation	1 petite casserole 1 épingle 1 petite passoire doublée d'un linge étamine 1 bol 1 couteau souple et tranchant	
	4 cocottes rondes en fonte et leurs couvercles 4 grilles rondes à pâtisserie	diamètre 20 cm
	4 grandes assiettes plates 1 ou 2 saucières	chaudes

* Voir illustrations p. 102 et p. 103.

« *UNE MARMITE DE POISSONS JOYEUSE ET COLORÉE* »

PRÉPARATION DES POISSONS :

1. Faire **lever** les deux filets du bar et décortiquer les coquilles Saint-Jacques par votre poissonnier, ou vous reporter pour leur préparation aux illustrations p. 102 et à la recette p. 244.

2. Essuyer les rougets, leur enlever les ouïes, mais ne pas les vider : leur intérieur est composé d'un foie succulent, d'où leur surnom, « bécasses de mer ».

3. Laver les bigorneaux, puis, les **pocher** 2 minutes dans la petite casserole remplie du 1/2 litre d'eau bouillante salée à 10 g de gros sel ; les égoutter sur un linge. En extraire le tire-bouchon de chair à l'aide de l'épingle, et éliminer la partie noire du tortillon de l'escargot.

4. **Blanchir** 1 minute les 4 feuilles de laitue dans l'eau bouillante de cuisson des bigorneaux et les égoutter.

5. Ouvrir les huîtres ; à l'aide d'une petite cuillère à café, détacher délicatement leur chair de la coquille concave, en se tenant au-dessus de la petite passoire étamine, pour récupérer leur jus filtré dans le bol placé en dessous. Laver les coquilles d'huîtres, et en tapisser le fond, des feuilles de laitue **blanchies** (4). Puis, y déposer la chair des huîtres, arroser de leur jus filtré et éparpiller les bigorneaux dessus.

6. Gratter et laver soigneusement la coquille extérieure des moules.

7. A l'aide du couteau souple, tailler les filets de bar en deux, en conservant leur peau argentée; puis découper le filet de sole en quatre.

CUISSON DES POISSONS :

8. Faire une litière d'algues dans le fond de chaque cocotte, l'arroser de 5 cl d'eau et y déposer la petite grille ronde à pâtisserie ou un rond de papier aluminium percé de trous. Puis y disposer délicatement tous les poissons et crustacés, sans oublier la langoustine, en prenant soin de ranger le filet de bar côté peau dessus.

9. Parsemer le tout de la **julienne*** de légumes, assaisonner de sel et poivre du moulin, coiffer les cocottes de leurs couvercles, et mettre à cuire à feu vif, en comptant 3 minutes de cuisson dès le départ de l'ébullition.

FINITION ET PRÉSENTATION :

10. Présenter directement les cocottes de poissons aux convives, en en soulevant le couvercle, pour leur faire humer les effluves iodés.

11. Ramener les cocottes en cuisine, et, à l'aide du couteau tranchant, fendre la langoustine en deux dans le sens de la longueur, détacher et enlever la coquille supérieure de la moule; puis, reconstituer dans les assiettes la couronne des poissons et crustacés, telle qu'elle était dressée en cocotte.

12. Servir à part, en saucière, l'une des sauces choisies... ou les deux en même temps.

ASTUCES ET IDÉES MAISON

● Les poissons peuvent être préparés la veille, rangés sur les algues et recouverts de la **julienne*** de légumes. La cocotte qui les contient sera coiffée de son couvercle et gardée au réfrigérateur.

● Quelques rondelles de baguette de pain grillées et tartinées de sauce rouille *(voir recette p. 114)* accompagneront gaiement cette recette.

* Voir illustration p. 103.

le pot-au-feu de la mer

Marché pour 4 personnes

Ingrédients principaux	2 bars de 300 g pièce 4 petits rougets de roche de 100 g pièce 16 moules moyennes 4 huîtres plates « belons double zéro » 4 filets de sole **levés*** par le poissonnier 8 langoustines 4 noix de coquilles St-Jacques préparées par le poissonnier	
Ingrédients des différentes cuissons des poissons	1 cuillère à soupe d'échalote hachée 1 botte de persil en branche plat ou frisé 12 cl d'eau	cuisson des bars
	20 cl de vin rouge d'Algérie 1 bouquet garni complété d'1 branche d'estragon 6 grains de poivre 1 cuillère à café rase de sucre	cuisson des filets de sole
	20 cl de nage *(voir recette p. 116)*	cuisson des langoustines et des rougets
	12 cl de vin blanc sec 1 cuillère à café d'échalote hachée	cuisson des moules
	Sel et poivre du moulin	
Ingrédients de la garniture de légumes	1 litre d'eau 15 g de gros sel	eau de cuisson des légumes
	4 petits poireaux 8 mini-carottes 8 mini-navets 8 mini-concombres	soit 100 g nets de chaque légume obtenus à partir de légumes normaux taillés, arrondis et **tournés*** en forme de grosses olives
	12 pointes d'asperges fraîches ou 100 g de haricots verts équeutés	

* Voir illustrations p. 102 et p. 101.

Ingrédients de la sauce d'accompagnement	250 g de beurre ramolli à la température de la cuisine
Ingrédients de finition	4 rondelles de baguette de pain 1 cuillère à soupe d'huile d'olive 1 cuillère à café de beurre 4 filets d'anchois à l'huile Le jus d'un demi-citron
Ustensiles de préparation et de présentation	1 grande casserole 1 paire de gros ciseaux 1 couteau souple et tranchant 1 couteau à huîtres 3 plats ovales en fonte émaillée + 2 couvercles de même taille 2 petites casseroles et un couvercle 1 écumoire à manche 1 petite passoire doublée d'un linge étamine 1 petit fouet 4 grandes assiettes plates individuelles ou } très chauds 1 grand plat de service } très chauds 1 saucière 1 petite poêle

PRÉPARATION DES LÉGUMES :

1. Faire bouillir dans la grande casserole le litre d'eau salée à 15 g de gros sel, y mettre à cuire :
— poireaux, carottes, navets, 10 minutes;
— concombres, asperges ou haricots verts, 5 minutes.
Éloigner du feu et tenir au chaud dans l'eau de cuisson.

PRÉPARATION ET CUISSON DES POISSONS :

2. **Ébarber**, écailler, vider et laver les bars, procéder de même pour les rougets en prenant soin de **réserver** leurs foies.

3. Gratter et laver soigneusement les moules.

4. Ouvrir les huîtres à l'aide du couteau spécial.

5. Parsemer de la cuillerée à soupe d'échalote hachée le fond de l'un des trois plats ovales, et l'habiller d'une litière faite de la moitié de la botte de persil. Y coucher le bar, l'assaisonner de sel et poivre, et le recouvrir du persil restant. **Mouiller** des 12 cl d'eau et laisser cuire à couvert 8 minutes, à four préalablement chauffé à moyen (220 °C — Thermostat 7).

6. Dans le second plat, faire bouillir et laisser **réduire** 5 minutes les 20 cl de vin rouge, le bouquet garni, les 6 grains de poivre et la cuillerée à café de sucre; y **pocher** les filets de sole 3 minutes à frémissements; éloigner du feu et tenir au chaud dans la cuisson.

7. Dans le troisième plat ovale, faire bouillir les 20 cl de nage, y **pocher** les langoustines 1 minute et demie et les retirer à l'écumoire. Amener ce bouillon à frémissements légers, et y **pocher** les rougets 2 minutes.

8. Faire bouillir dans la première petite casserole les 12 cl de vin blanc sec et la cuillerée à café d'échalote hachée. Y jeter les moules entières, poivrer au moulin, et laisser cuire, à couvert, 6 minutes environ, jusqu'à l'ouverture des coquilles.

Retirer aussitôt du feu et dépouiller les moules de leurs coquilles.

9. A l'aide d'une petite cuillère à café, détacher délicatement la chair des huîtres de leurs coquilles, en se tenant au-dessus de la petite passoire étamine, pour récupérer leur jus filtré dans la seconde petite casserole placée en dessous. Y **pocher** les huîtres et les noix de coquilles Saint-Jacques pendant 1 minute à température très douce : le dos du doigt doit pouvoir aisément supporter cette chaleur. Les égoutter à l'écumoire et les tenir au chaud sur une assiette, sur la porte ouverte du four préalablement ramené à doux (180 °C — Thermostat 6).

PRÉPARATION DE LA SAUCE AU BEURRE DE NAGES :

10. Dans la casserole de cuisson des huîtres (9), ajouter le vin blanc de cuisson des moules (8), la nage de cuisson des rougets (7), le vin rouge de cuisson des soles (6) ; faire bouillir et laisser **réduire** ce mélange des 3/4 de son volume : il doit rester environ 10 cl de liquide après **réduction**.

11. Y incorporer, à feu vif, les 250 g de beurre en parcelles, en fouettant au petit fouet et en faisant décrire à la casserole des cercles rapides sui elle-même, ceci afin d'homogénéiser l'ensemble et de le rendre très onctueux.

PRÉSENTATION :

12. **Napper** le fond des 4 grandes assiettes de la moitié de la sauce au « beurre de nages » (11); le reste sera servi à part en saucière chaude.
Y disposer les poissons en couronne de la façon suivante :

1 rouget
1 filet de sole
4 moules
1 filet de bar
2 langoustines
1 huître
1 Saint-Jacques

} laisser entre chaque sorte de poisson des sillons vides que vous comblerez avec les différentes sortes de légumes **tournés*** (1) en jouant de leurs couleurs.

* Voir illustration p. 101.

13. Ajouter sur chaque assiette la rondelle de pain préalablement enduite au pinceau de l'huile d'olive, dorée sous le gril et tartinée du foie des rougets (2) rapidement sautés au beurre à la poêle.
Décorer chaque tartine d'un filet d'anchois assaisonné de quelques gouttes de citron.

ASTUCES ET IDÉES MAISON

● Si vous n'avez pas le temps de réaliser la sauce au beurre de nages, remplacez-la par 25 cl de sauce vierge tiède *(voir recette p. 118)* que vous pourrez préparer la veille.

● Vous pourrez aussi confectionner la sauce plus rapidement en passant ensemble au mixer le liquide de réduction (10) et les 250 g de beurre; les légumes de la nage, broyés, lui apporteront l'onctuosité recherchée.

● On peut bien sûr transposer cette recette et faire appel à des poissons plus modestes et néanmoins savoureux : rouget-grondin, congre, maquereau, merlan, etc.

Volailles, viandes et gibiers

Poulet "truffé" au persil et sa sauce au Malvoisie (p. 317)
Rognon de veau dans la graisse (p. 372)
Tournedos de veau à la crème de ciboulette (p. 369)
Grillade de canard de Chalosse au beurre d'herbes fines (p. 332)

Bécasse au fumet de Pomerol (p. 348)
Baron de lapereau mange-tout (p. 342)
Le pot-au-feu du "Pot-au-Feu" (p. 403)
Charlotte d'agneau de Jacky et les pommes à la peau (p. 364)

Desserts

Marquise fondante au chocolat (p. 509)
Pommes bonne femme à l'amande d'abricot (p. 500)

Tarte fine chaude aux pommes acidulées (p. 503)
Feuillantines de poires caramélisées (p. 512)
Crèpes soufflées (p. 497)
Granité au vin de St-Emilion (p. 482)

Sauce au coulis d'abricots (p. 472) accompagnant la glace au miel (p. 486), le granité au vin de St-Emilion (p. 482) et le sorbet au melon (p. 480) entourés de fruits frais.

LES VOLAILLES

ailerons de volaille au Meursault et aux concombres

Marché pour 4 personnes

Ingrédients principaux

48 ailerons de poulets
L'aileron employé dans cette recette n'est pas la partie triangulaire extrême de l'aile du poulet, mais celle, plus viandeuse, qui vient juste après.
1 litre d'eau
30 g de beurre
Sel et poivre

Ingrédients de la garniture de légumes

300 g de concombre épluché
1 litre d'eau
15 g de gros sel
25 g de beurre
1 cuillère à café de sucre semoule
1 cuillère à café de pluches de cerfeuil frais

Ingrédients de la sauce

80 g de champignons de Paris taillés en **mirepoix**, petits dés de 4 cm de section
1 cuillère à café d'échalote hachée
6 cl de vermouth Noilly
15 cl de Meursault blanc
30 cl de crème dite « fleurette »
2 cuillères à soupe de tomate concassée crue *(voir recette p. 410)*
1/2 cuillère à café d'estragon frais haché
1 cuillère à café de pluches de cerfeuil
Sel et poivre

Ustensiles de préparation et de présentation

1 gros couteau tranchant
1 casserole moyenne
1 écumoire à manche
1 couteau d'office
1 casserole à fond épais
1 bol
1 poêle
4 assiettes plates ou 1 plat de service } chauds

« *DES PETITES BOUCHÉES DE VIANDE, DODUES ET MOELLEUSES* »

DÉSOSSEMENT DES AILERONS :

1. A l'aide du couteau lourd, sectionner net, des deux côtés, les têtes des deux petits os-tiges qui arment l'avant-bras de l'aileron. Cette opération permet un désossement plus facile.

2. **Blanchir** les ailerons en les plongeant 2 à 3 minutes dans la casserole moyenne remplie du litre d'eau bouillante; les égoutter à l'écumoire, les essorer sur un linge, et les laisser refroidir.

3. Puis, extraire les deux petits os-tiges de chaque aileron, en poussant fortement sur ceux-ci avec le pouce, pour les faire sortir comme d'un fourreau de la chair qui les entoure, par l'autre extrémité de l'aileron.

PRÉPARATION DES CONCOMBRES :

4. Tronçonner le concombre au couteau d'office en morceaux de 3 cm de longueur, **détailler** ces tronçons en quatre, les épépiner, les arrondir et les **tourner** * en forme de grosses olives.

5. Puis les **blanchir** 3 minutes dans la casserole moyenne (2) préalablement rincée et remplie du litre d'eau bouillante salée à 15 g de gros sel; les égoutter à l'écumoire en les **réservant** sur une assiette.

PRÉPARATION DES AILERONS ET DE LEUR SAUCE :

6. Faire chauffer dans la casserole à fond épais les 30 g de beurre; y jeter les ailerons blanchis (3), assaisonner de

* Voir illustration p. 101.

sel et poivre; les laisser cuire doucement et colorer des deux côtés pendant 10 minutes. Les enlever de la casserole en les égouttant à l'écumoire et les **réserver** sur une assiette.

7. Les remplacer par les petits dés de champignons et la cuillerée à café d'échalote hachée, et les faire sauter pendant 3 minutes.

8. Vider la graisse de la casserole dans un bol; y verser le vermouth et le Meursault, faire bouillir et laisser **réduire** le mélange des 3/4 de son volume.

9. Ajouter la crème fleurette, les cubes de tomate concassée crue, l'estragon haché et le cerfeuil, assaisonner de sel et poivre, laisser à nouveau **réduire** de moitié.

10. Baisser le feu et remettre les ailerons (6) dans la sauce (9) pour les tenir au chaud; ne plus faire bouillir.

FINITION ET PRÉSENTATION :

11. Faire blondir les 25 g de beurre dans la poêle, y jeter les concombres blanchis (5); les faire colorer et dorer sur toutes leurs faces, en les saupoudrant de la cuillerée à café de sucre semoule et en les faisant sauter vivement pendant 2 minutes.

12. Dresser les ailerons **nappés** de leur sauce sur les assiettes ou le plat de service, éparpiller dessus les petits concombres sautés (11), les pluches de cerfeuil et servir aussitôt.

blancs de volaille au sabayon de poireau

Marché pour 4 personnes

Ingrédients principaux	4 blancs de volaille « suprêmes » ou ailes Sel et poivre 10 g de beurre 60 g de blanc de poireau épluché et **émincé** en rondelles 1 cuillère à café rase d'échalote hachée 1/4 de botte de cresson, lavé et effeuillé 3 cl de Porto 25 cl de bouillon de volaille obtenus à partir de 1/2 tablette de bouillon de volaille instantané diluée dans 25 cl d'eau 12 cl de crème fraîche double
Ingrédients de la garniture de légumes	40 g de beurre 60 g de carotte 60 g d'oignon 60 g de champignons de Paris 20 g de truffes (facultatif) } épluchés et taillés en **mirepoix**, petits dés de 5 mm de section Sel et poivre 1 pincée de fleurs de thym
Ingrédients de liaison de la sauce sabayon	2 jaunes d'œufs 3 cuillères à soupe d'eau froide
Ustensiles de préparation et de présentation	1 petite casserole 1 spatule en bois 1 couteau souple, fin et tranchant 1 cocotte en fonte 1 écumoire à manche 1 mixer 1 saladier 1 petit fouet 4 assiettes plates ou 1 plat long de service } très chauds

« *UNE AILE DE VOLAILLE FOURRÉE ET PARFUMÉE AU POIREAU* »

PRÉPARATION DE LA GARNITURE DE LÉGUMES :

1. Faire chauffer les 40 g de beurre dans la petite casserole, y faire revenir, sans colorer, successivement, dans l'ordre suivant et à 3 minutes d'intervalle : carotte, oignon, champignons et truffes : la carotte cuira donc 9 minutes, l'oignon 6 minutes et les champignons et truffes 3 minutes. Pendant cette opération, prendre soin de remuer les légumes à la spatule en bois afin d'éviter qu'ils n'attachent. Assaisonner de sel, poivre et fleurs de thym et laisser refroidir.

PRÉPARATION ET CUISSON
DES BLANCS DE VOLAILLE :

2. Oter la peau des blancs de volaille. A l'aide du couteau fin et tranchant, les inciser et les ouvrir en deux en « portefeuille », dans le sens de l'épaisseur. En assaisonner modérément l'intérieur de sel et poivre, et fourrer cette poche de la garniture de légumes (1).

3. Dans la cocotte en fonte, faire revenir, sans colorer, dans les 10 g de beurre, le blanc de poireau émincé et l'échalote hachée, pendant 10 minutes, en les remuant à la spatule en bois.

4. Ajouter les feuilles de cresson; verser le Porto, le bouillon de volaille et la crème ; laisser bouillir doucement pendant 10 minutes.

5. Y déposer les blancs de volaille fourrés (2) et les laisser cuire à frémissements pendant 8 minutes. Les ôter après cuisson en les égouttant à l'écumoire, les tenir au chaud, entre deux assiettes creuses, sur la porte ouverte du four préalablement chauffé à doux (180 °C — Thermostat 6).

PRÉPARATION DE LA SAUCE
AU SABAYON DE POIREAU :

6. Broyer ensemble, au mixer, toute la cuisson (5), poireau, échalote, cresson, Porto, bouillon et crème. Verser le mélange broyé dans la petite casserole (1) préalablement rincée, et garder au chaud à feu doux.

7. Verser jaunes d'œufs et eau froide dans le saladier, et les fouetter au petit fouet 40 secondes jusqu'à ce que l'ensemble augmente de volume et devienne mousseux. Incorporer progressivement ce mélange, en continuant de fouetter le tout, dans la sauce au poireau (6) bien chaude, mais non bouillante.

PRÉSENTATION :

8. Dresser les blancs de volaille (5) sur les assiettes ou le plat de service et les **napper** entièrement de la sauce au sabayon de poireau (7).

ASTUCES ET IDÉES MAISON

● Il faut éviter d'utiliser le vert de poireau qui donnerait de l'âcreté à la sauce, mais compenser par l'apport du cresson qui lui communique sa belle couleur vert tendre.

● Demandez à votre volailler de vous trouver, pour confectionner cette recette, de la volaille finie en « épinette », c'est-à-dire nourrie exclusivement au lait et au riz pendant le dernier mois avant l'abattage : la chair de ses blancs est incomparablement moelleuse et tendre.

● Une truffe de 30 g taillée en fine **julienne** * et ajoutée aux jaunes d'œufs pendant l'élaboration du sabayon de la sauce (7), apporte une note de suprême raffinement à cette recette.

● Ne pas jeter la peau des blancs de poulet, mais la couper en petits dés carrés que vous ferez sauter dans un peu d'huile pour les rendre croustillants et accompagner vos salades avec humour.

* Voir illustration p. 103.

volaille en gelée aux grains de poivre

Marché pour 4 personnes

Ingrédients principaux	Sel 4 cuisses de poulet de 220 g pièce, comprenant pilon et « gras de cuisse », c'est-à-dire la partie charnue qui prolonge immédiatement le pilon, **réservées** lors de la confection de la recette des blancs de volaille au sabayon de poireau *(voir recette p. 309)* 4 tranches de poitrine fumée de porc, de 30 g pièce
Ingrédients de la marinade et de la cuisson	12 grains de poivre gris 1 cuillère à soupe de pluches de cerfeuil 1 cuillère à café d'estragon en feuilles 20 cl de vermouth Noilly 2 feuilles de gélatine 1/2 litre de bouillon de volaille obtenu à partir de 1 tablette de bouillon de volaille instantané diluée dans 1/2 litre d'eau
Ustensiles de préparation	1 plat creux 1 petit saladier 1 écumoire à manche 1 bocal à stériliser en verre de 1 kg, grande ouverture, et sa capsule 1 grande casserole haute pour la stérilisation

« *POUR LES DÉJEUNERS SUR L'HERBE* »

LA VEILLE, PRÉPARATION DE LA VOLAILLE :

1. Saler très légèrement les cuisses, en les frottant au sel à la main, sur leurs deux faces.

2. Enrouler soigneusement chaque cuisse dans sa tranche de poitrine fumée.

3. Les ranger au fond du plat, assaisonner des grains de poivre, du cerfeuil et de l'estragon. **Mouiller** et recouvrir des 20 cl de vermouth; laisser mariner ainsi toute la nuit au réfrigérateur.

FINITION ET STÉRILISATION :

4. Mettre à tremper dans le petit saladier les feuilles de gélatine à l'eau froide pour les rendre souples et les faire gonfler; puis les incorporer et les laisser se dissoudre dans le 1/2 litre de bouillon de volaille tiédi.

5. A l'aide de l'écumoire à manche, retirer les cuisses de poulet de la marinade (3) et les ranger dans le bocal, puis y verser la marinade et le bouillon de volaille (4).

6. Refermer hermétiquement le bocal et le mettre à stériliser pendant 2 heures dans la grande casserole, remplie d'eau bouillante. Laisser refroidir dans l'eau de stérilisation et conserver dans un endroit frais.

VOICI QUELQUES RÈGLES
POUR BIEN RÉUSSIR VOS CONSERVES :

- Bien laver le bocal de verre et sa capsule ou son caoutchouc à l'eau bouillante; les laisser sécher à l'air.

- Ne pas le remplir en hauteur au-delà du niveau de remplissage gravé dans le verre.

- Intercaler entre le fond du récipient stérilisateur et le ou les bocaux, une planche perforée ou un linge épais qui les protègent de la violence de la flamme.

- L'eau bouillante contenue dans le récipient stérilisateur doit arriver en hauteur au même niveau que les ingrédients contenus dans le bocal.

- Ne retirer les bocaux du stérilisateur que lorsque la température de l'eau qu'il contient est redevenue tiède ou froide.

poulet au vinaigre de vin

Marché pour 4 personnes

Ingrédients principaux	1 poulet de 1 kg 400 vidé et préparé par le volailler Sel et poivre 30 g de beurre 6 gousses d'ail non pelées
Ingrédients de la sauce	8 cl de vinaigre de vin 25 cl de vin blanc sec 4 cl d'Armagnac 2 cuillères à café de moutarde blanche 1 cuillère à café de concentré de tomate 15 cl de crème fraîche double 30 g de beurre ramolli à la température de la cuisine
Ingrédients de la garniture	2 tomates concassées crues *(voir recette p. 410)* 1 cuillère à café de pluches de cerfeuil
Ustensiles de préparation et de présentation	1 cocotte ovale et son couvercle 1 bol 1 petit fouet 1 petit saladier 1 chinois étamine 1 petite louche 4 grandes assiettes individuelles ou 1 plat de service } chauds

« *UNE MARINADE A CHAUD AU VINAIGRE* »

DÉCOUPAGE DE LA VOLAILLE :

1. Faire détacher, par votre volailler, les deux ailes et les deux cuisses de la carcasse du poulet. Lui demander de bien laisser attachés à ces deux dernières les deux petits « sot-l'y-laisse », situés au creux des deux cavités de l'os du bassin, de chaque côté de la colonne vertébrale, à 6 cm environ en amont du croupion.

2. Étaler les ailes et les cuisses bien à plat sur la table et les assaisonner de sel et poivre des deux côtés.

CUISSON DU POULET :

3. Faire chauffer le beurre dans la cocotte, y faire colorer et blondir les morceaux de poulet, côté peau, pendant 5 minutes, les retourner et faire colorer également l'autre face 5 minutes.

4. Ajouter les gousses d'ail non pelées et laisser cuire à couvert, 20 minutes les ailes, et 25 minutes les cuisses, à feu contrôlé, sans laisser trop colorer : trop cuites, les ailes se dessécheraient et perdraient le moelleux de leurs blancs.

5. Si le poulet a rendu trop de graisse, en éliminer les 4/5 : pour ce faire, la transvaser dans un bol en tenant la cocotte penchée, couvercle entrouvert, poulet et gousses d'ail restant à l'intérieur de la cocotte.

PRÉPARATION DE LA SAUCE :

6. Remettre la cocotte sur le feu, verser le vinaigre et y mélanger rapidement tous les sucs caramélisés pendant la cuisson (4) en grattant soigneusement le fond de la cocotte à la fourchette.

7. Couvrir à moitié et laisser **réduire** le liquide des 3/4 de son volume; les vapeurs de vinaigre vont imprégner les morceaux de poulet. Puis **débarrasser** le poulet et le tenir au chaud entre deux assiettes creuses, sur la porte ouverte du four préalablement chauffé à doux (180 °C — Thermostat 6).

8. Battre au fouet, dans le petit saladier, en les mélangeant bien, le vin blanc, l'Armagnac, la moutarde et le concentré de tomates, puis, les verser dans la cocotte, laisser cuire et **réduire** 5 minutes à gros bouillons.

9. Ajouter la crème fraîche en fouettant bien le mélange, éloigner du feu, incorporer les 30 g de beurre en parcelles, sans cesser de fouetter, pour bien homogénéiser l'ensemble; vérifier enfin l'assaisonnement de la sauce ainsi obtenue.

10. Passer cette sauce (9) au chinois étamine, en pressant fortement sur les gousses d'ail, avec le dos d'une petite louche, pour en extraire tous les sucs et la pulpe qui lieront la sauce, la rendant particulièrement onctueuse.

PRÉSENTATION :

11. Dresser les quartiers de poulet sur assiettes individuelles ou plat de service, les **napper** de la sauce (10), puis, éparpiller sur l'ensemble les petits morceaux de tomate concassée crue et les pluches de cerfeuil frais.

le poulet « truffé » au persil et sa sauce au Malvoisie

Marché pour 4 personnes

Ingrédients principaux

1 poulet de 1 kg 400 vidé et préparé par le volailler
Sel et poivre du moulin

Ingrédients de la farce

50 g de beurre
1 cuillère à soupe de persil plat équeuté
Le jus de 1 citron
1 cuillère à soupe d'eau
8 g de sel
2 g de poivre soit 4 tours de moulin
3 cuillères à soupe de persil plat
1 cuillère à soupe de ciboulette
1 cuillère à café d'estragon
2 cuillères à soupe d'échalote
50 g de champignons de Paris
50 g de lard de poitrine
50 g de fromage frais blanc
} hachés en très fine **mirepoix**

Ingrédients de la sauce-malvoisie

10 g de beurre
1 cuillère à soupe d'échalote hachée
3 cl de vinaigre de Malvoisie
5 cl de bouillon de volaille obtenus à partir de 1/10 de tablette de bouillon de volaille instantané diluée dans 5 cl d'eau
2 cuillères à soupe de crème fraîche double
20 g de beurre ramolli à la température de la cuisine
15 g de dés de tomate concassée crue *(voir recette p. 410)*
1 cuillère à café de pluches de cerfeuil

Ustensiles de préparation et de présentation

1 mixer, 1 saladier
1 gros couteau tranchant
1 plat à rôtir ovale, 1 bol
1 chinois étamine
1 petite casserole, 1 bain-marie
4 grandes assiettes individuelles ou
1 plat de service
} chauds

« *UNE MARMELADE DE PERSIL ENTRE CHAIR ET PEAU* »

PRÉPARATION DE LA FARCE :

1. Broyer ensemble au mixer les 50 g de beurre, la cuillerée à soupe de persil qui donnera sa couleur à la farce, le jus du citron, la cuillerée à soupe d'eau, le sel et le poivre.

2. Verser ce mélange dans le saladier, y ajouter le restant des ingrédients finement hachés de la farce : persil, ciboulette, estragon, échalote, champignons, lard et fromage blanc. Malaxer l'ensemble avec une fourchette de façon à obtenir une pâte bien homogène.

« TRUFFAGE » DU POULET :

3. En partant de la base du cou préalablement sectionné au couteau tranchant, décoller entièrement, à la main, la peau de la volaille, en glissant délicatement les doigts entre chair et peau; progresser avec précaution afin de ne pas déchirer cette dernière. Introduire, toujours à la main, dans l'espace ainsi ménagé, la farce que l'on répartira uniformément sur les filets et les cuisses.

CUISSON :

4. Mettre le poulet à rôtir dans le plat, sur le dos, sans aucune matière grasse, après en avoir assaisonné l'intérieur de sel et poivre. Laisser cuire 45 minutes à four préalablement chauffé à chaud (240 °C — Thermostat 8), en prenant soin de l'arroser fréquemment du gras de cuisson provenant de la farce.

5. La cuisson terminée, ôter la volaille du plat et la tenir au chaud, recouverte d'une feuille de papier aluminium, sur une assiette, sur la porte ouverte du four encore chaud de la cuisson.

PRÉPARATION DE LA SAUCE MALVOISIE :

6. **Débarrasser** la graisse de cuisson en la vidant dans le bol; la remplacer par les 10 g de beurre, y faire revenir 2 minutes, sans colorer, la cuillerée à soupe d'échalote hachée, **déglacer** avec le vinaigre et laisser **réduire** des 3/4 de son volume, en grattant bien le fond du plat à la fourchette, pour en décoller tous les sucs caramélisés à la cuisson (4).

7. Ajouter le bouillon de volaille et la crème, faire bouillir le mélange et laisser **réduire** à nouveau du tiers de son volume; puis, à la fin de l'opération, incorporer les 20 g de beurre en parcelles.

8. Passer cette sauce au chinois étamine, y ajouter les dés de tomate concassée et la cuillerée à café de pluches de cerfeuil. Si elle doit attendre, la tenir au chaud dans une petite casserole au bain-marie.

FINITION ET PRÉSENTATION :

9. A l'aide du gros couteau tranchant, découper la volaille chaude (5) en quatre, sur la planche de travail; **napper** confortablement le fond des assiettes ou du plat de service de sauce Malvoisie chaude (8) et y dresser joliment les quartiers de volaille.

ASTUCES ET IDÉES MAISON

● D'une manière générale, pour rôtir un poulet et obtenir une coloration uniforme de l'animal, on le couche d'abord sur un flanc, puis, au tiers de la cuisson, on le retourne sur l'autre flanc et enfin, on achève la cuisson de la volaille, pendant le même temps, sur le dos. Le temps de cuisson est fonction du poids du poulet, soit environ 15 à 18 minutes par livre.

● C'est pour éviter tout risque de déchirure de la peau que, dans cette recette, le poulet cuit entièrement sur le dos.

- Le poulet est cuit, lorsqu'en piquant, à l'aiguille, la jointure de l'os située entre le pilon et le gras de cuisse, le jus qui en sort est clair, sans traces rosées de sang.

- Pour donner du relief à un simple poulet rôti, on le garnira à l'intérieur, juste avant de le mettre au four, de quatre petits croûtons légèrement aillés.

pintade au vin de Margaux et au lard fumé

Marché pour 4 personnes

Ingrédients principaux	1 pintade de 1 kg 200 vidée et préparée par le volailler Poivre du moulin 180 g de lard de poitrine fumé 5 cl d'huile d'arachide 30 g de beurre
Ingrédients de la marinade	1 litre de vin de Bordeaux, cru Margaux 2 carottes moyennes, 1/2 oignon } épluchés et **détaillés** en **mirepoix**, petits dés de 1 cm de section 1 petit bouquet garni 1 clou de girofle 1 gousse d'ail non pelée
Ingrédients de la sauce et de la garniture	1 cuillère à soupe de farine 1 litre de bouillon de volaille obtenu à partir de 2 tablettes de bouillon de volaille instantané diluées dans 1 litre d'eau 80 g de petits oignons dits « grelots » frais ou secs épluchés 8 cl de crème fraîche double 2 cuillères à soupe de crème de cassis
Ustensiles de préparation et de présentation	1 gros couteau tranchant 8 pique-olives en bois 1 saladier 1 écumoire à manche 1 poêle 1 cocotte ovale en fonte 1 spatule en bois 1 chinois étamine 4 assiettes individuelles ou, 1 plat rond de service } chauds

« *UNE VARIATION PITTORESQUE DU COQ AU VIN* »

LA VEILLE, MARINADE DE LA PINTADE :

1. A l'aide du gros couteau tranchant, découper la pintade en huit morceaux, chaque aile et chaque cuisse étant elles-mêmes **détaillées** en deux.

2. Les assaisonner à plat sur la table de quelques tours de moulin à poivre; le sel sera apporté par le lard fumé.

3. Découper à son tour le lard en huit tranches fines, et y enrouler respectivement chaque morceau de pintade; pour maintenir les tranches de lard bien enroulées, traverser de part en part, chaque morceau emmailloté, d'un petit pique-olive en bois.

4. Déposer les morceaux de pintade ainsi préparés dans le saladier, les recouvrir de tous les ingrédients de la marinade et les laisser macérer ainsi toute une nuit au réfrigérateur.

CUISSON DE LA PINTADE :

5. Le lendemain, les égoutter, puis les essorer sur un linge.

6. Faire chauffer dans la poêle les 5 cl d'huile d'arachide; lorsque celle-ci commence à fumer, y mettre à dorer les morceaux de pintade, d'abord 4 minutes, côté peau en dessous, puis 4 autres minutes, côté chair en dessous.

7. Les égoutter et les transvaser dans la cocotte contenant les 30 g de beurre préalablement chauffés. Ajouter les dés de carottes et d'oignon égouttés de la marinade (4), continuer de faire revenir l'ensemble; puis saupoudrer de la cuillerée de farine et laisser cuire 4 minutes à découvert en remuant avec la spatule en bois.

8. Verser dans la cocotte le vin de la marinade (4), son bouquet garni, sa gousse d'ail, le litre de bouillon de volaille et les petits oignons. Porter à ébullition et laisser cuire à découvert, à petits bouillons, pendant 20 minutes.

FINITION ET PRÉSENTATION :

9. Dès la fin de la cuisson, égoutter, à l'écumoire, les morceaux de pintade et les petits oignons; ôter les pique-olives et mettre le tout au chaud entre deux assiettes creuses, sur la porte ouverte du four préalablement chauffé à doux (170 °C — Thermostat 5).

10. Verser la crème fraîche dans la cocotte, faire bouillir à découvert, ajouter la crème de cassis, vérifier l'assaisonnement, et laisser **réduire** pendant 10 minutes, de la moitié de son volume, ce mélange aux saveurs de vin et de fumé.

11. Disposer les morceaux de pintade sur les assiettes individuelles ou sur le plat de service, **napper** le tout de la sauce (10) en la passant au dernier moment au travers du chinois étamine. Parsemer des petits oignons et servir aussitôt.

ASTUCES ET IDÉES MAISON

- Dans cette recette, la crème de cassis a deux effets : consolider le goût du vin et renforcer la couleur de la sauce.

- Si l'on veut obtenir une sauce plus « civet », on peut ajouter 4 cl de sang de porc à la crème de cassis, mais ne plus faire bouillir.

- Plutôt que d'être cuits dans la sauce (8), les petits oignons peuvent être « glacés à brun » séparément *(voir recette p. 414)*.

pigeonneau en bécasse

Marché pour 4 personnes

Ingrédients principaux	4 pigeonneaux de grain des Landes, de 450 g pièce environ 40 g de beurre Sel et poivre 3 cl de Porto
Ingrédients de la farce-liaison	10 g de beurre 1 cuillère à soupe rase d'échalote hachée Les foies des 4 pigeonneaux **réservés** par le volailler 40 g de foie gras frais des Landes ou mi-cuit de conserve (facultatif) 30 g de beurre ramolli à la température de la cuisine 1 cuillère à soupe rase de crème fraîche double Sel et poivre 4 fines rondelles de baguette de pain
Ingrédients de préparation de la sauce	1 cuillère à soupe d'échalote hachée 2 cuillères à soupe d'Armagnac 2 cuillères à soupe de Porto rouge 1/2 litre de vin rouge d'Algérie
Ustensiles de préparation et de présentation	1 plat ovale allant au four 1 couteau d'office 1 petite casserole 1 écumoire à manche 1 mixer 1 petit bol 1 spatule en acier 1 petit couperet ou 1 gros couteau lourd 1 chinois étamine 1 petit fouet 4 grandes assiettes plates chaudes

« *UN PIGEONNEAU EN PARFUM DE CHASSE* »

PRÉPARATION ET CUISSON DES PIGEONNEAUX :

1. Faire vider les pigeonneaux par le volailler; lui demander de vous conserver les foies à part, et de bien laisser attachés à la bête cou et tête, débarrassée des yeux. Faire **brider** chaque animal en lui maintenant la tête glissée sous l'aile.

2. Faire chauffer les 40 g de beurre dans le plat ovale, assaisonner l'intérieur et l'extérieur des pigeonneaux de sel et poivre, les faire rouler dans le beurre chaud et les y laisser colorer doucement sur toutes leurs faces.

3. Rentrer le plat au four préalablement chauffé à chaud (240 °C — Thermostat 8), y laisser cuire les pigeonneaux 12 minutes en les arrosant 2 ou 3 fois de leur jus de cuisson.

4. Dès qu'ils sont cuits, à l'aide du couteau d'office bien aiguisé, en découper et détacher les ailes et les cuisses, et les ranger entre deux assiettes creuses après les avoir arrosées des 3 cl de Porto. Les tenir au chaud sur la porte ouverte du four réglé à doux (180 °C — Thermostat 5) : elles finiront ainsi de cuire tout doucement, et leur chair, reposée, deviendra souple et rosée. **Réserver** les carcasses.

PRÉPARATION DE LA FARCE-LIAISON :

5. Pendant le temps de cuisson des volatiles (3), faire revenir vivement 30 secondes dans la petite casserole préalablement chauffée et enduite des 10 g de beurre, l'échalote hachée et les foies des pigeonneaux **réservés** par le volailler (1). L'opération doit se faire très rapidement et les foies rester saignants; les sortir de la casserole en les égouttant bien à l'écumoire et les laisser refroidir quelques instants.

6. Les verser dans le mixer avec les 40 g de foie gras,

15 g de beurre, et la cuillerée à soupe rase de crème fraîche. Assaisonner de sel et poivre, broyer l'ensemble et **débarrasser** dans un petit bol.

7. Avec la spatule en acier, tartiner les 4 rondelles de pain des 15 g de beurre restants; les mettre à dorer sous le gril du four, puis les garnir confortablement de la moitié de la farce-liaison (6). Tenir au chaud près des pigeonneaux découpés (4), sur la porte ouverte du four.

PRÉPARATION DE LA SAUCE :

8. A l'aide du petit couperet, concasser grossièrement chaque carcasse (4) en six morceaux. Les remettre ainsi **détaillées** dans le plat ovale de cuisson (3), y ajouter la cuillerée à soupe d'échalote hachée et faire revenir et blondir l'ensemble 4 minutes.

9. Verser ensuite l'Armagnac et le Porto, en grattant bien le plat à la fourchette, pour décoller et faire dissoudre tous les sucs caramélisés au fond, lors de la première cuisson. Faire bouillir et laisser **réduire** ce mélange pendant 15 minutes, des 3/4 de son volume une première fois, puis procéder de la même manière une seconde fois, après avoir ajouté le vin rouge.

10. Passer cette réduction au chinois étamine sur la petite casserole préalablement rincée, de la cuisson des foies (5). Faire chauffer doucement sans porter à ébullition et y incorporer en fouettant le restant de farce-liaison (6) qui va apporter à l'ensemble l'onctuosité souhaitée. Tenir au chaud sur la porte ouverte du four maintenu à doux (180 °C — Thermostat 5).

FINITION ET PRÉSENTATION :

11. Dépouiller délicatement ailes et cuisses (4) de leur peau; dresser chaque pigeon à plat au fond de l'assiette à la manière d'un bas-relief aztèque ou égyptien, c'est-à-dire les quatre

membres en vis-à-vis parfait, par deux, reconstituant la dépouille géométrique de l'animal vu de dos, le tout surmonté de la tête de l'oiseau fendue et ouverte en deux. **Napper** de la sauce (10) et flanquer le volatile du petit croûton de farce (7).

ASTUCES ET IDÉES MAISON

- On peut entourer les pigeonneaux, pendant leur cuisson, de 24 gousses d'ail épluchées et **blanchies** successivement 3 fois 1 minute dans de l'eau bouillante renouvelée à chaque fois, ceci afin d'adoucir ces dernières et de les empêcher d'être indigestes. Au contact du beurre de cuisson (3), elles vont colorer et prendre un délicieux goût de noisettes servant ainsi de légume d'accompagnement.

- Pour mettre en valeur la silhouette des pigeonneaux sur l'assiette, on pourra les dresser sur quelques feuilles d'épinards épluchées et **blanchies** 30 secondes à l'eau bouillante, créant ainsi un joli cerne vert tendre autour des volailles.

aiguillettes de caneton au poivre vert

Marché pour 4 personnes

Ingrédients principaux	2 canetons de 2 kg 400 pièce (Challans ou Rouen) de préférence étouffés; vidés et préparés par le volailler Sel et poivre 1 cuillère à soupe d'huile d'arachide
Ingrédients de la sauce poivre vert	12 cl de vin blanc sec 4 cl d'Armagnac 4 cl de jus de rinçage de la boîte de poivre vert (le jus de conserve contenu dans la boîte étant trop violent) 6 cl de bouillon de volaille obtenus à partir de 1/10 de tablette de bouillon de volaille instantané dilué dans 6 cl d'eau 30 cl de crème fraîche double 1 cuillère à soupe de vinaigre de vin } caramel 1/2 cuillère à café de sucre semoule } caramel 2 cl de Porto rouge 20 g de poivre vert 20 g de poivrons rouges (pimentos) **détaillés** en cubes miniatures de 3 mm de section Sel
Ingrédients de garniture	3 pommes reinettes de 180 g pièce 30 g de beurre
Ustensiles de préparation et de présentation	1 plat ovale à rôtir en fonte émaillée 2 petites casseroles 1 spatule en bois 1 bain-marie 1 couteau économe 1 petit couteau d'office 1 poêle et son couvercle 1 long couteau à lame flexible 4 assiettes individuelles ou } très chauds 1 plat long de service } très chauds

« *UNE ÉPICE FRAÎCHE D'OUTRE-MER POUR LE CANARD* »

PRÉPARATION DES CANETONS :

1. Détacher les cuisses de chacun des canetons : pour ce faire, maintenir le premier canard à plat, appuyé sur un flanc, l'aile dirigée vers la droite. Glisser un couteau large et tranchant entre la cuisse et la carcasse; couper au ras de celle-ci, et en même temps, de la main gauche, tirer sur la cuisse pour la séparer définitivement de la carcasse.
Opérer de la même façon pour la seconde cuisse, en appuyant le canard sur l'autre flanc. Procéder de même pour le second canard.
Réserver les 4 cuisses pour la confection des « cuisses de canard confites » *(voir recette p. 340)* : seuls les deux poitrails flanqués de leurs filets, dits « suprêmes », seront utilisés ici.

CUISSON DES CANETONS :

2. Les assaisonner de sel et de poivre, à l'intérieur et à l'extérieur; les déposer dans le plat à rôtir, côté peau audessus, les arroser de la cuillerée à soupe d'huile d'arachide et les mettre à cuire 20 minutes, au four préalablement chauffé à très chaud (250 °C — Thermostat 9-10).

3. Sortir le plat du four, en ramener la température à doux (180 °C — Thermostat 6), et tenir le plat sur la porte ouverte, soigneusement recouvert d'un papier aluminium; la chair des canards va finir de cuire doucement, se détendre, reposer et prendre une couleur uniformément rosée.

PRÉPARATION DE LA SAUCE POIVRE VERT :

4. Dans la première petite casserole, verser les 12 cl de vin blanc, les 4 cl d'Armagnac, porter le mélange à ébullition,

laisser cuire, à découvert, à petits bouillons, pendant environ 6 minutes, et **réduire** des 2/3 de son volume.

5. Ajouter les 4 cl de jus de rinçage du poivre vert et les 6 cl de bouillon de volaille, laisser bouillir à nouveau 5 minutes, ajouter les 30 cl de crème fraîche, saler légèrement et finir la cuisson à faibles bouillons pendant 15 minutes, de façon à laisser **réduire** le nouveau mélange de 1/3 de son volume.

6. Pendant ce temps, mettre la seconde petite casserole sur le feu, y verser la cuillerée à soupe de vinaigre de vin et la 1/2 cuillerée à café de sucre; laisser bouillir 30 secondes jusqu'à ce que le mélange devienne sirupeux et marron clair, comme du caramel.

7. Verser ce caramel dans la sauce **réduite** (5), ajouter le Porto, bien mélanger la sauce obtenue à la spatule en bois, y verser le poivre vert et les dés de pimentos. Rectifier l'assaisonnement et **réserver** au chaud au bain-marie.

PRÉPARATION DES POMMES :

8. Peler les 3 pommes au couteau économe, les couper en deux au couteau d'office, les débarrasser de leurs pépins et de la partie ligneuse du cœur du fruit, puis les **détailler** chacune en huit quartiers.

9. Faire chauffer, à feu moyen, les 30 g de beurre dans la poêle, y faire colorer doucement les quartiers de pommes, 10 minutes sur chaque face; éloigner du feu et tenir au chaud en couvrant la poêle.

FINITION ET PRÉSENTATION :

10. Dépouiller délicatement les poitrails de canards (3) de leur peau.

11. **Lever*** les 4 filets des canetons : pour ce faire, les dégager

* Voir illustration p. 100.

et les détacher en glissant le couteau à lame flexible le long de l'os du poitrail; puis, les **escaloper** en biais en aiguillettes très fines, dans l'épaisseur.

12. Les disposer en éventail sur les assiettes ou le plat de service très chauds; les **napper** confortablement de la sauce poivre vert (7) et disposer tout autour, en couronne, les quartiers de pommes dorés (9).

ASTUCES ET IDÉES MAISON

● Pour réaliser un mariage heureux entre la fraîcheur du poivre vert et la chair du canard, il est indispensable que ce dernier ne soit pas saigné mais étouffé : son sang reflue alors par capillarité dans la chair, lui apportant une jolie couleur rosée, un parfum musqué et une merveilleuse tendreté. Pour que leur chair atteigne ce moelleux, il est recommandé de cuire les canards une demi-heure avant le repas où l'on doit les servir.

● Si l'on veut présenter entiers, les poitrails de canard aux convives, et les **détailler** aisément en aiguillettes devant eux, il est préférable d'enlever le petit os en forme de V, « l'os à vœux », sorte de clavicules du canard, situé sur l'avant de la poitrine, à l'emplacement du jabot. Pour cela, il suffit d'inciser à l'aide du couteau d'office, de chaque côté de cet os, et de le tirer vers soi en l'arrachant par la pointe du V.

● La sauce poivre vert (7) peut accompagner avec talent toutes les viandes blanches, volaille et veau, mais également la viande rouge et les poissons grillés ou poêlés.

grillade de canard de Chalosse au beurre d'herbes fines

Marché pour 4 personnes

Ingrédients principaux	2 « magrets » de canard gras des Landes de 350 g pièce *(voir définition p. 166)*
Ingrédients de la marinade	5 cl d'huile d'olive 5 cl d'huile d'arachide 5 cl de vin d'Algérie
Ingrédients de la sauce	150 g d'échalote pelée et hachée 25 cl de vinaigre de vin 1 cuillère à soupe de vinaigre de Jerez 60 g de beurre ramolli à la température de la cuisine 1 cuillère à café de ciboulette } frais hachés 1 cuillère à café de cerfeuil } frais hachés 1 cuillère à café de persil plat } frais hachés 1 cuillère à café d'estragon } frais hachés Sel et poivre du moulin
Légumes d'accompagnement	Pommes frites au gros sel *(voir recette p. 434)*
Ustensiles de préparation et de présentation	1 couteau d'office 1 plat ovale creux en terre 1 cocotte en fonte 1 écumoire à manche 2 assiettes creuses chaudes 1 petite casserole 1 fouet 1 bain-marie 1 grand couteau souple et tranchant 4 assiettes plates ou } très chauds 1 plat de service rond } très chauds

« *LA SENSUALITÉ D'UNE VIANDE ROUGE DE CANARD* »

LA VEILLE, MARINADE DES MAGRETS :

1. Dénerver et éliminer à l'aide du petit couteau d'office les quelques membranes nerveuses, apparentes côté chair des magrets, et à l'aide du même couteau, les inciser en les quadrillant en losanges, côté peau.

2. Les déposer dans le plat creux, côté chair en dessous, et verser dessus les ingrédients de la marinade, huiles d'olive, d'arachide et vin rouge. Les retourner, côté peau en dessous, au bout de 12 heures. Laisser mariner ainsi au réfrigérateur un minimum de 24 heures.

CUISSON DES MAGRETS :

3. Les cuire sur le gril dans la cheminée ou bien de la manière suivante :
Faire chauffer la cocotte en fonte à feu moyen, y déposer les magrets, sans aucune matière grasse, côté peau en dessous, et les laisser cuire ainsi 10 minutes. Leur graisse va fondre et les empêcher d'attacher. Les retourner et les laisser cuire 3 minutes, côté chair en dessous. Les sortir de la cocotte à l'écumoire, et les tenir au tiède, entre deux assiettes creuses, sur la porte ouverte du four préalablement chauffé à doux (180 °C — Thermostat 6). Leur chair va reposer et se détendre.

C'est avec la graisse fondue recueillie après cette cuisson que l'on préparera les frites au gros sel.

PRÉPARATION DE LA SAUCE :

4. Mettre à cuire, à feu moyen, dans la petite casserole, l'échalote hachée et le vinaigre de vin. Laisser **réduire** cette préparation jusqu'à ce qu'elle prenne la consistance d'une marmelade mouillée : il doit en rester 5 cuillerées à soupe.

5. Ajouter le vinaigre de Jerez et redonner un bouillon. Puis réduire le feu, et incorporer les 60 g de beurre en parcelles, en fouettant le mélange au fouet, et en faisant décrire à la casserole quelques cercles rapides sur elle-même, afin d'homogénéiser la sauce qui s'épaissit et devient onctueuse.

6. Assaisonner de sel et poivre du moulin, ajouter la ciboulette, le cerfeuil, le persil et l'estragon. Tenir au chaud au bain-marie si la sauce doit attendre avant d'être servie.

PRÉSENTATION :

7. A l'aide du grand couteau souple, découper les magrets dans le sens de la largeur, comme vous le feriez pour des tranches de rosbif, en leur donnant une épaisseur de 2 à 3 mm. Les ranger en éventail tout autour des assiettes ou du plat de service, dresser au centre les frites au gros sel, et **napper** les tranches de magret de la sauce au beurre d'herbes fines (6).

ASTUCES ET IDÉES MAISON

● Les « magrets » peuvent rester huit jours au réfrigérateur dans leur marinade; leur chair « mûrit » et n'en est que plus goûteuse. Il ne faut toutefois pas dépasser ce délai.

patte d'oie farcie

Marché pour 4 personnes

Ingrédients principaux

8 pattes d'oies
2 pieds de porc à acheter préparés chez le charcutier
3 litres d'eau
25 cl de vin blanc sec
1 petit bouquet garni
10 grains de poivre
20 g de gros sel

Ingrédients de la farce

10 g de morilles séchées
1 cuillère à café de beurre
100 g d'oignon pelé et haché fin
400 g de ris de veau cru et dénervé
60 g de blanc de poulet cru dépouillé de sa peau
1 branche de thym émietté
Sel et poivre
10 cl de vin blanc
10 cl de Porto
60 g de foie gras frais des Landes
50 g de jambon cru de pays
30 g de truffes

Ingrédients de la panure

{ 1 œuf
{ 5 cl d'huile d'olive
{ 1 cuillère à café de moutarde
80 g de pain de mie rassis émietté en chapelure
80 g de beurre fondu

Ingrédients de la sauce	100 g de beurre ramolli à la température de la cuisine 50 g de carottes 20 g de céleri-rave 50 g de champignons de Paris 20 g de truffes (facultatif) } épluchés et taillés en **mirepoix**, petit dés de 2 mm de section 3 cl de Porto 15 cl de bouillon de volaille obtenus à partir de 1/3 de tablette de bouillon de volaille instantané dilué dans 15 cl d'eau Sel et poivre
Légumes d'accompagnement	Pommes frites au gros sel *(voir recette p. 434)* Pommes à la peau *(voir recette p. 430)*
Ustensiles de préparation et de présentation	1 grande casserole 1 écumoire à manche 2 planchettes de bois 2 poids de 1 kg 1 couteau d'office 2 bols 1 grande casserole large et plate, sautoir et son couvercle 1 petit fouet 1 pinceau 1 plat creux à gratin 1 petite casserole 1 spatule en bois 1 bain-marie 4 grandes assiettes individuelles ou 1 plat long de service } chauds

« UNE NOTE D'HUMOUR TERRIEN UN RIEN SURRÉALISTE... »

CUISSON ET PRÉPARATION DES PATTES ET DES PIEDS :

1. Laver les pattes d'oies et les pieds de porc à l'eau fraîche, les poser dans le fond de la grande casserole; les recouvrir des 3 litres d'eau, du vin blanc, ajouter bouquet garni, grains de poivre et gros sel. Amener à ébullition, écumer régulièrement à l'écumoire et laisser cuire à découvert sur feu doux, à frémissements, pendant 3 heures.

2. La cuisson terminée, égoutter les pattes d'oies et les mettre à chaud, sous presse, en les maintenant à plat pendant 1/2 heure sous les planchettes alourdies des poids de 1 kg : cette opération aplatit leurs palmes et les prépare à recevoir la farce dans le réceptacle creux ainsi ménagé.

3. Décortiquer la chair des pieds de porc, la **détailler** au couteau d'office en petits dés de 5 mm de section.

PRÉPARATION DE LA FARCE DES PATTES :

4. Laver les morilles séchées plusieurs fois à l'eau fraîche, puis les faire gonfler à l'eau tiède dans un bol, et les couper en deux.

5. Dans le grand sautoir, faire chauffer la cuillerée à café de beurre, y faire revenir, sans colorer, pendant 2 minutes, les morilles et l'oignon haché.

6. Ajouter le ris de veau, le blanc de poulet, le thym émietté; saler et poivrer; laisser mijoter l'ensemble 2 minutes, verser le vin blanc, faire bouillir et laisser **réduire** jusqu'à évaporation de la moitié du liquide. Verser le Porto, couvrir et laisser cuire à petits bouillons 30 minutes. Laisser refroidir.

7. Découper au couteau d'office morilles, ris de veau et blanc de poulet (6) en petits dés de 5 mm de section. Opérer de même pour les 60 g de foie gras, les 50 g de jambon et les 30 g de truffes.

8. Ajouter à cet ensemble (7) 5 cl du jus de cuisson (6) et les pieds de porc **détaillés** (3). Bien mélanger cette préparation à la fourchette.

9. Garnir de cette farce tassée en forme de petits dômes, la paume des pattes d'oies (2); les rentrer au réfrigérateur 1/2 heure environ pour que l'ensemble prenne et se « tienne » bien.

PANURE :

10. Battre ensemble au fouet dans le bol, l'œuf, l'huile d'olive et la moutarde; puis en badigeonner au pinceau les dômes de farce (9). Ranger ensuite les pattes dans le plat creux, les saupoudrer de la chapelure et les mettre 15 minutes à gratiner à four préalablement chauffé à chaud (220 ºC — Thermostat 8), en les arrosant régulièrement des 80 g de beurre fondu, pendant toute l'opération.

PRÉPARATION DE LA SAUCE :

11. Pendant le gratinage, faire chauffer 20 g de beurre dans la petite casserole et y faire revenir, sans colorer, successivement et dans l'ordre, à 3 minutes d'intervalle : les 50 g de carottes, 20 g de céleri, 50 g de champignons et 20 g de truffes : les carottes cuiront donc 9 minutes, le céleri 6 minutes et les champignons et truffes 3 minutes. Pendant cette opération, prendre soin de remuer les légumes à la spatule en bois afin d'éviter qu'ils n'attachent. Assaisonner de sel et poivre.

12. **Déglacer** avec les 3 cl de Porto, laisser **réduire** de moitié, verser le bouillon de volaille, faire bouillir 10 minutes et ajouter les 80 g de beurre restant en parcelles, en faisant

décrire à la casserole des mouvements circulaires rapides sur elle-même. Si la sauce doit attendre avant d'être servie, la tenir au chaud au bain-marie.

FINITION ET PRÉSENTATION :

13. **Napper** le fond des assiettes individuelles ou du plat de service de la sauce (12) et y dresser les pattes d'oies au sortir du four. Servir avec les pommes frites au gros sel ou les pommes à la peau.

ASTUCES ET IDÉES MAISON

- C'est la texture gélatineuse des pieds de porc qui sert d'agent de liaison à cette farce rustique et la rend particulièrement moelleuse.

- Plus simplement, les pattes d'oies peuvent servir de présentoir original à un hachis parmentier gratiné et accompagné de sauce coulis de tomates *(voir recette p. 120)*.

cuisses de canard confites

Marché pour 4 personnes

Ingrédients principaux	4 cuisses de canard **réservées** lors de la confection des « aiguillettes de caneton au poivre vert » *(voir recette p. 328)* 1/2 gousse d'ail pelée 10 g de sel fin 8 tours de moulin à poivre 1 pointe de noix de muscade râpée 1/2 feuille de laurier grossièrement hachée 1 petite branche de thym 1 bocal de 750 g de graisse fine d'oie des Landes
Ustensiles de préparation	1 grand couteau tranchant 1 plat creux 1 cocotte en fonte 1 grande casserole inoxydable 1 écumoire à manche 1 poêle 1 grand pot de grès ou 1 bocal de verre de 1 kg, grande ouverture, et son couvercle

« *COMMENT RÉUSSIR LES CONFITS* »

MACÉRATION DES CUISSES DE CANARD :

1. Poser les cuisses de canard bien à plat sur la planche de travail, les frotter des deux côtés avec la gousse d'ail, les saler, comme un steak, de sel fin et poivre du moulin, ajouter le soupçon de noix de muscade râpée. Éparpiller dessus le laurier haché et la branche de thym émiettée.

2. Les déposer dans le plat creux et les laisser macérer ainsi toute une nuit au réfrigérateur.

CUISSON :

3. Mettre les cuisses de canard et leurs aromates dans le fond de la cocotte. Verser dessus la graisse d'oie préalablement fondue dans la grande casserole à four très doux (160 °C — Thermostat 5).

4. Faire chauffer la cocotte et porter à ébullition, puis, réduire le feu pour ramener la cuisson à frémissements. Laisser cuire ainsi, à découvert, pendant 1 heure 15. Lorsque la cuisson de la viande est parfaite, un fétu de paille doit pouvoir s'y enfoncer sans difficulté.

FINITION :

5. Si on les utilise aussitôt, enlever les cuisses de la cocotte en les égouttant à l'écumoire, et les faire juste blondir à la poêle, côté peau en dessous, dans leur graisse de cuisson; laisser refroidir au réfrigérateur sans trop les glacer, elles deviennent alors un plat d'été ou un « en-cas » bien agréables; on les servira accompagnées d'une simple salade à l'huile de noix.

6. Sinon, on peut conserver ces cuisses confites soit en les rangeant, soigneusement recouvertes de leur graisse de cuisson, dans un pot de grès que l'on gardera ainsi plusieurs mois au réfrigérateur, soit en limitant leur cuisson (5) à 45 minutes, et en procédant à leur stérilisation en pot de verre pendant 1 heure *(voir méthode p. 313)*.

ASTUCES ET IDÉES MAISON

- Ce confit entre dans la composition du « **pot-au-feu du pot-au-feu** » *(voir recette p. 403)*.

- Vous pouvez de la même façon, faire des confits de poulet ou de pintadeau; le résultat est original et savoureux.

baron de lapereau mange-tout

Marché pour 2 personnes

Ingrédients principaux	Le baron, soit les 2 cuisses et le râble, d'un jeune lapin de 1 kg 200, préparé par le volailler 20 g de beurre Sel et poivre
Ingrédients de la garniture d'accompagnement	1 litre d'eau 15 g de gros sel 12 petits navets longs nouveaux avec leurs « fanes » 40 g de feuilles d'épinards équeutées 75 cl d'eau 45 g de beurre ramolli à la température de la cuisine Sel et poivre 10 g de sucre en poudre
Ingrédients de cuisson du jus d'accompagnement	10 cl de bouillon de volaille obtenus à partir de 1/5 de tablette de bouillon de volaille instantané dilué dans 10 cl d'eau Sel et poivre 30 g de beurre ramolli à la température de la cuisine
Ustensiles de préparation et de présentation	1 casserole moyenne 1 écumoire à manche 1 couteau économe 1 cocotte en fonte et son couvercle 1 gros couteau tranchant 4 assiettes creuses chaudes 1 couteau d'office bien aiguisé 1 couteau long, fin, souple et tranchant 2 assiettes plates individuelles ou 1 plat rond de service } chauds

« *LE LAPIN CUIT DANS SA LITIÈRE FAVORITE* »

PRÉPARATION DES LÉGUMES :

1. Détacher soigneusement les feuilles vertes ou « fanes » des navets, et conserver à ces derniers 3 cm du toupet vert formé à leur sommet par le faisceau des tiges.

2. **Blanchir** 1 minute, dans la casserole moyenne remplie du litre d'eau bouillante salée à 15 g de gros sel, « fanes » des navets et feuilles d'épinards; les égoutter à l'écumoire.

3. Peler les navets à l'aide du couteau économe, les laver à l'eau fraîche et les disposer dans le fond de la casserole.

4. Les recouvrir des 75 cl d'eau, ajouter les 45 g de beurre en parcelles, le sel, le poivre et le sucre.

5. Les mettre à cuire à découvert, à feu doux, pendant 18 minutes, jusqu'à évaporation complète du liquide, en prenant soin de faire décrire à la casserole des cercles rapides et réguliers sur elle-même, afin d'enrober les navets d'une jolie couche luisante de « glaçage », produit par le mélange intime du beurre et du sucre.

CUISSON DU LAPIN :

6. Faire chauffer les 20 g de beurre dans la cocotte. Y faire colorer, à feu moyen, le baron sur toutes ses faces, pendant 4 minutes.

7. L'assaisonner de sel et poivre; ajouter tout autour feuilles de navets et d'épinards (2), couvrir, et laisser cuire 5 minutes à la même température.

8. Détacher le râble, en le sectionnant avec le gros couteau au départ des cuisses, et le tenir au chaud entre deux assiettes creuses au four préalablement chauffé à doux (160 °C — Thermostat 5).

9. Verser le bouillon de volaille dans la cocotte, sur les cuisses, et laisser cuire à nouveau à couvert, pendant 5 minutes.

10. A l'aide de l'écumoire, enlever les feuilles (7) et les cuisses, les tenir au chaud, au four, près du râble, entre deux autres assiettes.

PRÉPARATION DE LA SAUCE-JUS :

11. Dans la cocotte, faire bouillir et laisser **réduire** le bouillon de cuisson (9) du tiers de son volume; y incorporer les 30 g de beurre en parcelles, en faisant décrire à la cocotte des cercles rapides sur elle-même, pour homogénéiser le jus et le rendre onctueux. Baisser le feu, y tenir la cocotte au chaud, mais ne plus faire bouillir.

FINITION ET PRÉSENTATION :

12. Dresser un lit des « fanes » et feuilles égouttées et **réservées** (10) au milieu de chacune des assiettes ou du plat de service; y déposer les cuisses (10) préalablement désossées au couteau d'office.

13. A l'aide du couteau souple, détacher les filets des râbles; les **escaloper** en fines tranches dans le sens de la longueur, et les ranger harmonieusement en dégradé sur les cuisses.

14. Réassaisonner la viande tranchée de sel et poivre du moulin et disposer joliment les navets tout autour.

ASTUCES ET IDÉES MAISON

● La cuisson du lapin peut vous paraître courte, elle est pourtant suffisante, la surcuisson entraîne toujours une contraction et un durcissement des chairs. En procédant ainsi, vous obtiendrez une viande souple, fondante et moelleuse.

● Les « fanes » des jeunes navets employées ici ne sont pas simplement de « l'herbe à lapin », mais bien un légume de talent et d'esprit qui accompagnera originalement les viandes blanches, les volailles et les poissons grillés.

● On peut remplacer agréablement les petits navets nouveaux par le même poids de gros navets ronds, pelés au couteau économe, mais non lavés, **détaillés** en fines rondelles de 2 mm d'épaisseur, poivrés et sautés en cocotte dans une cuillerée à soupe d'huile d'olive, avec 1 gousse d'ail non épluchée et 150 g de lard de poitrine fumé **détaillé** en petits lardons. On les laissera cuire ainsi 10 minutes à découvert sans les saler, le sel du lard suffit, en les retournant à la spatule en bois afin d'éviter qu'ils n'attachent. Le résultat est d'une rare délicatesse.

● A partir des mêmes navets ronds, pelés, non lavés, et **détaillés** au couteau d'office en rondelles presque translucides de finesse, on peut également confectionner à la friture des « navets chips » drôles, délicieux et insolites.

LES GIBIERS

bécasse au fumet de Pomerol

Marché pour 2 personnes

Ingrédients principaux

4 bécasses (*non vidées*)
Sel et poivre du moulin
4 fines tranches de lard maigre pour les **bardes**
50 g de beurre

Ingrédients de la farce et liaison de la sauce

4 rondelles de pain de mie découpées à l'emporte-pièce (diamètre 5 cm, épaisseur 1 cm)
50 g de foie gras frais ou de conserve « mi-cuit »
2 grosses cuillères à soupe de crème fraîche double
1 cuillère à soupe d'Armagnac
Les entrailles des bécasses **réservées** après la cuisson
Sel et poivre

Ingrédients de la sauce d'accompagnement

1 cuillère à soupe rase d'échalote hachée
4 cuillères à soupe d'Armagnac
4 cuillères à soupe de Porto rouge
32 cl de vin de Bordeaux Pomerol (ou à défaut, de vin rouge d'Algérie)
1 cuillère à café de jus de citron

Ustensiles de préparation et de présentation

1 couteau d'office bien tranchant
1 rouleau de ficelle de cuisine
1 grand plat ovale à rôtir
4 plats creux chauds
1 emporte-pièce (diamètre 5 cm)
1 mixer
1 grand couteau tranchant
1 passoire étamine
1 petite casserole
1 petit fouet
1 bain-marie
4 assiettes plates chaudes

« *LE GIBIER ROI* »

PRÉPARATION ET CUISSON DES BÉCASSES :

1. Plumer les bécasses juste avant de les cuire; il n'est guère utile de les flamber. Surtout, *ne pas les vider*. Leur laisser cou et tête attachés au corps, mais leur retirer les yeux à l'aide du petit couteau d'office.

2. La bécasse ne se **bride** pas : il suffit pour chacune d'elles d'entrelacer ses deux pattes et de lui maintenir les cuisses près du corps en les traversant de part en part à l'aide du long bec toujours attaché au cou déployé le long du flanc de l'oiseau.

3. Les assaisonner de sel et poivre du moulin. Enrouler chaque bécasse dans sa tranche de lard maigre ou **barde**, maintenue au niveau de la poitrine par une ficelle; ceci pour conserver du moelleux à la chair et éviter, à la cuisson, une coloration trop accentuée qui dessécherait la peau.

4. Faire chauffer les 50 g de beurre dans le plat à rôtir, y faire rouler les bécasses pour les dorer sur toutes leurs faces, puis rentrer le plat au four et les laisser cuire pendant 18 minutes à four préalablement chauffé à chaud (240 °C — Thermostat 8), en les arrosant fréquemment de leur jus de cuisson. Au sortir du four, les bécasses auront atteint la cuisson dite rosée ou à la goutte de sang.

5. Leur ôter les **bardes** de lard, et, à l'aide du couteau d'office, découper et détacher cuisses et ailes des carcasses, pour les ranger entre deux plats creux, et les tenir au chaud, sur la porte ouverte du four ramené à doux (180 °C — Thermostat 5).

6. Vider ensuite, à la petite cuillère, les carcasses de leurs entrailles en éliminant les gésiers. **Réserver** séparément entrailles et carcasses dans deux plats creux chauds, près des ailes et cuisses (5).

PRÉPARATION DES RÔTIES ET DE LEUR FARCE :

7. Faire rissoler sur le feu, dans le beurre et le plat de cuisson des bécasses (4), les quatre rondelles de pain de mie; les faire colorer des deux côtés puis les **débarrasser** sur une assiette.

8. Broyer ensemble au mixer les 50 g de foie gras, les deux cuillerées à soupe de crème fraîche, la cuillerée à café d'Armagnac et les entrailles des bécasses **réservées** (6). Assaisonner de sel et poivre du moulin.

9. Prendre à la petite cuillère 1/3 de cette farce (8) et en garnir confortablement les quatre rondelles de pain de mie rissolées (7). Les rentrer au four tenu ouvert et maintenu à doux (180 °C — Thermostat 5) pour réchauffer l'ensemble.

PRÉPARATION DE LA SAUCE :

10. A l'aide du grand couteau, concasser grossièrement en six morceaux, chacune des carcasses **réservées** (6). Les remettre dans le plat ovale de cuisson avec la cuillerée à soupe d'échalote hachée, pour les faire revenir et blondir 4 minutes.

11. Verser ensuite l'Armagnac et le Porto, laisser bouillir en grattant bien le plat à la fourchette pour en décoller et faire dissoudre tous les sucs caramélisés au fond, lors de la première cuisson (4). Verser le vin de Pomerol et laisser **réduire** le mélange des 3/4 de son volume. Ajouter enfin la cuillerée à café de jus de citron.

12. Passer cette **réduction** à la passoire étamine dans la petite casserole, puis la remettre à chauffer sans *laisser bouillir*, et y incorporer, en fouettant au petit fouet, le restant de farce-liaison (8) qui va apporter à l'ensemble l'onctuosité souhaitée. Tenir au chaud au bain-marie.

FINITION ET PRÉSENTATION :

13. Prendre les oiseaux découpés et **réservés** au chaud après leur cuisson (5), et dresser chaque bécasse à plat au fond de chaque assiette à la manière d'un bas-relief aztèque ou égyptien ; c'est-à-dire, les quatre membres en vis-à-vis parfait, par deux, reconstituant la dépouille géométrique de l'animal vu de dos, le tout surmonté de la tête de l'oiseau fendue et ouverte en deux. **Napper** de la sauce (12) et flanquer chaque volatile de son petit croûton de farce (9).

ASTUCES ET IDÉES MAISON

- Je suis définitivement contre l'emploi systématique des « canapés-croûtons » alias tranches de pain ordinaire ou pain de mie que l'on glisse sous les viandes ou gibiers, et qui, grâce à la sauce qui les recouvre, se transforment rapidement en véritables « babas au rhum »... Un croûton, recouvert de farce ou non, doit rester croustillant et, par conséquent, être placé à l'écart de la sauce et, non point, baigner dedans.

- Dieu soit loué, nul n'a encore trouvé le moyen de réussir l'élevage industriel de la bécasse. Il est bon de la consommer dans un délai maximum d'une semaine après qu'elle a été tuée, et de la conserver au frais pendant ce temps. Une maturité faisandée détruit l'élégance de sa chair.

- C'est parce que la bécasse rejette ses excréments à chaque envolée, que ses intestins blancs, gras et délicieusement parfumés sont si agréablement comestibles.

navarin de faisan aux pieds de cochon

Marché pour 4 personnes

Ingrédients principaux	1 poule faisane de 800 g environ Sel et poivre du moulin 1 gros pied de cochon, pied de devant de préférence, acheté cuit, chez le charcutier, mais non pané 125 g de lard maigre de poitrine en 5 tranches fines **détaillées** chacune en 8 petits lardons
Ingrédients de la garniture de légumes	12 petits oignons dits « grelots » épluchés 12 petits champignons de Paris épluchés 8 mini-carottes 8 mini-navets 8 mini-pommes de terre } soit 150 g nets de chaque légume obtenus à partir de légumes nouveaux taillés, arrondis et **tournés** * en forme de grosses olives 60 g de petits pois frais écossés ou surgelés 1 litre d'eau bouillante 15 g de gros sel } eau de cuisson des petits pois
Ingrédients de la sauce et de sa liaison	10 cl d'Armagnac 25 cl de bouillon de volaille instantané obtenus à partir de 1/2 tablette de bouillon de volaille instantané diluée dans 25 cl d'eau 25 cl de vin rouge d'Algérie 1 bouquet garni enrichi d'une branche d'estragon Sel et poivre 2 grosses tomates bien mûres 1 gousse d'ail 2 cuillères à soupe d'huile d'olive
Ustensiles de préparation et de présentation	1 grand couteau lourd et tranchant 1 petit couteau d'office 1 cocotte en fonte et son couvercle 1 écumoire à manche 1 bol, 1 casserole, 1 égouttoir à pieds 1 mixer, 1 légumier chaud 4 assiettes plates chaudes

« *UN MARIAGE ÉTRANGE ET SOPHISTIQUÉ* »

PRÉPARATION DU FAISAN ET DU PIED DE COCHON :

1. Plumer, vider et flamber la poule pour faire disparaître poils, racines de plumes et petits duvets restants ; cette opération peut, bien sûr, être effectuée par le volailler.

2. Poser la poule faisane ainsi préparée sur le dos et la maintenir à plat sur la table en lui appuyant sur le poitrail de la main gauche ; glisser le gros couteau à l'intérieur de la volaille pour l'ouvrir en deux tout le long et de part et d'autre de la colonne vertébrale, afin de supprimer celle-ci, comme on ôterait l'arête centrale d'un poisson.

3. Découper ensuite l'oiseau en quatre morceaux, deux cuisses et deux ailes, en laissant les os de la carcasse attachés à ces dernières pour que leur chair ne se rétracte pas à la cuisson. Assaisonner de sel et poivre du moulin.

4. A l'aide du petit couteau d'office, inciser le pied de cochon en deux dans le sens de la longueur, dégager et ôter le gros os central ; couper à nouveau chacun des deux morceaux obtenus en deux, dans le même sens. Pour faciliter cette opération et ramollir le pied, il est bon de le plonger auparavant dans de l'eau très chaude.

CUISSON DES VIANDES ET DES LÉGUMES :

5. Faire chauffer la cocotte, y faire rissoler les petits lardons et les oignons ; les sortir et les égoutter à l'écumoire sur une assiette.

6. Mettre à leur tour dans la cocotte les quatre morceaux de faisan, posés côté peau en dessous, les retourner lorsqu'ils ont pris une jolie couleur dorée, ajouter, à ce moment-là, champignons de Paris entiers, carottes et navets **tournés*** et laisser blondir le tout 5 minutes.

* Voir illustration p. 101.

7. Éliminer la graisse de la cocotte, en tenant cette dernière penchée au-dessus du petit bol, couvercle entrouvert, pour conserver faisan et légumes à l'intérieur.

8. Y verser ensuite les 10 cl d'Armagnac, couvrir, faire bouillir et laisser **réduire** le liquide des 3/4 de son volume; ajouter le bouillon de volaille, le vin rouge, le bouquet garni et les quatre lanières de pied de cochon (4). Assaisonner modérément de sel et poivre du moulin et laisser cuire 25 minutes à couvert, au four préalablement chauffé à moyen (200 °C — Thermostat 7).

9. Sortir la cocotte du four, ajouter les petites pommes de terre, les petits oignons et les lardons (5) et remettre à cuire au four 20 minutes.

10. Pendant ce temps, laisser cuire les petits pois à découvert, dans la casserole remplie d'eau bouillante salée, 15 minutes s'ils sont frais et extra-fins, 6 minutes s'ils sont surgelés. Puis les égoutter sur l'égouttoir à pieds.

PRÉPARATION DE LA LIAISON DE LA SAUCE A LA TOMATE :

11. Broyer ensemble dans le mixer, les deux tomates coupées en deux, (*non pelées* et préalablement pressées dans le creux de la main, pour en éliminer pépins et eau de végétation), la gousse d'ail, les 2 cuillerées à soupe d'huile d'olive, le sel et le poivre, de manière à obtenir une purée lisse et rose.

FINITION ET PRÉSENTATION :

12. Sortir la cocotte du four, remettre sur feu doux, y verser le mélange (11) en remuant délicatement le tout à la fourchette pour assurer l'homogénéisation de l'ensemble. Ne pas laisser bouillir. Éparpiller dessus les petits pois (10) te servir aussitôt en apportant la cocotte sur la table ou en transvasant le navarin dans un joli légumier.

ASTUCES ET IDÉES MAISON

- C'est la texture gélatineuse du pied de cochon qui va corriger en partie la sécheresse de la chair du faisan.

- Pour être agréable à manger, le faisan ne doit pas avoir plus de douze mois; passé ce temps, ses ergots arrondis deviennent durs et pointus.

- Si vous le faites rôtir, demandez à votre volailler de sectionner les tendons de ses cuisses qui, comme ceux de la dinde, le rendent particulièrement tenace à la mâche; et, pour le rendre moelleux, farcissez-le d'un petit-suisse broyé au mixer avec son foie, une échalote, quelques fines herbes, du sel, du poivre et une cuillère à café d'Armagnac. Cette méthode peut être employée pour tous les rôtis de gibier à plumes et les petits oiseaux.

perdreaux sur un lit de chou

Marché pour 4 personnes

Ingrédients principaux	4 jeunes perdreaux âgés de 2 à 4 mois et leurs foies Sel et poivre du moulin 4 rondelles de baguette de pain 1 gousse d'ail épluchée 4 tranches fines de lard maigre pour les **bardes** 1 chou vert bien pommé de 2 kg 3 litres d'eau } cuisson du chou 30 g de gros sel } cuisson du chou 100 g de lard maigre en 4 tranches fines **détaillées** chacune en 10 petits lardons 1 litre d'eau 25 g de beurre 2 cuillères à soupe de vin blanc sec 2 cuillères à soupe d'eau froide
Ustensiles de préparation et de présentation	1 couteau d'office 1 soucoupe 1 aiguille à brider 1 rouleau de ficelle de cuisine 1 grand couteau 1 grande casserole inoxydable 1 écumoire à manche 1 égouttoir à pieds 1 cocotte en fonte et son couvercle 2 plats ronds creux } chauds 4 assiettes plates } chauds

« *UNE FAÇON SIMPLE ET HEUREUSE DE SERVIR LE PERDREAU* »

PRÉPARATION DES PERDREAUX :

1. Plumer les perdreaux, les vider et les flamber soigneusement sur toutes leurs faces pour faire disparaître racines de plumes, poils et petits duvets restants, cette opération peut bien sûr être effectuée par le volailler.

2. **Réserver** leurs foies et les gratter délicatement à l'aide du petit couteau d'office pour en ôter toutes les traces vertes de fiel amer, laissées par la poche à fiel dont on les aura préalablement débarrassés; puis les écraser à la fourchette sur la petite soucoupe.

3. Assaisonner à la main l'intérieur des oiseaux de sel et poivre, et introduire dans chacun la petite rondelle de baguette de pain frottée légèrement à l'ail et tartinée du foie écrasé (2).

4. Les **brider** ; les assaisonner de sel et poivre du moulin sur toutes leurs faces et **barder** leurs poitrines des tranches de lard maigre maintenues à l'aide d'une ficelle ; ceci pour conserver du moelleux à la chair et éviter trop de coloration et le dessèchement de la peau à la cuisson.

PRÉPARATION DU CHOU :

5. A l'aide du grand couteau couper le chou en quatre quartiers, enlever le trognon, les grosses côtes, et l'effeuiller ; rincer plusieurs fois les feuilles à l'eau fraîche.

6. Puis les **blanchir** 10 minutes dans la grande casserole remplie des trois litres d'eau bouillante salée à 30 g de gros sel. Les sortir à l'écumoire, les égoutter sur l'égouttoir à pieds, vider et rincer la casserole.

7. Y verser le litre d'eau, ne pas la saler, faire bouillir et y **blanchir** une minute les 36 petits lardons, puis les égoutter à l'écumoire.

CUISSON DES PERDREAUX :

8. Faire chauffer les 25 g de beurre dans la cocotte en fonte, y faire colorer les quatre perdreaux sur toutes leurs faces et les laisser cuire, à feu vif, pendant 15 minutes.

9. Les débarrasser de leurs bardes de lard, et faire colorer leur poitrine 1 minute. Les retirer de la cocotte et les maintenir au chaud entre deux plats creux sur la porte ouverte du four préalablement chauffé à doux (170 °C — Thermostat 5).

FINITION ET PRÉSENTATION :

10. Verser les deux cuillerées à soupe de vin blanc et les deux cuillerées à soupe d'eau dans la cocotte sur le jus de cuisson (9). Y étendre les feuilles de chou, ajouter les lardons (7) et les bardes entières de lard maigre **réservées** après la cuisson des perdreaux (9).

11. Retourner soigneusement le tout à la fourchette pour bien imprégner tous les ingrédients de la richesse et des parfums du jus. Vérifier l'assaisonnement et laisser mijoter 5 minutes à couvert et à petits bouillons.

12. Coucher sur cette litière les quatre perdreaux **débridés** et servir aussitôt, directement dans la cocotte coiffée de son couvercle. Chaque convive disposera ainsi d'un perdreau entier qu'il aura le plaisir de découper lui-même sur son assiette chaude.

ASTUCES ET IDÉES MAISON

- Le jeune perdreau de 2 à 4 mois est le plus tendre; les plumes extrêmes de ses ailes ou rémiges sont alors pointues, s'arrondissant à mesure qu'il vieillit. Les ongles des pattes et le bec sont aisément flexibles; les pattes sont fines et jaunes prenant la couleur gris avec l'âge.
- Un perdreau est bon à manger deux à trois jours après avoir été tué : les muscles et la chair ont alors reposé, mais surtout, il n'a pas encore pris ce goût de faisandé aussi inacceptable et détestable en bouche que celui des perdreaux d'élevage...
- Le pigeonneau peut aussi, bien sûr, s'accommoder parfaitement de cette manière.

râble de lièvre à la betterave

Marché pour 4 personnes

Ingrédients principaux	2 râbles de lièvre de 400 g pièce 2 cuillères à café d'huile d'olive
Ingrédients de la marinade	1/2 litre de vin rouge de Bordeaux 1 grosse carotte } pelés et **détaillés** en **mirepoix** 1 oignon } petits dés de 1 cm de section 1 petit bouquet garni Sel 8 grains de poivre 8 grains de genièvre 2 clous de girofle
Ingrédients de la sauce et de la garniture	350 g de betteraves rouges cuites et **détaillées** en fines rondelles de 3 mm d'épaisseur 2 cuillères à soupe d'échalotes hachées 2 cuillères à soupe de vinaigre de vin 20 cl de crème fraîche double 1 cuillère à café de moutarde de Dijon 1 cuillère à soupe de ciboulette fraîche hachée
Ustensiles de préparation et de présentation	1 long couteau à lame flexible et tranchante 1 plat creux à rôtir 1 écumoire à manche 1 saladier 1 chinois étamine 2 plats longs en terre ou en porcelaine 1 petite louche 1 petite casserole 1 bain-marie 1 plat long de service chaud

« UN ACCENT RUSSE POUR LA CHAIR ROSE DU LIÈVRE »

PRÉPARATION ET MARINADE DES RÂBLES :

1. Glisser le couteau à lame flexible entre la membrane nerveuse recouvrant le dessus des râbles et leur chair. Les dépouiller de cette peau. Les coucher dans le plat creux et les recouvrir des ingrédients de la marinade. Rentrer le plat au réfrigérateur et l'y laisser macérer ainsi de un à trois ours.

CUISSON DES RÂBLES :

2. Sortir les râbles de leur marinade, les égoutter à l'écumoire, les essorer dans un linge, l'humidité les empêcherait de colorer, et les assaisonner de sel et poivre du moulin.

3. Transvaser la marinade dans le saladier en la filtrant au chinois étamine pour n'en recueillir que le jus.

4. Rincer et essuyer le plat creux ; y mettre à chauffer l'huile d'olive sur feu vif. Rouler les râbles dedans pour les faire colorer sur toutes leurs faces. Puis rentrer le plat au four et les laisser cuire 12 minutes au four préalablement chauffé à très chaud (250 °C — Thermostat 9-10).

5. Ce temps de cuisson écoulé, ôter les râbles du plat, les **débarrasser** entre les deux plats longs, et les tenir au chaud sur la porte ouverte du four maintenu à chaud (240 °C — Thermostat 8).

PRÉPARATION DE LA SAUCE ET DES BETTERAVES :

6. Éliminer à la louche les 2/3 de matière grasse contenue dans le plat de cuisson, le remettre à chauffer sur le feu et y faire sauter pendant 1 minute les rondelles de betteraves accompagnées des 2 cuillerées à soupe d'échalotes hachées.

7. Verser dessus les 2 cuillerées à soupe de vinaigre et 4 cuillerées à soupe de la marinade filtrée (3). Laisser bouillir et **réduire** le mélange des 3/4 de son volume, ajouter les 20 cl de crème fraîche et laisser à nouveau **réduire** de moitié. Ajouter la cuillerée à café de moutarde et bien mélanger l'ensemble. Ne plus faire bouillir et vérifier l'assaisonnement. Si la sauce doit attendre avant d'être servie, la tenir au chaud dans une petite casserole, au bain-marie.

FINITION ET PRÉSENTATION :

8. Glisser, en tranchant, le couteau à lame flexible le long de l'épine dorsale des râbles, et dégager les quatre filets de viande. Opérer de la même façon, en dessous de la colonne vertébrale, pour dégager et récupérer les quatre petits bourrelets de chair appelés « filets mignons » qui y sont ancrés.

9. Les **escaloper** tous les huit en fines tranches dans le sens de la longueur; les replacer sur la colonne vertébrale pour reconstituer les râbles dans leur apparence première.

10. Dresser l'ensemble au milieu du plat long de service, disposer en couronne, tout autour, les rondelles de betteraves égouttées à l'écumoire à manche, et **napper** les deux râbles de la sauce rose tendre (7). Parsemer le tout de la ciboulette hachée.

ASTUCES ET IDÉES MAISON

- Bien que débarrassés de leur membrane nerveuse, il arrive que les râbles de lièvre ou de lapin se contractent et se tordent à la cuisson; il suffit, pour éviter cet inconvénient, de piquer préalablement le dessus de la colonne vertébrale, en deux ou trois endroits, de la pointe d'un gros couteau que l'on enfonce en tapant dessus avec la paume de la main.

- Vous pourrez vous amuser, un jour, à adapter cette recette au foie de veau poêlé, c'est excellent et inédit.

VIANDES
ET
ABATS

la charlotte d'agneau de Jacky

Marché pour 4 personnes

Ingrédients de la farce	2 cl d'huile d'olive 1 aubergine de 120 g non épluchée { 1 cl de lait { 15 g de mie de pain fraîche 50 g de chair d'épaule d'agneau **parée** par le boucher 10 cl de crème dite « fleurette » Sel et poivre
Ingrédients du ragoût d'agneau	350 g de chair d'épaule d'agneau désossée 10 g de beurre 100 g de carottes } épluchés et coupés en 100 g d'oignons } **mirepoix**, petits dés de 10 g de céleri branche } de 1 cm de section 2 gousses d'ail épluchées 1 petit bouquet garni 5 g de farine 5 cl de vin blanc sec 25 cl de bouillon de volaille obtenus à partir de 1/2 tablette de bouillon de volaille instantané diluée dans 25 cl d'eau 350 g de tomate concassée crue *(voir recette p. 410)* ou 2 tomates pelées, épépinées, coupées en gros morceaux 2 grosses olives noires dénoyautées et coupées en petits cubes de 2 mm de section Sel et poivre du moulin
Ingrédients de finition	3 cl d'huile d'olive 20 rondelles d'aubergine pelée, de 2 mm d'épaisseur 10 g de beurre pour beurrer le moule } ramolli à la tempé- 30 g de beurre pour lier le jus } rature de la cuisine

Ustensiles de préparation et de présentation

1 pinceau
1 petit plat en fonte ovale
3 bols
1 couteau de boucher
1 mixer
2 saladiers
1 spatule en bois
1 casserole ou petite cocotte à fond épais et son couvercle
1 poêle moyenne
1 écumoire
1 bol de 15 cm de diamètre pour mouler la charlotte
1 égouttoir à pieds
1 bain-marie
1 plat creux de service en porcelaine chaud
1 petit fouet

PRÉPARATION DE LA FARCE :

1. Enduire au pinceau le petit plat ovale des 2 cl d'huile d'olive, y faire rouler l'aubergine entière et la mettre à cuire, à four préalablement chauffé à moyen (200 °C — Thermostat 7), pendant 30 minutes.

2. Verser le centilitre de lait dans le premier bol, et y mettre à tremper les 15 g de mie de pain.

3. Pendant ce temps, au cas où vous ne l'avez pas fait faire par le boucher, **parer** méticuleusement une partie de l'épaule d'agneau, afin d'obtenir 50 g de chair d'agneau complètement dépouillée de graisse et de nerfs.

4. La broyer pendant 10 secondes au mixer; ajouter la mie de pain trempée (2), broyer à nouveau 10 secondes, **débarrasser** dans le second bol et laisser reposer 15 minutes au réfrigérateur. Y mettre également le bol du mixer préalablement rincé : ce dernier doit être utilisé glacé pour l'opération (6).

5. Ouvrir en deux dans le sens de la longueur l'aubergine cuite (1), l'évider à l'aide d'une cuillère à soupe, en hacher la chair obtenue au couteau, saler, poivrer et **réserver** au froid, dans le troisième bol.

6. Remettre en place le bol du mixer, y verser les 10 cl de crème fleurette, ajouter le mélange (4), broyer l'ensemble 10 secondes, puis **débarrasser** dans le premier saladier. Saler, poivrer, incorporer la chair d'aubergine hachée (5) en mélangeant le tout à la spatule en bois, et **réserver** la farce au réfrigérateur.

PRÉPARATION DU RAGOÛT D'AGNEAU :

7. Couper en 8 morceaux les 350 g de chair d'agneau désossée.

8. Faire chauffer les 10 g de beurre dans la casserole à fond épais, y faire colorer, à feu vif, la viande sur ses deux faces, pendant 8 minutes.

9. Ajouter la **mirepoix** de carottes, oignons et céleri, les 2 gousses d'ail et le bouquet garni, continuer de faire colorer, à nouveau 8 minutes.

10. Saupoudrer des 5 g de farine, remuer les morceaux de viande à la spatule en bois pour les en enrober; laisser cuire encore 2 minutes.

11. Verser sur l'ensemble les 5 cl de vin blanc, faire bouillir pendant 20 secondes, ajouter les 25 cl de bouillon de volaille, la tomate concassée, les morceaux d'olives noires, assaisonner de sel et poivre du moulin, et laisser cuire à couvert, à petits bouillons, pendant 40 minutes.

FINITION ET PRÉSENTATION :

12. Faire chauffer les 3 cl d'huile d'olive dans la poêle ; dès que l'huile commence à fumer, y cuire les 20 rondelles d'aubergine 4 minutes sur chaque face; les égoutter à l'écumoire, et les laisser refroidir sur une assiette.

13. A l'aide du pinceau, badigeonner des 10 g de beurre l'intérieur du bol de moulage de la charlotte; tapisser ses parois des 12 rondelles d'aubergine cuites (12), étaler dessus à la cuillère, une couche de farce de viande (6) de 1/2 cm d'épaisseur.

14. Égoutter le ragoût — viande et légumes (11) — sur l'égouttoir à pieds tenu au-dessus du second saladier pour récupérer le jus de cuisson.

15. Éliminer le bouquet garni et hacher grossièrement la viande au couteau sur la planche de travail.

16. Remplir le bol à charlotte (13) de ce mélange de légumes et viande hachée, recouvrir de la farce restante (6) et (13).

17. Coiffer le dessus de la charlotte des 8 rondelles d'aubergine restantes (12) et (13), puis cuire au bain-marie au four préalablement chauffé à chaud (220 °C — Thermostat 8) pendant une heure.

18. Une fois cuite, démouler la charlotte en retournant le bol de moulage sur le plat creux. Verser tout autour le jus de cuisson (14) que l'on fait préalablement chauffer sans laisser bouillir et auquel on incorpore, pour le lier, 30 g de beurre en parcelles, soit en le fouettant au fouet, soit en faisant décrire à la cocotte quelques cercles rapides sur elle-même.

ASTUCES ET IDÉES MAISON

- On pourra récupérer les restes d'un gigot d'agneau ou d'un rôti de bœuf pour confectionner le ragoût.

tournedos de veau à la crème de ciboulette

Marché pour 4 personnes

Ingrédients principaux	1 morceau de veau de 640 g taillé dans la longe, entièrement dégraissé et dénervé par le boucher 40 g de beurre
Ingrédients de la farce de légumes	20 g de beurre 35 g de carotte 10 g de céleri-branche 35 g d'oignon 35 g de champignons de Paris (épluchés et taillés en **mirepoix**, petits dés de 5 mm de section) Sel et poivre 1 pincée de fleurs de thym 4 fines tranches de foie gras frais ou de conserve mi-cuit de 10 g chacune (facultatif)
Ingrédients de la sauce d'accompagnement et de finition	La sauce crème de ciboulettes *(voir recette p. 124)* 2 cuillères à soupe de Madère 4 lamelles de truffes (facultatif)
Légumes d'accompagnement	Les petits légumes glacés *(voir recette p. 414)*
Ustensiles de préparation et de présentation	1 petite casserole à fond épais 1 couteau de boucher fin et tranchant 1 petite cocotte en fonte de taille adaptée à la cuisson des 4 tournedos 4 grandes assiettes plates individuelles ou 1 plat rond de service (chauds)

« *UNE FARCE DE LÉGUMES POUR SOUTENIR LE MOELLEUX DU VEAU* »

PRÉPARATION DE LA GARNITURE :

1. Faire chauffer à feu moyen les 20 g de beurre dans la petite casserole, y faire revenir, sans colorer, successivement, dans l'ordre suivant, et à 3 minutes d'intervalle : d'abord les dés de carotte, puis ceux de céleri et oignon, et enfin ceux de champignons; la carotte cuira donc 9 minutes, le céleri et l'oignon 6 minutes, et les champignons 3 minutes.

2. Assaisonner de sel, poivre, fleurs de thym et laisser refroidir.

PRÉPARATION DES TOURNEDOS :

3. A l'aide du couteau de boucher, **escaloper** le morceau de longe de veau en 4 tranches identiques de 160 g et 3 cm d'épaisseur chacune.

4. Les ouvrir en deux en « portefeuille » dans le sens de l'épaisseur, en assaisonner modérément l'intérieur de sel et poivre, et fourrer chaque poche ainsi préparée de la garniture de légumes (2), recouverte, si l'on a pu s'en procurer, de la fine tranche de foie gras.

CUISSON DES TOURNEDOS :

5. Assaisonner les tournedos de sel et poivre du moulin sur les deux faces.

6. Faire chauffer et blondir les 40 g de beurre dans la cocotte et y déposer les tournedos; les faire cuire et colorer, à feu moyen, 4 à 5 minutes de chaque côté : l'intérieur de la poche doit être chaud et non brûlant.

FINITION ET PRÉSENTATION :

7. **Napper** entièrement le fond des assiettes individuelles ou du plat de service de la sauce crème de ciboulette. Y déposer les 4 tournedos et tenir le tout au chaud dans le four préalablement chauffé à doux (180 °C — Thermostat 6).

8. Verser les 2 cuillerées à soupe de Madère dans la casserole de cuisson (6), faire bouillir 10 minutes en grattant bien le fond de la casserole à la fourchette, pour décoller et faire dissoudre tous les sucs caramélisés lors de la première cuisson (6); **napper** aussitôt de ce jus sirupeux le dessus des tournedos, puis, si l'on a pu s'en procurer, les décorer chacun d'une rondelle de truffe.

On servira ce plat accompagné des petits légumes glacés disposés harmonieusement en bouquets de couleur tout autour de la viande.

ASTUCES ET IDÉES MAISON

● Chez le boucher, vous pourrez reconnaître la qualité d'une jolie viande de veau, à la couleur blanc rosé à reflets irisés de la chair, mais aussi, si l'animal est encore pendu entier à l'étal et ouvert, à la blancheur de la graisse qui doit envelopper abondamment ses rognons.

● Les pièces de veau sautées, escalopes, médaillons, tournedos, côtes, doivent cuire dans des récipients adaptés à leur taille, et non pas se perdre dans des ustensiles trop grands : ils n'en seront que plus moelleux.

● L'intensité de la source de chaleur est également très importante, dans la cuisson des pièces de veau sautées : un feu trop vif les dessèche aussitôt; par contre, un feu trop mou les transforme en viande bouillie.

● On peut également accompagner ce plat de nouilles fraîches.

rognon de veau dans la graisse

Marché pour 4 personnes

Ingrédients principaux	2 cl d'huile d'olive 4 rognons de veau blancs encore enrobés de leur graisse
Ingrédients de la garniture de légumes	350 g de carottes 350 g d'oignons 150 g de blancs de poireaux } épluchés et taillés en **mirepoix**, petits dés de 1 cm de section 2 cuillères à soupe d'échalotes hachées 1 gousse d'ail non pelée et écrasée 1 bouquet garni
Ingrédients de la sauce	1 cuillère à café de sucre semoule 1 litre de vin rouge d'Algérie 12 cl de bouillon de volaille obtenus à partir de 1/4 de tablette de bouillon de volaille instantané dilué dans 12 cl d'eau 1 cuillère à café de moutarde blanche de Dijon 25 g de beurre ramolli à la température de la cuisine
Ustensiles de préparation et de présentation	1 grande cocotte en fonte et son couvercle 1 écumoire 1 plat creux 2 saladiers 1 chinois étamine 1 mixer 1 petite casserole 1 petit fouet 1 bain-marie 1 couteau fin, souple et tranchant 4 grandes assiettes plates ou 1 grand plat de service } chauds

« *COMMENT CUIRE LE ROGNON DE VEAU ROSÉ, TENDRE ET SOYEUX* »

CUISSON DES ROGNONS :

1. Faire chauffer les 2 cl d'huile d'olive dans la cocotte. Y faire revenir 15 minutes les dés de légumes sans colorer, en remuant avec une fourchette. Ajouter l'échalote, l'ail écrasé et le bouquet garni.

2. Poser sur cette litière les 4 rognons dans leur habit de graisse : la présence de la graisse va permettre une cuisson lente et protégée, conservant à la chair du rognon, souplesse, soyeux et couleur rosée.

3. Coiffer la cocotte de son couvercle et mettre à cuire au four préalablement chauffé à chaud (220 °C — Thermostat 8) de 45 à 50 minutes, selon la taille des rognons.

PRÉPARATION DE LA SAUCE :

4. Sortir la cocotte du four, enlever les rognons à l'écumoire, et les tenir au chaud dans le plat creux recouvert d'un saladier, sur la porte ouverte du four ramené à doux (160 °C — Thermostat 5).

5. Mettre la cocotte sur feu vif, y faire colorer et blondir la garniture de légumes en la saupoudrant de la cuillerée à café de sucre semoule. Puis éliminer l'huile de cuisson, en passant le contenu de la cocotte au travers du chinois étamine posé sur le second saladier, pour recueillir les légumes.

6. Remettre ceux-ci dans la cocotte, à feu vif, **mouiller** avec le vin rouge et le bouillon de volaille. Diminuer le feu et laisser cuire, à découvert, à petits bouillons, pendant 15 minutes, jusqu'à **réduction** des 2/3 du volume du liquide.

7. Verser ce jus dans le mixer avec 2 grosses cuillerées à

soupe de la garniture de légumes y ayant cuit et broyer 1 minute.

8. Verser le jus broyé dans la petite casserole et y incorporer, à feu doux, en fouettant, sans laisser bouillir, la cuillerée à café de moutarde et les 25 g de beurre en parcelles. Rectifier l'assaisonnement et **réserver** au chaud, au bain-marie.

FINITION ET PRÉSENTATION :

9. Pendant la **réduction** de la sauce (6), dépouiller, à la main, le rognon, de toute sa gangue de graisse et le découper, au couteau souple, comme un rosbif, en tranches fines de 2 mm d'épaisseur. Les ranger en dégradé au fond des assiettes ou du plat de service, et les **napper** de la sauce (8). Servir aussitôt.

ASTUCES ET IDÉES MAISON

● A condition de bien le conserver au tiède, on peut cuire le rognon dans sa graisse 2 heures à l'avance.

● Cela laisse le temps, si on le désire, de lui préparer une présentation talentueuse : on fait alors **blanchir** quelques belles feuilles de laitue et plusieurs rubans de carottes et navets découpés au couteau économe. Puis, on présente le rognon entier, encore enrobé de sa graisse, piqué çà et là de quelques petits bouquets de persil, et dressé sur sa litière de laitue enjolivée des couleurs des rubans souples de légumes.

ris de veau aux salsifis

Marché pour 4 personnes

Ingrédients principaux	4 noix de ris de veau (soit 1 kg 200 brut) 2 litres d'eau froide 800 g de salsifis frais 1 litre d'eau froide / 1 cuillère de farine / 1 jus de citron / 8 g de sel } cuisson des salsifis ou « blanc » 60 g de foie gras frais ou mi-cuit de conserve **détaillé** en 4 tranches fines (facultatif)
Ingrédients de la garniture de légumes	50 g de beurre 350 g de carottes / 350 g d'oignons / 150 g de blancs de poireaux } lavés, pelés et **détaillés** en **mirepoix**, petits dés de 1 cm de section 2 tomates concassées crues *(voir recette p. 410)* 1 bouquet garni Sel et poivre
Ingrédients de la sauce	5 cl de vermouth Noilly 40 cl de vin blanc sec 40 cl de bouillon de volaille obtenus à partir de 4/5 de tablette de bouillon de volaille instantané diluée dans 40 cl d'eau 25 g de beurre
Ustensiles de préparation et de présentation	2 grandes casseroles 1 couteau d'office 1 couteau économe 1 grande cocotte en fonte et son couvercle 1 grand plat de service chaud 1 petite casserole 1 passoire étamine

« *POUR REMETTRE A L'HONNEUR UN LÉGUME DÉLAISSÉ* »

LA VEILLE, PRÉPARATION DES RIS ET DES SALSIFIS :

1. Mettre les ris à dégorger 3 à 4 heures environ dans un récipient, soit en laissant couler dessus un mince filet d'eau fraîche continu, soit en renouvelant cette eau 3 à 4 fois.

2. Les égoutter sur un linge, les mettre dans la première grande casserole, les recouvrir des deux litres d'eau froide et faire bouillir à plein feu 3 minutes pour les **blanchir**.

3. Les rafraîchir aussitôt à l'eau courante, les éplucher complètement en éliminant, à l'aide du petit couteau d'office, toutes les parties nerveuses et cartilagineuses qui les parcourent.

4. Les envelopper dans un linge au fond d'une assiette plate, recouvrir d'une assiette plate renversée et maintenue par un poids de 1 kg ou une boîte de conserve de même poids qui maintiendra bien l'ensemble de la chair sous presse. Conserver une nuit, tel quel, au réfrigérateur.

5. Laver les salsifis, les peler à l'aide du couteau économe en les maintenant à plat sur la table par une extrémité. Les **détailler** en tronçons de 5 cm de longueur, puis les mettre dans un récipient d'eau vinaigrée pour éviter qu'ils ne noircissent.

6. Les égoutter, et les mettre dans la seconde casserole à cuire 45 minutes, à petits bouillons, dans le mélange spécial appelé « blanc » et composé de la cuillerée de farine délayée dans le litre d'eau froide, assaisonnée du jus de citron et des 8 g de sel. Laisser refroidir et rentrer au réfrigérateur dans leur cuisson.

LE LENDEMAIN, CUISSON DES RIS :

7. Faire chauffer les 50 g de beurre dans la cocotte, y déposer l'ensemble de la garniture de légumes et les ris assaisonnés de sel et poivre du moulin ; les faire colorer doucement sur toutes leurs faces pendant 10 minutes.

8. Verser les 5 cl de vermouth, les 40 cl de vin blanc sec, laisser bouillir et **réduire** pendant 5 minutes pour éliminer par évaporation les vapeurs d'alcool. Ajouter les 40 cl de bouillon de volaille; couvrir et laisser cuire à petits bouillons pendant 20 minutes.

9. 10 minutes avant la fin de la cuisson, égoutter les salsifis cuits la veille (6), enlever le bouquet garni de la cocotte, et les ranger sur la garniture des légumes (7), tout autour des ris de veau.

FINITION ET PRÉSENTATION :

10. La cuisson terminée, sortir d'abord les ris et les **réserver** entre deux assiettes chaudes. Recueillir ensuite à l'écumoire les salsifis que l'on **réserve** également quelques instants au chaud, et la garniture de légumes dont on tapisse le fond du plat de service. Ouvrir les noix de ris de veau en deux, en laissant les deux moitiés attachées, en assaisonner l'intérieur de sel et poivre du moulin, y glisser les quatre fines tranches de foie gras, les refermer et les déposer sur la litière de légumes. Disposer enfin harmonieusement les salsifis en bouquets tout autour de la viande et tenir au chaud sur la porte ouverte du four préalablement chauffé à doux (180 °C — Thermostat 6), en recouvrant hermétiquement le plat d'un papier aluminium.

11. Passer le jus de cuisson des ris (9) sur la petite casserole au travers du chinois étamine; la mettre sur feu vif, ajouter les 25 g de beurre en parcelles et laisser **réduire** du tiers de son volume pour obtenir un jus onctueux. En **napper** les noix de ris de veau, les salsifis, et servir aussitôt.

ASTUCES ET IDÉES MAISON

- On peut gagner du temps en mettant simplement les ris à dégorger, puis en les cuisant directement sans les **blanchir**, après les avoir débarrassés de leurs parties nerveuses et cartilagineuses : la sauce n'en aura alors que plus de goût.
- La corvée fastidieuse de la pluche des salsifis pourra être évitée en utilisant des salsifis de conserve, dont la qualité générale mérite des éloges.

steak en campagne

Marché pour 2 personnes

Ingrédients principaux	2 grillades de 250 g pièce taillées par le boucher dans le contre-filet ou l'entrecôte Sel et poivre du moulin 1 cuillère à soupe d'huile d'olive 2 tranches de pain de campagne de la taille des grillades 2 tranches de bacon de 50 g
Sauce d'accompagnement	40 g de beurre vigneron en pommade (facultatif) *(voir recette p. 381)*
Ustensiles de préparation	1 gril ou 1 carré de grillage 1 assiette

« *UNE TARTINE CHAUDE DE VIANDE GRILLÉE* »

1. Faire au sol un feu plat de branches et de feuilles bien sèches, que l'on étouffe un peu en finissant de le dresser avec une ou deux branches moussues légèrement humides, afin d'en retarder l'embrasement.

2. Poser le gril dessus, y installer les deux pièces de viande non salées, les laisser ainsi, 7 minutes sur chaque face, prendre toute la bonne odeur de fumée et de boucane, sans griller pour autant. Puis les **débarrasser** sur une assiette.

3. Enlever les branchages moussus et humides, faire s'enflammer carrément le feu, et le nourrir de bûches plus grosses et bien sèches, pour obtenir, au bout d'une vingtaine de minutes, un brasier rougeoyant. Y réinstaller le gril.

4. Saler, poivrer, et enduire de l'huile d'olive, les deux faces des deux pièces de viande, pré-cuites et fumées (2), puis les poser sur le gril.

5. Y déposer également les deux tranches de pain que l'on ne grillera que d'un côté; lorsqu'il est prêt, retirer le pain et le conserver au chaud dans un linge.

6. Laisser cuire la viande à votre goût, bleue, saignante ou à point *(voir méthode p. 28)*.

7. Deux minutes avant la fin de cuisson de la viande, déposer les deux tranches de bacon sur le gril, et les laisser dorer 1 minute de chaque côté.

8. Lorsque la viande est cuite, la retirer du gril et la poser sur le côté non grillé du pain chaud.

9. Tartiner la face supérieure de chaque grillade d'une couche confortable de beurre vigneron en pommade (facultatif), qui va fondre doucement; puis, recouvrir de la tranche de bacon.

ASTUCES ET IDÉES MAISON

- Les tranches de pain grillées d'un seul côté sont rendues naturellement imperméables, et retiennent ainsi dans la mie de surface le jus qui s'écoule de la viande, parfumant et rendant la mie particulièrement moelleuse et savoureuse.

- C'est, tapis, l'an passé, en octobre, dans notre « palombière », petit bois de chênes où l'on attend à l'abri confortable de huttes végétales le passage de la « palombe » ou pigeon sauvage migrateur, que nous avons imaginé cette recette rustique et goûteuse.

côte de bœuf sur le sel au beurre vigneron

Marché pour 4 personnes

Ingrédients principaux	1 côte de bœuf de 1 kg net, **parée** par le boucher 1 cuillère à soupe d'huile d'olive 600 g de gros sel pour la litière de cuisson Sel et poivre du moulin
Beurre vigneron	40 g d'échalotes } pelées et 1/4 de gousse d'ail } hachées 5 cl de vin blanc sec 250 g de beurre ramolli à la température de la cuisine 1 cuillère à soupe de persil plat } frais hachés 1 cuillère à soupe de cerfeuil } 1 cuillère à café de jus de citron 6 g de sel Poivre du moulin 1 pointe de noix de muscade râpée
Ustensiles de préparation et de présentation	1 pinceau 1 plat ovale à rôtir 1 petite casserole inoxydable 1 planche à découper 1 couteau bien tranchant 1 plat long de service chaud

« *DU GROS SEL EN GUISE DE GRIL* »

PRÉPARATION ET CUISSON DE LA VIANDE :

1. Demander au boucher de vous réserver la troisième côte du train de côtes de bœuf, correspondant à la jonction du contre-filet et de l'entrecôte, à laquelle il ne laissera, après l'avoir **parée**, que l'os de la côte dorsale ou manche. La faire aplatir légèrement à l'aide d'une batte.

2. Avant de préparer la grillade, sortir la viande du réfrigérateur pour l'amener à la température de la cuisine. L'enduire, au pinceau, sur les deux faces, de la cuillerée à soupe d'huile d'olive.

3. Faire une litière de gros sel dans tout le fond du plat ovale à rôtir. Mettre au four préalablement chauffé à chaud (240 °C — Thermostat 8).

4. Dès que le sel crépite, poser la viande dessus, fermer le four et procéder comme pour une simple grillade *(voir technique p. 27)* en comptant environ 12 minutes de cuisson pour chaque face. A mi-cuisson de chacune des faces, assaisonner de sel et poivre du moulin.

5. Sortir le plat et le laisser sur la porte ouverte du four, y laisser « reposer » la viande pendant 15 minutes en la retournant deux fois, afin d'en détendre les fibres musculaires, de la nourrir bien du sang qui reflue et d'apporter par là même toute la tendreté souhaitable *(voir technique p. 34)*. Pendant ce temps, préparer le beurre vigneron.

PRÉPARATION DU BEURRE VIGNERON :

6. Réunir, dans la petite casserole, l'échalote, l'ail et le vin blanc. Faire bouillir à petit feu et laisser **réduire** pendant environ 2 minutes, de manière à obtenir une marmelade mouillée. Mettre à refroidir en trempant le fond de la casserole dans de l'eau froide. Incorporer à la fourchette,

le beurre, les herbes hachées, le jus de citron, le sel, le poivre et la muscade râpée; malaxer délicatement l'ensemble pour obtenir la consistance d'un beurre « pommade ».

FINITION ET PRÉSENTATION :

7. Poser la côte de bœuf à plat sur une planche à découper, l'**escaloper** en biais en 8 tranches, les assaisonner légèrement de sel et poivre du moulin. Reconstituer la côte de bœuf sur le plat de service et y déposer 8 cuillerées à soupe du beurre vigneron qui va fondre et imprégner chaque tranche. Servir aussitôt.

ASTUCES ET IDÉES MAISON

8. Le morceau qui a ma préférence pour cette recette provient d'une jeune vache un peu grasse, n'ayant fait qu'un veau.

9. On ne peut saler et poivrer, à cœur, une grosse pièce de viande comme la côte de bœuf, le gigot ou les gros poissons, en n'assaisonnant que l'extérieur; c'est pourquoi il est préférable, après cuisson, d'en assaisonner légèrement les tranches et les filets.

grillade de palette de bœuf à la marinade

Marché pour 4 personnes

Ingrédients principaux	800 g nets de steak en une seule pièce, choisie dans la « palette de bœuf »*, **parée** à vif par le boucher 1 cuillère à soupe d'huile d'arachide Sel et poivre du moulin 1 cuillère à soupe de persil frais haché
Ingrédients de la marinade	5 cl d'huile d'olive 5 cl d'huile d'arachide 5 cl de vin rouge d'Algérie
Ingrédients de la sauce bœuf	150 g de beurre ramolli à la température de la cuisine 15 g d'échalote hachée 5 cuillères à soupe de vin blanc sec 1 cuillère à café rase d'estragon frais haché 3 filets d'anchois à l'huile 1 pointe d'ail haché Sel et poivre 2 cuillères à café rases de moutarde 2 cuillères à café rases de jus de citron 2 cuillères à café rases d'Armagnac 2 cuillères à café rases de Worcester sauce anglaise
Ustensiles de préparation et de présentation	1 plat long creux 1 petite casserole 1 spatule en bois 1 petite bassine 2 bacs à glaçons 1 mixer 1 saucière 1 pinceau 1 long couteau tranchant 4 assiettes plates individuelles ou } très chauds 1 plat long de service }

* NOTE DE L'AUTEUR :

Appelée « palette » en raison de sa forme de raquette ou « pala » de pelote basque, ce morceau de viande accroché à l'omoplate de l'épaule du bœuf, atteint environ, chez la jeune génisse, 35 cm de longueur, 12 cm de largeur et 5 cm d'épaisseur.

Un grand nerf plat le partage en son milieu, et, lorsqu'on l'a enlevé, on obtient deux bandes nettes de viande d'environ 2 cm d'épaisseur, que l'on peut **détailler** en steaks ou cuire entières selon notre recette.

La taille de la « palette » varie bien sûr avec celle de l'animal, plus celui-ci est gros et plus le morceau est important.

« *POUR ANOBLIR ET ATTENDRIR UNE VIANDE PEU CONNUE* »

LA VEILLE, MARINADE DE LA VIANDE :

1. Coucher la palette de bœuf dans le plat creux, verser dessus tous les ingrédients de la marinade, huiles d'olive, d'arachide et vin rouge.

2. Laisser mariner au réfrigérateur un minimum de 24 heures, en la retournant de l'autre côté au bout de 12 heures.

PRÉPARATION DE LA SAUCE BŒUF :

3. Faire chauffer 10 g de beurre dans la petite casserole, y jeter les 15 g d'échalote hachée, les 5 cuillerées à soupe de vin blanc sec et la cuillerée à café rase d'estragon; laisser cuire à petits bouillons en remuant à la spatule en bois, pendant 3 minutes : il doit rester, en fin de cuisson, 2 cuillerées à soupe de marmelade mouillée d'échalotes.

4. Mettre à refroidir en installant la casserole dans la bassine à demi remplie d'eau froide et de glaçons.

5. Verser cette marmelade dans le mixer, ajouter les 3 filets d'anchois, l'ail, le sel, le poivre, les 2 cuillerées à café de moutarde, de jus de citron, d'Armagnac et de Worcester sauce; broyer 1 minute de manière à obtenir une purée bien lisse.

6. Ajouter alors les 140 g de beurre restant (3) et broyer à nouveau pendant environ 2 minutes, jusqu'à ce que l'ensemble ait la consistance d'une pommade légère; **débarrasser** et **réserver**.

CUISSON DE LA VIANDE :

7. Faire chauffer le four sur la position gril, ou le gril sur les braises de votre cheminée, égoutter le morceau de palette sur un linge et le badigeonner au pinceau de la cuillerée à soupe d'huile d'arachide.

8. Poser la viande sur le gril brûlant et la cuire selon votre goût *(voir méthode p. 28)*.

9. Lorsqu'elle est cuite, la déposer sur la planche de travail; à l'aide du long couteau tranchant, l'**escaloper** en biais, dans le sens de la largeur, en 4 tranches égales, et l'assaisonner de sel et poivre du moulin.

PRÉSENTATION :

10. Dresser les 4 tranches sur assiettes individuelles ou sur le plat de service très chauds, les tartiner confortablement de la moitié de la sauce-bœuf (6) et servir aussitôt, accompagné du restant de la sauce présentée à part, en saucière.

ASTUCES ET IDÉES MAISON

- Moins connue, moins tendre, mais plus goûteuse que le faux filet ou le rumsteak, j'ai volontairement choisi la « palette » de bœuf, ce « morceau du boucher », dont la marinade rendra la chair souple et exacerbera le goût.

- A cet égard, marinées de la même façon et relevées par cette macération, des viandes un peu fades mais néanmoins intéressantes comme le rond de tranche, exprimeront mieux leur saveur après cuisson.

- Servie ainsi, la sauce-bœuf de cette recette est un « beurre composé » qui fond sur la viande chaude et la nourrit. Si l'on veut d'emblée en faire une sauce chaude onctueuse, il suffit juste de porter à ébullition, dans une casserole, 1 cuillerée rase de crème fraîche double, 2 cuillerées à café d'eau froide, d'y verser le beurre sauce-bœuf et de donner un bouillon au mélange, en fouettant le tout avec un petit fouet à main, puis enfin, de la tenir au chaud au bain-marie jusqu'à l'emploi.

filet de bœuf en poisson

Marché pour 10 personnes

Ingrédients principaux

1 filet de bœuf de 2 kg 200 nets, **paré** par le boucher
200 g de truffes de conserve coupées en lamelles de 2 mm d'épaisseur
Sel et poivre du moulin
10 cl d'huile d'arachide
50 g de beurre
1 poignée de farine
150 g de **pâte feuilletée** fraîche *(voir recette p. 452 et illustration p. 104)* ou surgelée, décongelée la veille et ramenée à la température de la cuisine
1/2 œuf entier battu

Ingrédients de la sauce aux herbes

10 cl du jus de truffes de la boîte
250 g de beurre
Sel et poivre du moulin
3 cuillères à soupe de cerfeuil } frais
3 cuillères à soupe de ciboulette } hachés

Ustensiles de préparation et de présentation

1 couteau de boucher long, fin et tranchant
1 petit couteau d'office
1 plat long à rôtir
1 rouleau à pâtisserie
1 plaque à pâtisserie de four
1 petit pinceau
1 petite casserole
1 petit fouet
1 plat long de service chaud

« *LE BŒUF EN POISSON D'AVRIL!* »

LA VEILLE, PRÉPARATION DU FILET DE BŒUF :

1. Demander au boucher un filet de bœuf **paré**, c'est-à-dire complètement débarrassé de tous les déchets qui l'entourent, et notamment de la chaînette qui le parcourt sur toute sa longueur, ainsi que du muscle nerveux et ligneux accolé à la tête de ce filet. Il ne doit rester, après cette opération, qu'un muscle long et net, ayant à peu près la forme d'un obus, d'un poids de 2 kg 200 nets.

2. Maintenir le filet parallèlement à soi, à plat sur la table de travail; avec le couteau de boucher, en inciser et ouvrir en deux toute la longueur du côté situé vers soi, en laissant une charnière de manière que, le filet une fois ouvert, les deux parties ainsi formées ne se séparent pas et ressemblent à un large filet de poisson plat ouvert et aplati.

3. A l'aide du petit couteau d'office, pratiquer dans les deux largeurs ainsi offertes et de part et d'autre de la charnière, des entailles de 3 à 4 cm de long, incisées en biais, à intervalles réguliers de 3 cm, sur toute la longueur de la pièce.

4. Glisser dans toute cette série d'entailles-boutonnières les rondelles de truffes deux par deux, dont il n'apparaîtra plus que des demi-lunes, l'ensemble simulant ainsi parfaitement les écailles du poisson. Assaisonner cet intérieur truffé, de sel et poivre du moulin.

5. Refermer soigneusement le filet sur lui-même, et le ficeler comme un saucisson, sans trop serrer.

6. Verser l'huile d'arachide dans le plat à rôtir, rouler le filet dedans sur toutes ses faces, et le conserver toute la nuit au réfrigérateur.

CUISSON DU FILET ET CONFECTION DE LA TÊTE ET DE LA QUEUE DU POISSON :

7. Le lendemain, sortir le filet du réfrigérateur et le laisser revenir à la température de la cuisine. Puis, l'enfourner avec sa marinade d'huile, parsemé des 50 g de beurre en parcelles, et le laisser rôtir pendant 30 minutes au four préalablement chauffé à très chaud (250 °C — Thermostat 9-10). A mi-cuisson, l'assaisonner de sel et poivre du moulin et le retourner sur l'autre face, en l'assaisonnant également.

8. Pendant ce temps, fariner légèrement la table de travail, y étendre la **pâte feuilletée*** à l'aide du rouleau à pâtisserie, et découper dedans les formes d'une grosse tête de poisson et de sa queue. Les poser *retournés* sur la plaque à pâtisserie du four, en en badigeonnant d'œuf battu le dessus au pinceau. Avec le petit couteau d'office, tracer en intaille les lignes des dessins figurant l'œil, la bouche, les ouïes et la nageoire de la queue.

9. Sortir le rôti du four, le déposer sur le plat de service chaud, le recouvrir de papier aluminium pour le garder au chaud. Laisser « reposer » ainsi pendant 20 minutes dans le plat posé au-dessus du four.

10. Enfourner à sa place la plaque portant la tête et la queue de poisson en feuilletage, après avoir préalablement ramené la température du four à moyen (220 °C — Thermostat 7), et laisser cuire 15 minutes.

PRÉPARATION DE LA SAUCE :

11. Dans la petite casserole, faire bouillir le jus de truffes; dès la première ébullition, incorporer progressivement, en fouettant, les 250 g de beurre en parcelles; emportés dans le tourbillon bouillonnant du liquide, ils vont épaissir spontanément l'ensemble. Cette opération dure environ 2 minutes.

* Voir illustration p. 104.

Assaisonner de sel et poivre, ajouter les fines herbes et éloigner du feu.

FINITION ET PRÉSENTATION :

12. Déficeler le rôti, l'ouvrir à nouveau en deux sur le plat, disposer la tête de poisson feuilletée (10) à son extrémité la plus large et la queue à l'autre. Réassaisonner légèrement la viande de sel et la **napper** confortablement du beurre d'herbes (11) qui va venir se mêler intimement au jus, rendu après cuisson, par la viande truffée. Présenter tel quel et servir aussitôt.

ASTUCES ET IDÉES MAISON

- Pour gagner du temps, demandez à votre pâtissier de vous préparer entièrement, cuisson comprise, les feuilletages de la tête et de la queue du poisson.

- Les truffes pourront être remplacées plus simplement par de belles lamelles de champignons de Paris qui simuleront des écailles blanches.

- Contrairement aux autres morceaux à rôtir du bœuf, le filet, à la saveur souvent trop discrète, est bien plus savoureux si la bête dont il est issu n'a été abattue que 2 jours avant.

joue de bœuf à l'orange

Marché pour 4 personnes

Ingrédients principaux	1 noix de joue de bœuf de 800 g **parée** par le boucher 10 cl d'huile d'arachide Sel et poivre du moulin
Ingrédients de la marinade	60 g de champignons de Paris 120 g de carottes 150 g d'oignons } pelés et **détaillés** en **mirepoix**, petits dés de 1 cm de section 1/2 litre de vin blanc sec 10 cl de jus d'orange 5 cl de jus de citron 1 petit bouquet garni
Ingrédients de la sauce et de la garniture	1 litre et demi de bouillon de volaille obtenu à partir de 3 tablettes de bouillon de volaille instantané diluées dans 1 litre 1/2 d'eau 160 g de grains de cassis frais, de conserve ou surgelés, broyés 2 minutes au mixer en purée 2 citrons 1/2 litre d'eau bouillante 2 oranges 1 cuillère à soupe de crème fraîche double
Ustensiles de préparation et de présentation	1 saladier 1 écumoire à manche 1 cocotte en fonte et son couvercle 1 couteau économe 1 petite casserole 1 couteau d'office 1 mixer 4 assiettes individuelles chaudes

« LE MORCEAU ROYAL POUR LES RAGOÛTS DE BŒUF »

LA VEILLE, MARINADE DE LA VIANDE :

1. **Détailler** la joue de bœuf en cubes de 2 cm ½ de section chacun pesant environ 30 g. Les mettre à mariner dans le saladier pendant toute la nuit au réfrigérateur, recouverts et **mouillés** de tous les ingrédients du mélange de la marinade.

CUISSON DE LA JOUE DE BŒUF :

2. Sortir les légumes et les dés de viande de la marinade en les égouttant à l'écumoire. Essorer ces derniers sur un linge.

3. Faire chauffer les 10 cl d'huile d'arachide dans la cocotte en fonte, y faire rissoler les cubes de joue sur toutes les faces, puis les retirer en les égouttant à l'aide de l'écumoire, et les déposer dans une assiette creuse.

4. Mettre à leur tour dans la cocotte les légumes égouttés (2) et les laisser doucement blondir; ne pas les faire trop colorer.

5. Replacer les dés de viande sur cette litière; assaisonner de sel et poivre du moulin.

6. Verser dessus le jus de la marinade (1) accompagnée de son petit bouquet garni, le bouillon de volaille et la purée de cassis. Amener à ébullition, coiffer du couvercle, et laisser cuire doucement, à petits bouillons, pendant 1 heure 15.

PRÉPARATION DES FRUITS :

7. Pendant ce temps, peler les 2 citrons de haut en bas au couteau économe. Puis, **détailler** au couteau d'office les rubans de peau ainsi obtenus en très fine **julienne*** de zestes,

* Voir illustration p. 103.

longueur 3 cm, section 1 mm. Plonger ces zestes 10 minutes dans la petite casserole remplie du 1/2 litre d'eau bouillante pour les **blanchir.**

8. Peler ensuite au couteau économe la grosse peau extérieure des 2 oranges. Enfin, peler à vif citrons et oranges déjà pré-pelés. Pour ce faire, à l'aide du couteau d'office bien tranchant, couper les deux extrémités de chaque fruit, pour pouvoir le maintenir bien à plat sur l'assiette de travail. Puis enlever complètement la peau blanche du fruit de haut en bas, de manière à laisser apparaître toute leur chair, et inciser le long des membranes intérieures de séparation jusqu'au cœur du fruit, pour en extraire ainsi délicatement, un à un, les quartiers mis à nu. **Réserver** le mélange des jus recueillis lors du découpage.

FINITION ET PRÉSENTATION :

9. Au terme de la cuisson (6), égoutter à l'aide de l'écumoire les morceaux de joue de bœuf; les tenir au chaud entre deux assiettes creuses posées sur la porte ouverte du four préalablement chauffé à doux (180 ºC — Thermostat 6).

10. Verser le jus de cuisson (6), les légumes de la marinade (4) et le jus des oranges et des citrons (8) dans le mixer. Broyer pendant 2 minutes pour obtenir une crème lisse.

11. Reverser la sauce obtenue dans la cocotte, ajouter la cuillerée à soupe de crème fraîche, laisser bouillir pendant 5 minutes avant d'y remettre les morceaux de viande et le jus qu'ils ont rendu (9), parsemer l'ensemble des zestes **blanchis** (7) et des quartiers de fruits (8).
Servir ainsi dans la cocotte coiffée de son couvercle.

ASTUCES ET IDÉES MAISON

● On peut acheter indifféremment la joue de bœuf chez le boucher ou le tripier, mais il est indispensable que ce morceau provienne d'une bête jeune — 3 ans maximum — et grosse — 800 kg . Ce muscle peu connu, sinon du boucher, est à mon sens des plus prestigieux morceaux à braiser qui soient. Il remplacera donc avantageusement dans la recette classique du bœuf mode, chaud ou froid, la tranche de bœuf bien souvent sèche ou la fausse aiguillette.

● 250 g de nouilles plates au beurre seront l'accompagnement idéal de ce plat.

● « rillettes » de bœuf braisé

Pour les soirs d'été, on pourra, après cuisson, effilocher à la fourchette les morceaux de joue sur la planche de travail, pour les mélanger doucement à la sauce et aux fruits, en y ajoutant une cuillerée à soupe de cerfeuil frais haché. On mettra l'ensemble à refroidir en cocotte au réfrigérateur une nuit, et l'on servira à ses invités ces merveilleuses « rillettes » de joue, accompagnées de sauce mousse froide de cresson ou de tomates *(voir recette p. 128)* et de salades mélangées.

les tripes à la mode de Papa Guérard

Marché pour 4 personnes

Ingrédients principaux

1 kg 250 de tripes de bœuf achetées chez le boucher-tripier et composées comme suit :
- 250 g de gras double
- 250 g de feuillet ou bonnet
- 250 g de franche-mule
- 250 g de museau
- 250 g de caillette ou millet

1 pied de veau, 1 pied de bœuf } non désossés et fendus en deux dans le sens de la longueur
400 g d'oignons, 300 g de grosses carottes } épluchés et coupés en rondelles de 1/2 cm d'épaisseur
2 clous de girofle
2 gousses d'ail non épluchées
1 bouquet garni
20 cl d'eau
1 cuillère à café d'arôme Patrel (facultatif) (l'arôme Patrel est un genre de caramel qui se vend en épicerie fine)
8 g de gros sel
3 g de poivre du moulin
1 grosse cuillère à soupe d'échalote hachée
10 cl de vin blanc sec
1 cuillère à café de Calvados

Ingrédients de la pâte à luter

3 grosses cuillères à soupe de farine
6 cuillères à soupe d'eau froide

Légumes d'accompagnement

Pommes de terre vapeur au lard et au thym *(voir recette p. 432)*

Ustensiles de préparation et de présentation

1 couteau fin et tranchant
1 cocotte en fonte et son couvercle
1 bol
1 petite casserole
1 écumoire à manche

« *SINCÉRITÉ ET TRUCULENCE* »

PRÉPARATION DES TRIPES :

1. **Détailler** à l'aide du couteau fin, chaque sorte de tripes en morceaux de 4 cm de côté.

2. Coucher les pieds de veau et de bœuf, ouverts en deux, dans le fond de la cocotte; éparpiller dessus deux poignées de rondelles d'oignons et de carottes, en proportions égales.

3. Ranger dessus le gras double, puis, à nouveau, une couche de rondelles d'oignons et de carottes, les 2 clous de girofle, les 2 gousses d'ail et le bouquet garni.

4. Puis, intercaler de la même manière, entre oignons et carottes, chacune des quatre autres sortes de tripes, de façon à remplir complètement la cocotte et utiliser tous les ingrédients.

5. Délayer ensemble les 20 cl d'eau, l'arôme Patrel, le gros sel et le poivre. Verser ce mélange sur la cocotte de tripes; mettre sur le feu pour amener à ébullition.

PRÉPARATION DE LA PÂTE À LUTER :

6. Mélanger dans le bol les 3 cuillerées à soupe de farine et les 6 cuillerées à soupe d'eau froide, de manière à obtenir une pâte épaisse qui va servir à calfeutrer hermétiquement la fermeture de la cocotte et son couvercle.

CUISSON DES TRIPES :

7. Étirer cette pâte en boudin-ruban sur tout le pourtour du rebord supérieur de la cocotte, appliquer le couvercle dessus, de manière à faire pression, et mettre à cuire à feu ou à four doux (160 °C — Thermostat 5) pendant 8 heures.

FINITION ET PRÉSENTATION :

8. Avant la fin de cuisson des tripes, faire bouillir et laisser **réduire,** à petits bouillons, dans la petite casserole, l'échalote hachée et le vin blanc sec, afin d'obtenir deux cuillerées à soupe de marmelade mouillée.

9. Pour ouvrir la cocotte, glisser la lame d'un petit couteau entre la cocotte et son couvercle.

10. Sortir délicatement les pieds de bœuf et de veau (2) à l'écumoire, les désosser à la main, les découper en morceaux de 4 cm de côté et les remettre dans la cocotte.

11. Verser dessus la marmelade d'échalote au vin blanc (8), et le trait de Calvados; laisser bouillonner à feu très doux, pendant 10 minutes, en remuant l'ensemble à la fourchette, recoiffer du couvercle, et apporter sur table dans la cocotte. Servir accompagné de pommes vapeur au lard et au thym.

ASTUCES ET IDÉES MAISON

● Il n'y a qu'un secret pour avoir de bonnes tripes : il faut qu'elles soient échaudées, **blanchies**, grattées et cuisinées sitôt la bête tuée. Elles gardent ainsi tous leurs sucs qui se répandent spontanément en une sauce au bouquet puissant... alors, usez de charme auprès de votre tripier...

● Le vin et l'échalote ne doivent s'ajouter qu'en fin de cuisson, afin d'empêcher les tripes de noircir et surtout, pour développer l'essence finale du plat en y amenant une note de fraîcheur.

● Pour moi, le raffinement sublime est de servir, en accompagnement à ces tripes, une salade de truffes crues coupées en rondelles et assaisonnées de sel, poivre, huile d'olive et citron. L'on mange une cuillerée de tripes, l'on pique une rondelle de truffe et le résultat est divin.

jambon à l'os au coulis de champignons

Marché pour 4 personnes

Ingrédients principaux	20 g de beurre ramolli à la température de la cuisine 4 tranches de jambon de 120 g et de 1/2 cm d'épaisseur chacune, **détaillées** dans un jambon d'York par votre charcutier 4 tours de moulin à poivre 5 cl de vin blanc sec
Ingrédients de la sauce d'accompagnement	25 cl d'eau } cuisson des 5 g de gros sel } petits pois 40 g de petits pois frais écossés ou surgelés 10 g de beurre 250 g de champignons épluchés, lavés et coupés en morceaux 1 cuillère à soupe rase d'échalote hachée 8 cl de vin blanc sec 10 cl de Porto blanc 25 cl de crème fraîche double 50 g d'oseille fraîche, équeutée, lavée et coupée en fines lanières
Ustensiles de préparation et de présentation	1 grand plat long en terre 2 casseroles inoxydables 1 petite passoire 1 mixer 1 bol

RÉCHAUFFAGE DU JAMBON :

1. Allumer le four à doux (160 °C — Thermostat 5).

2. Étaler les 20 g de beurre ramolli dans le fond du plat en terre, ranger dessus les 4 tranches de jambon d'York, les assaisonner des 4 tours de moulin à poivre, verser dessus les 5 cl de vin blanc sec et recouvrir le tout hermétiquement d'un papier aluminium qui va jouer le rôle de couvercle.

3. Mettre au four et laisser tiédir doucement les tranches de jambon dans le vin blanc; prendre soin de ne le laisser bouillir à aucun moment, ce qui entraînerait une rétraction, un durcissement de la viande.

CONFECTION DE LA SAUCE :

4. Dans la première casserole inoxydable, faire bouillir le 1/4 de litre d'eau salée à 5 g de gros sel et y laisser cuire les petits pois 15 minutes s'ils sont frais et extra-fins, ou 6 minutes s'ils sont surgelés. Les égoutter dans la petite passoire et les tenir au chaud sur la vapeur de la casserole.

5. Faire chauffer les 10 g de beurre dans la seconde casserole, y faire revenir, sans colorer, pendant 2 minutes, les 250 g de champignons et la cuillerée à soupe d'échalote hachée.

6. Verser les 8 cl de vin blanc sec et laisser bouillir, à découvert, pendant 4 minutes, jusqu'à ce qu'il ne reste plus de liquide; verser alors les 10 cl de Porto blanc, puis les 25 cl de crème, porter à nouveau à ébullition, et laisser **réduire** pendant 4 minutes.

7. Verser cette préparation dans le mixer, broyer pendant environ 2 minutes, de manière à obtenir une crème lisse et mousseuse.

8. Transvaser le contenu du bol du mixer dans la casserole de cuisson (5) et remettre à bouillir 25 secondes sur le feu en y jetant l'oseille.

FINITION ET PRÉSENTATION :

9. Sortir le plat en terre du four, éliminer le vin blanc (3) en le transvasant dans un petit bol.

10. **Napper** les tranches de jambon de la sauce mousseuse aux champignons et à l'oseille (8) et parsemer le tout des petits pois chauds (4); servir aussitôt dans le plat de cuisson.

ASTUCES ET IDÉES MAISON

- Lorsque vous recevrez 8 ou 10 personnes, demandez à votre charcutier de vous trancher un petit jambon de Prague que vous reconstituerez autour de l'os après l'avoir réchauffé; la présentation aura ainsi belle allure.

- Un jour de liesse, les champignons de Paris peuvent être royalement remplacés par leur poids de morilles ou de mousserons, voire de truffes. Dans ce dernier choix, on réduira leur poids à 80 g et l'on n'utilisera pas d'échalote hachée; le procédé de la confection de la sauce restant tout à fait identique.

- S'il vous arrive un jour de vouloir cuire vous-même un gros jambon de 7 à 8 kg, pour une partie de campagne, souvenez-vous qu'il est préférable, pour le garder moelleux, de le cuire 6 heures à 75 °C que 4 heures à 90 °C.

pot-au-feu de langues

Marché pour 4 à 6 personnes

Ingrédients principaux	1 langue de bœuf de 1 kg } **parées** bien nettes 1 langue de veau de 600 g } par le boucher 3 litres d'eau froide Sel et poivre 3 litres de bouillon de volaille obtenus à partir de 4 tablettes et demie de bouillon de volaille instantané diluées dans 3 litres d'eau 1 oignon } pelés et coupés 1 carotte } en rondelles 1 petit bouquet garni
Ingrédients de la garniture de légumes	12 mini-carottes } soit 150 g nets de chaque 12 mini-navets } légume obtenus à partir de légumes normaux retaillés, arrondis, **tournés*** en forme de grosses olives 6 petits poireaux épluchés et lavés 6 très petites pommes de terre pelées { 1 litre d'eau { 15 g de gros sel 16 pointes d'asperges fraîches pelées ou de conserve 6 tronçons de concombre non pelés, de 4 cm de hauteur, évidés à l'intérieur avec une cuillère à café Sel et poivre
Ingrédients d'accompagnement	18 cl de sauce coulis de tomates *(voir recette p. 120)* Gros sel — Cornichons Moutarde — Petits oignons au vinaigre
Ustensiles de préparation et de présentation	1 bassine 1 cocotte ovale en fonte et son couvercle 1 petite louche et 1 écumoire 2 linges étamine 1 petite casserole 1 couteau souple et fin 1 plat long de service chaud

* Voir illustration p. 101.

« UN POT-AU-FEU DE COMMÈRES ! »

CUISSON DES LANGUES :

1. 3 heures avant de réaliser cette recette, mettre les langues à dégorger dans la bassine, soit en laissant couler dessus un mince filet d'eau fraîche continu, soit en renouvelant cette eau 3 ou 4 fois. Les égoutter sur un linge.

2. Les déposer dans le fond de la cocotte, les recouvrir des 3 litres d'eau froide non salée, porter à ébullition et laisser bouillir à découvert 30 minutes. Dès les premières apparitions d'écume à la surface du liquide, et pendant toute la cuisson, l'écumer soigneusement et régulièrement à l'aide de la petite louche.

3. Leur première cuisson terminée, égoutter les langues à l'écumoire et les dépouiller de la peau rugueuse qui les recouvre.

4. Les assaisonner de sel et poivre, les coucher dans le fond de la cocotte vidée de la première eau de cuisson, les recouvrir des 3 litres de bouillon de volaille, des rondelles d'oignon et de carotte, et du bouquet garni. Couvrir et laisser cuire, à petits bouillons, à feu ou à four moyen (200 °C — Thermostat 7) pendant 2 heures.

5. Pendant ce temps, préparer la sauce coulis de tomates.

CUISSON DES LÉGUMES :

6. 30 minutes avant la fin de cuisson des langues (4), ajouter, dans la cocotte, enveloppés dans une petit linge étamine, carottes, navets, et poireaux ficelés en bottillon.

7. 20 minutes avant la fin de cuisson des langues (4), plonger les pommes de terre dans la petite casserole remplie du litre d'eau bouillante salée à 15 g de gros sel.

8. 10 minutes avant la fin de cuisson des langues (4), ajouter dans la cocotte (4) les asperges si elles sont fraîches, et les tronçons de concombre, le tout enveloppé également dans un petit linge étamine.

FINITION ET PRÉSENTATION :

9. Le temps de cuisson écoulé, égoutter les langues à l'écumoire, et les découper, comme un rosbif, avec le couteau souple et fin, en tranches de 1/2 cm d'épaisseur. Les disposer au centre du plat de service en les reconstituant; les assaisonner légèrement de sel et poivre du moulin.

10. Ranger tout autour, en cercle et par petits bouquets, les légumes égouttés, en jouant de leurs couleurs, et en les intercalant avec les concombres évidés en coquetiers et surmontés des petites pommes de terre. Arroser du bouillon de cuisson (8) et présenter le plat aussitôt. Servir à part les ingrédients d'accompagnement.

ASTUCES ET IDÉES MAISON

● Le bouillon soigneusement dégraissé pourra précéder agréablement le pot-au-feu et être servi très chaud en petites soupières individuelles :
— soit accompagné de pain grillé et de fromage râpé;
— soit agrémenté d'un verre à liqueur de Bordeaux rouge par personne;
— soit enrichi d'une cuillerée à café de crème fraîche, d'une autre de Porto et d'un œuf entier qui va **pocher** doucement dans le liquide bouillant.

le pot-au-feu du « pot-au-feu »

Marché pour 4 personnes

Ingrédients principaux	3 litres de bouillon de volaille obtenus à partir de 3 tablettes de bouillon de volaille instantané diluées dans 3 litres d'eau 30 g de gros sel 4 grains de poivre 600 g de plat de côtes **détaillés** en 4 morceaux avec os 500 g de queue de bœuf **détaillée** en 4 morceaux 1/2 oignon non pelé piqué d'un clou de girofle 1/2 oignon non pelé roussi à plat sur la plaque du four 1/4 de pied de céleri-branche épluché et lavé 1 tête d'ail non épluchée 1 petit bouquet garni 300 g de lard de poitrine de porc 1 litre d'eau froide 4 cuisses de canard confites *(voir recette p. 340)* Poivre du moulin
Ingrédients de la garniture de légumes	8 mini-carottes, 8 mini-navets : soit 100 g nets de chaque légume obtenus à partir de légumes normaux taillés, arrondis et **tournés** * en forme de grosses olives 4 petits poireaux épluchés et lavés 80 g de haricots verts équeutés 4 tronçons de concombre de 4 cm de hauteur chacun, non pelés et évidés à l'intérieur avec une cuillère à café 4 très petites pommes de terre pelées et lavées 1/4 de jeune choux vert lavé

* Voir illustration p. 101.

Ingrédients d'accompagnement	12 cl de sauce coulis de tomates *(voir recette p. 120)* 8 grosses rondelles de moelle de bœuf de 1 cm d'épaisseur dégorgées à l'eau froide toute la nuit 25 cl d'eau froide 4 g de gros sel 15 g de beurre 4 petites rondelles de baguette de pain Gros sel Sauce raifort Moutarde Cornichons } au vinaigre Petits oignons } au vinaigre
Ustensiles de préparation et de présentation	1 marmite pot-au-feu 1 petite louche 1 bain-marie 2 casseroles moyennes et 1 couvercle 2 linges étamine 1 petite casserole 1 petite spatule en acier 1 écumoire à manche 4 grandes assiettes plates individuelles chaudes

« LA CHALEUREUSE ABONDANCE D'UN PLAT UNIVERSEL »

CUISSON DES VIANDES ET DES LÉGUMES :

1. Faire bouillir le bouillon de volaille assaisonné du sel et du poivre dans le pot-au-feu, puis y plonger le plat de côtes, la queue de bœuf, les 2 moitiés d'oignon, le céleri, la tête d'ail et le bouquet garni.

2. Dès les premières apparitions d'écume à la surface du liquide, écumer soigneusement à l'aide de la petite louche et recommencer autant de fois qu'il sera nécessaire.

3. Baisser le feu et laisser cuire, à découvert, doucement et régulièrement, pendant 3 heures à 3 heures 30, suivant la tendreté de la viande.

4. Pendant ce temps, préparer la sauce coulis de tomates, et la tenir au chaud au bain-marie.

5. 1 heure 30 plus tard, mettre le morceau de lard entier dans la première casserole moyenne, le recouvrir du litre d'eau froide non salée, le lard étant déjà une viande de salaison, et le laisser cuire, couvert, à petits bouillons, pendant 1 heure 30.

6. 30 minutes avant la fin de cuisson des viandes (1), ajouter dans la marmite, enveloppés dans un petit linge étamine, les carottes, les navets, et les poireaux ficelés en bottillon.

7. 20 minutes avant la fin de la cuisson du lard (5), ajouter dans son eau de cuisson les pommes de terre et le chou effeuillé.

8. 10 minutes avant la fin de cuisson des viandes (1), ajouter à leur tour dans la marmite, les haricots verts et les tronçons de concombre enveloppés également dans un petit linge étamine.

9. Puis, verser dans la seconde casserole moyenne quelques louches de bouillon (7), pour y réchauffer les cuisses de canard confites, pendant 10 minutes.

FINITION ET PRÉSENTATION :

10. Dans la petite casserole, déposer les rondelles de moelle dégorgées et égouttées sur un linge, les recouvrir des 25 cl d'eau froide salée à 4 g de gros sel, amener doucement à ébullition et éloigner aussitôt la casserole du feu.

11. A l'aide de la petite spatule en acier, tartiner des 15 g de beurre les 4 rondelles de baguette de pain; les mettre à dorer sous le gril du four. Égoutter la moelle à l'écumoire et la déposer sur le pain grillé. Tenir au chaud sur la porte ouverte du four préalablement chauffé à doux (180 °C — Thermostat 6).

12. Dresser au centre de chaque assiette individuelle un tronçon de concombre évidé en coquetier (7) et y planter une pomme de terre égouttée (8). Déposer tout autour en couronne les 4 viandes, les légumes en bouquets (6) et (7) et le croûton de moelle.

13. Arroser l'ensemble (sauf le croûton) du bouillon de cuisson (7). Assaisonner le tout de quelques tours de moulin à poivre; servir à part les ingrédients d'accompagnement.

ASTUCES ET IDÉES MAISON

● Selon que l'on a choisi d'avoir un bon bouillon ou de la viande goûteuse, il faut, dans le premier cas, commencer la cuisson de la viande à l'eau froide, ou, dans le second, à l'eau bouillante *(voir méthode p. 50)*. On peut également, comme dans notre recette, remplacer l'eau claire bouillante par du bouillon de volaille instantané en ébullition, obtenu à partir de la même quantité d'eau mélangée à la moitié du dosage habituel des tablettes indiqué sur le mode d'emploi.

Ceci permet d'obtenir à la fois un bouillon parfumé et des viandes succulentes.

● Le bouillon soigneusement dégraissé pourra précéder agréablement le pot-au-feu et être servi très chaud en petites soupières individuelles :
— soit accompagné de pain grillé et de fromage râpé;
— soit agrémenté d'un verre à liqueur de Bordeaux rouge, par personne;
— soit enrichi d'une cuillerée à café de crème fraîche, d'une autre de Porto et d'un œuf entier qui va **pocher** doucement dans le liquide bouillant.

LES LÉGUMES

tomate fraîche concassée

Marché pour 4 personnes

Ingrédients principaux

Tomate concassée crue :

1,500 kg de tomates fraîches
2 litres d'eau
Sel et poivre

Tomate concassée cuite :

1,500 kg de tomates fraîches
2 litres d'eau
Sel et poivre
1 cuillère à café d'huile d'olive
2 gousses d'ail entières non épluchées
1 bouquet garni

Ustensiles de préparation

1 grande casserole
1 écumoire à manche
1 bassine
1 couteau d'office
1 casserole moyenne à fond épais et son couvercle
1 récipient en terre ou en inox

Utilisations

Crue :

Sauce coulis d'écrevisses *(p. 126)*
Bouillon d'étrilles en gelée au cerfeuil *(p. 144)*
Homard aux truffes à la tomate fraîche et au basilic *(p. 253)*
La charlotte d'agneau de Jacky *(p. 364)*
Ris de veau aux salsifis *(p. 375)*
Purée mousse de betteraves au vinaigre *(p. 416)*
Ragoût d'artichauts aux asperges *(p. 428)*

Cuite :

Paupiettes d'écrevisses au thym et aux choux de Bruxelles *(p. 256)*

TOMATE CONCASSÉE CRUE

1. Porter les 2 litres d'eau à ébullition dans la grande casserole.

2. Enlever aux tomates leur pédoncule ou petite queue, et les plonger 15 secondes dans cette eau bouillante.

3. Les sortir aussitôt à l'aide de l'écumoire à manche, et les plonger immédiatement dans la bassine remplie d'eau glacée, pour arrêter leur cuisson; cette opération ayant pour seul but de permettre aux tomates d'être pelées plus facilement.

4. A l'aide du couteau d'office, enlever la peau des tomates, puis les couper en deux pour en extraire eau de végétation et pépins, en pressant chaque moitié à la main.

5. **Détailler** la chair obtenue en petits dés ou la hacher grossièrement au couteau; assaisonner de sel et poivre.

TOMATE CONCASSÉE CUITE

6. Procéder comme pour la tomate concassée crue (1) à (5).

7. Puis faire chauffer l'huile d'olive dans la casserole moyenne, et y laisser l'échalote étuver doucement.

8. Y ajouter alors la tomate concassée crue (6), les gousses d'ail non épluchées, le bouquet garni, et laisser cuire pendant 30 minutes, mi-couvert, à feu doux, jusqu'à évaporation de l'eau de végétation.

9. Enlever les gousses d'ail, vérifier l'assaisonnement, **débarrasser** dans le récipient en terre ou en inox, et **réserver** au froid jusqu'à l'emploi.

confiture d'oignons à la grenadine

Marché pour 4 personnes

Ingrédients principaux	700 g d'oignons 120 g de beurre 8 g de sel 5 g de poivre 160 g de sucre en poudre 10 cl de vinaigre de Jerez 3 cl de grenadine 25 cl de vin d'Algérie
Ustensiles de préparation	1 casserole à fond épais et son couvercle 1 spatule en bois
Utilisations	Salade des dames landaises *(a. et id. maison, p. 162)* Terrine ménagère aux foies de volaille *(p. 191)* Patte d'oie farcie *(p. 335)*

« *UNE MANIÈRE PRÉCIEUSE DE CUISINER L'OIGNON* »

1. Éplucher et couper les oignons en fines lamelles.

2. Dans la casserole, faire blondir délicatement les 120 g de beurre en beurre « noisette » *(voir méthode p. 40)* ; ne pas laisser noircir. Y jeter les oignons, saler, poivrer, et saupoudrer des 160 g de sucre.

3. Coiffer la casserole de son couvercle, laisser colorer et cuire lentement 30 minutes à feu doux, en surveillant bien et en remuant de temps à autre avec la spatule en bois.

4. Verser alors le vinaigre de Jerez, la grenadine et le vin rouge. Laisser à nouveau cuire 30 minutes à découvert en continuant de remuer régulièrement à l'aide de la spatule en bois. Cette marmelade d'oignons doit confire tout doucement.

ASTUCES ET IDÉES MAISON

- On peut servir cette marmelade chaude, en légume d'accompagnement, mais aussi froide, pour escorter délicieusement pâtés et terrines de viandes, gibier et volaille.

- La grenadine est là pour réchauffer de sa couleur pourpre; on peut éventuellement la remplacer par de la crème de cassis.

- Une autre variante consiste à ajouter aux oignons en même temps que le vinaigre et le vin, des raisins de Smyrne préalablement lavés à l'eau froide, des pruneaux, ou des morceaux d'abricots secs.

les petits légumes glacés

Marché pour 2 personnes

Ingrédients principaux	4 petites carottes nouvelles 4 petits navets nouveaux 4 oignons moyens nouveaux	avec fanes ou tiges
	80 cl d'eau 45 g de beurre 6 g de sel 12 g de sucre en poudre 3 tours de moulin à poivre	
Ustensiles de préparation	1 couteau d'office 1 couteau économe 1 égouttoir à pieds 2 petites casseroles plates ou sautoirs 2 petites soucoupes chaudes	
Utilisations	Pintade au vin de Margaux et au lard fumé, *(a. et id. maison p. 323)* Tournedos de veau à la crème de ciboulette *(p. 369)*	

« *DES MINIATURES DE LÉGUMES FONDANTS ET SUCRÉS* »

PRÉPARATION DES LÉGUMES :

1. A l'aide du couteau d'office, couper les feuilles vertes ou « fanes » des carottes et navets en leur laissant 2 cm du toupet vert formé à leur sommet par le faisceau des tiges. Laisser également aux oignons 3 cm de leur tige verte. Peler carottes et navets au couteau économe. Couper les racines des oignons, et les dépouiller de leur première peau. Laver carottes et navets à l'eau froide; les égoutter dans l'égouttoir à pieds.

CUISSON DES LÉGUMES :

2. Coucher les carottes dans la première casserole; celle-ci doit être suffisamment grande pour recevoir les légumes posés bien à plat dans le fond et ne pas les faire se chevaucher. Verser dessus 30 cl d'eau, 15 g de beurre, 2 g de sel, 4 g de sucre en poudre et 1 tour de moulin à poivre.

3. Ranger ensemble navets et oignons dans l'autre casserole. Verser dessus les 50 cl d'eau, 30 g de beurre, 4 g de sel, 8 g de sucre en poudre et 2 tours de moulin à poivre restants.

4. Installer sur deux feux et laisser cuire doucement à découvert, à très faibles bouillons, 18 minutes les navets et oignons, 20 minutes les carottes. En cours de cuisson, l'eau va s'évaporer presque totalement pour ne laisser dans les casseroles qu'un liquide sirupeux et brillant qui va enrober ou « glacer » les légumes.

5. Pour faciliter cet enrobage, il est préférable, pendant la cuisson, de faire décrire régulièrement aux casseroles quelques mouvements circulaires rapides sur elles-mêmes.

PRÉSENTATION :

6. Ranger les petits légumes en jouant de leurs couleurs, sur les petites soucoupes, et placer celles-ci à côté des grandes assiettes dressées qu'ils accompagnent.

ASTUCES ET IDÉES MAISON

- L'hiver, les légumes nouveaux pourront être remplacés par des « petits légumes-jouets », obtenus à partir de légumes normaux tronçonnés, taillés, arrondis et **tournés** * en forme de grosses olives. Le céleri-rave pourra ainsi entrer dans la ronde.
- Le choix des trois légumes, carottes, navets, oignons n'est pas exhaustif, on peut y ajouter de tout petits poireaux, des haricots verts, des petits pois, etc.
- Pour glacer les petits légumes « à brun », il faut, dès que l'eau s'est complètement évaporée, laisser se poursuivre la cuisson 2 minutes de plus pour obtenir une coloration brune et uniforme des légumes.

* Voir illustration p. 101.

purée mousse de betteraves au vinaigre

Marché pour 4 personnes

Ingrédients principaux	350 g de betteraves rouges crues 150 g d'oignons 1 cuillère à café d'huile d'olive 1 gousse d'ail pelée et écrasée 5 cl de vinaigre de vin rouge de Bordeaux ou de Malvoisie 50 g de tomate fraîche concassée crue *(voir recette p. 410)* Sel et poivre 1 cuillère à soupe de crème fraîche double 10 cl de bouillon de volaille obtenus à partir de 1/5 de tablette de bouillon de volaille instantané diluée dans 10 cl d'eau
Ustensiles de préparation	1 couteau d'office bien tranchant 1 casserole à fond épais et son couvercle 1 spatule en bois 1 mixer 1 bain-marie
Utilisations	Les gibiers

« *UNE PURÉE ROSE AIGRE-DOUCE* »

1. Peler betteraves et oignons au couteau d'office et les couper en fines rondelles de 2 mm d'épaisseur.

2. Mettre à chauffer l'huile d'olive dans la casserole à fond épais, y faire revenir sans laisser colorer, à découvert, les oignons et l'ail écrasé; les laisser rejeter leur eau de végétation pendant 5 minutes, en ayant soin de les remuer régulièrement à la spatule en bois pour éviter qu'ils n'attachent.

3. Verser dessus les 5 cl de vinaigre pour **déglacer**, puis, incorporer la tomate concassée et les rondelles de betteraves. Assaisonner de sel et poivre du moulin. Laisser cuire à couvert, sur feu doux, pendant 1 heure.

4. La cuisson achevée, broyer le tout 2 minutes au mixer, après avoir ajouté la cuillerée à soupe de crème fraîche et les 10 cl de bouillon de volaille, pour amener cette purée à consistance de mousse légère. Tenir au chaud au bain-marie avant l'emploi.

ASTUCES ET IDÉES MAISON

- Quoique insolite, cette purée accompagnera idéalement le gibier et remplacera spirituellement « l'infatigable » purée de marrons.

purée mousse de céleri

Marché pour 4 personnes

Ingrédients principaux	350 g de céleri-rave en boule 1 litre de lait Sel et poivre 100 g de riz 2 cuillères à soupe de crème fraîche double
Ustensiles de préparation	1 couteau d'office 1 casserole à fond épais et son couvercle 1 spatule en bois 1 égouttoir à pieds 1 saladier 1 mixer 1 bain-marie
Utilisation	Bécasse au fumet de Pomerol *(p. 348)*

« *UNE SAVEUR IMPERTINENTE ET PRESQUE EXOTIQUE* »

1. Peler le céleri-rave au couteau d'office, le couper en huit morceaux. Mettre ceux-ci dans la casserole et verser dessus le litre de lait froid. Assaisonner de sel et poivre.

2. Mettre sur le feu, et, à la première ébullition, verser le riz en pluie. Remuer pendant une minute l'ensemble à la spatule en bois, afin que le riz n'attache pas au fond de la casserole. Laisser cuire à feu doux, à demi couvert, et à petits bouillons, pendant 20 minutes.

3. Au terme de la cuisson, égoutter le céleri et le riz sur l'égouttoir à pieds placé au-dessus du saladier pour récupérer le lait de cuisson. Les broyer ensemble 3 minutes au mixer, en incorporant les deux cuillerées à soupe de crème fraîche. Ajouter 10 cl du lait de cuisson **réservé**, pour **détendre** la purée et l'amener ainsi à consistance crémeuse. Rebroyer l'ensemble 1 minute; vérifier l'assaisonnement. Tenir au chaud au bain-marie avant l'emploi.

ASTUCES ET IDÉES MAISON

- L'adjonction du riz plutôt que de pommes de terre permet de conserver à cette purée de céleri son goût propre, tout en la rendant crémeuse.

- Une variante originale que je viens d'essayer consiste à remplacer le riz par 250 g de quartiers de pommes-fruits épluchées que l'on ajoute dans le lait 10 minutes avant la fin de la cuisson du céleri. C'est subtil et délicieux.

purée mousse de cresson

Marché pour 4 personnes

Ingrédients principaux	4 bottes de cresson { 1 litre et demi d'eau { 20 g de gros sel 1 cuillère à café de jus de citron 50 g de beurre 4 cuillères à soupe de crème fraîche double Sel et poivre
Ustensiles de préparation	1 grande casserole inoxydable 1 égouttoir à pieds 1 mixer 1 petite casserole inoxydable 1 spatule en bois
Utilisations	Sauce crème de ciboulettes *(p. 124)* Soupe de grenouilles à la laitue *(p.141)* Feuilleté de grenouilles au cresson et aux mousserons *(p. 208)* Bar aux algues *(p. 277)* Dorade en croûte de sel *(p. 280)*

« UNE JOLIE PURÉE VERTE AU GOÛT DE POIVRE »

1. Équeuter le cresson et le laver à l'eau fraîche. Il en reste environ 250 g.

2. Dans la grande casserole, faire bouillir l'eau salée à 20 g de gros sel et y **blanchir** le cresson 3 minutes.

3. L'égoutter sur l'égouttoir à pieds et le plonger aussitôt dans de l'eau glacée pour en stopper immédiatement la cuisson et lui conserver sa belle couleur vert vif.

4. L'égoutter à nouveau et le broyer environ 2 minutes dans le bol du mixer.

5. Verser la purée obtenue dans la petite casserole inoxydable, ajouter le jus de citron, le beurre et la crème fraîche. Rectifier l'assaisonnement, et réchauffer sur feu doux en mélangeant bien l'ensemble à la spatule en bois. Servir immédiatement.

ASTUCES ET IDÉES MAISON

● Servie aussitôt, la mousse de cresson conserve sa belle couleur vert tendre; employée quelques heures plus tard, sa teinte s'affadit et vire au vert jaunâtre.

● Vous pouvez préparer cette mousse d'avance et lui conserver sa belle couleur, en la congelant immédiatement après l'avoir broyée; le jus de citron, le beurre et la crème s'ajouteront au moment du réchauffage.

purée mousse de haricots verts

Marché pour 4 personnes

Ingrédients principaux	500 g de haricots verts frais de moyenne finesse 1 litre et demi d'eau 35 g de gros sel 1 cuillère à soupe de crème fraîche double 1 cuillère à soupe de beurre Sel et poivre
Ustensiles de préparation	1 grande casserole inoxydable 1 écumoire à manche 1 égouttoir à pieds 1 petite casserole inoxydable 1 mixer 1 spatule en bois 1 bain-marie
Utilisation	Grillade de palette de bœuf à la marinade *(p. 383)*

« *POUR LES CUISINER QUAND ILS NE SONT PAS TRÈS FINS* »

1. Équeuter les haricots verts et les jeter dans la grande casserole remplie du litre et demi d'eau bouillante salée à 35 g de gros sel.

2. Les laisser cuire, à découvert, 10 minutes, à gros bouillons.

3. Les égoutter à l'écumoire et les plonger immédiatement dans la bassine remplie d'eau glacée.

4. Les égoutter sur l'égouttoir et les broyer 2 minutes au mixer de manière à obtenir une purée homogène. Ajouter la crème fraîche dans le mixer et rebroyer une minute.

5. Dans la petite casserole, faire blondir la cuillerée de beurre en « beurre noisette » : au contact de la chaleur, le beurre devient blond et ne « chante » plus, l'eau qu'il contenait s'est évaporée.

6. Verser alors dessus la purée de haricots verts (4), bien mélanger l'ensemble à la spatule en bois, vérifier l'assaisonnement et tenir au chaud au bain-marie avant l'emploi.

ASTUCES ET IDÉES MAISON

● Le rafraîchissement des haricots verts sous l'eau très froide permet non seulement de contrôler et d'arrêter instantanément leur cuisson, mais aussi de dessaler en partie le légume « sur-salé » volontairement au départ (20 g au litre), pour parvenir à une cuisson rapide et fixer ainsi joliment sa couleur.

● Comme pour la purée mousse de cresson, on peut bien entendu préparer cette purée d'avance et lui conserver sa belle couleur, en la congelant immédiatement après l'avoir broyée; la crème et le beurre s'ajouteront au moment du réchauffage.

purée mousse de poireaux

	Marché pour 4 personnes
Ingrédients principaux	1 kg 200 de poireaux tendres 80 g de beurre 1 grosse cuillère à soupe de crème fraîche double Sel et poivre
Ustensiles de préparation	1 couteau d'office 1 casserole à fond épais en fonte émaillée 1 spatule en bois 1 mixer 1 petite casserole inoxydable 1 bain-marie
Utilisation	Dorade en croûte de sel *(p. 280)*

« *SUAVE ET PULPEUSE* »

1. Trancher au couteau d'office l'extrémité ligneuse de la tête des poireaux porteuse des racines, et sectionner ceux-ci peu après la fin de leur partie blanche, de manière à éliminer la presque totalité de leur partie verte.

2. Puis, refendre les poireaux ainsi préparés en quatre dans le sens de la longueur pour en faciliter le lavage. Les laver plusieurs fois à l'eau courante puis les éponger dans un linge sec.

3. Les **émincer** grossièrement.

4. Faire chauffer 50 g de beurre dans la casserole en fonte;

y jeter les poireaux émincés, les faire revenir sans colorer. Assaisonner de sel et poivre et laisser cuire doucement à découvert pendant 30 minutes, en remuant régulièrement avec la spatule en bois pour éviter qu'ils n'attachent.

5. La cuisson achevée, broyer les poireaux 4 minutes au mixer de manière à obtenir une purée homogène. Ajouter la crème fraîche dans le mixer et rebroyer une minute.

6. Dans la petite casserole, faire chauffer les 30 g de beurre restants en beurre « noisette » : au contact de la chaleur, celui-ci devient blond et ne « chante » plus; l'eau qu'il contenait s'est évaporée.

7. Verser alors dessus la purée de poireaux (5), bien mélanger l'ensemble à la spatule en bois, vérifier l'assaisonnement et tenir au chaud au bain-marie jusqu'à l'emploi.

ASTUCES ET IDÉES MAISON

● Il est nécessaire de broyer les poireaux au mixer plus longtemps que les autres légumes, pour en éliminer au maximum tous les petits filaments ligneux. S'ils ne disparaissent pas complètement, il est préférable de passer cette purée au travers d'une passoire fine. Vous devrez alors compter environ 20 % de perte.

● Si l'on préfère une version plus rustique du poireau, on peut ne pas le broyer au mixer mais simplement l'enrichir de beurre et crème fraîche juste après la cuisson. Servi ainsi en marmelade paysanne, le poireau est un succulent légume d'accompagnement.

● Pour ma part, j'affirme que le poireau n'est nullement l'« asperge du pauvre » : agrémenté de sauce vinaigrette gourmande *(voir recette p. 157)* il se révèle magnifique. Rehaussé d'une **julienne** * de truffes, il est tout simplement sublime.

* Voir illustration p. 103.

petites crêpes de maïs

Marché pour 8 personnes
soit 5 petites crêpes pour chaque convive

Ingrédients principaux	100 g de farine 15 g de sel fin 4 tours de moulin à poivre 1 œuf entier + 1 jaune d'œuf 25 cl de lait cru 50 g de beurre 100 g de grains de maïs en conserve 1 cuillère à soupe de cerfeuil ou persil frais haché 5 cl d'huile
Ustensiles de préparation	1 saladier 1 petit fouet 1 petite casserole 1 grande poêle 1 pinceau 1 spatule en acier 8 assiettes à dessert chaudes
Utilisation	Bécasse au fumet de Pomerol *(p. 348)*

« *DES GRAINS DE MAÏS CROUSTILLANTS DANS UNE CRÊPE D'HERBES* »

CONFECTION DE LA PÂTE A CRÊPES :

1. Former dans le saladier comme un « cratère-fontaine » avec la farine, le saupoudrer des 15 g de sel fin et des 4 tours de moulin à poivre. Casser au centre l'œuf entier et le jaune, et mélanger l'ensemble à l'aide du petit fouet, en incorporant progressivement, en filet, les 25 cl de lait, de manière à obtenir une pâte liquide homogène.

2. Dans la petite casserole, faire chauffer les 50 g de beurre en beurre « noisette » : au contact de la chaleur, le beurre devient blond et ne « chante » plus, l'eau qu'il contenait s'est évaporée. Puis le mélanger à la pâte en continuant de tourner avec le fouet.

3. Laisser reposer cette pâte pendant une heure. Ajouter alors à la pâte, grains de maïs et cerfeuil haché.

CUISSON DES CRÊPES :

4. Faire chauffer la grande poêle dont on aura légèrement huilé le fond au pinceau. Y déposer soigneusement, en une même fois, 5 cuillerées à soupe du mélange (3), suffisamment espacées pour que les mini-crêpes ainsi formées ne se touchent pas; au contact de la chaleur, elles vont rapidement se colorer en dessous; il suffit alors de les retourner à l'aide de la spatule en acier et de laisser colorer l'autre face.

5. Les sortir rapidement de la poêle et les déposer sur une assiette chaude, beurrée, posée sur la porte ouverte du four préalablement chauffé à doux (180 °C — Thermostat 6).

6. Renouveler l'opération 7 fois. Vous disposerez ainsi de 5 mini-crêpes par personne, que vous dresserez sur une petite assiette chaude attenante à l'assiette du plat principal qu'elles accompagnent.

ASTUCES ET IDÉES MAISON

- Ces crêpes peuvent être servies à l'apéritif mais aussi et surtout, accompagner agréablement la volaille, en particulier le canard et le gibier à poil et à plumes.

- Il est mieux, pour leur conserver qualité et moelleux, de cuire les crêpes au dernier moment.

- Cette pâte peut être confectionnée et parfaitement réussie au mixer, on évite ainsi tout risque de grumeaux; il suffit pour cela de mettre en même temps tous les ingrédients dans le bol et de broyer. Le broyage terminé, on ajoute grains de maïs et cerfeuil à la pâte, avant de la laisser reposer.

ragoût d'artichauts aux asperges

Marché pour 4 personnes

Ingrédients principaux	12 petits artichauts 1/2 citron 1 kg d'asperges des Landes de grosseur moyenne 50 g de beurre ramolli à la température de la cuisine 120 g de lard maigre de poitrine en 4 tranches **détaillées** chacune en lardons de 1 cm de section 60 g d'oignon pelé et haché (1/2 oignon moyen) 10 cl de vin blanc sec 25 cl de bouillon de volaille obtenus à partir de 1/2 tablette de bouillon de volaille instantané diluée dans 25 cl d'eau 150 g de tomate concassée crue *(voir recette p. 410)* 1 cuillère à soupe de pluches de cerfeuil Sel et poivre
Ustensiles de préparation et de présentation	1 petit couteau d'office 1 cuillère à café 1 couteau économe 1 grande cocotte en fonte et son couvercle 1 spatule en bois

« *UNE HARMONIE TOUTE DE CROQUANT* »

PRÉPARATION DES FONDS D'ARTICHAUTS ET DES ASPERGES :

1. Casser net la tige des artichauts au ras de la tête, et arracher à la main, environ le premier quart des grosses feuilles extérieures.

2. Avec le petit couteau d'office, arrondir et peler à vif le trognon ébouriffé par les attaches des feuilles extérieures retirées (1), en le cisaillant régulièrement tout autour, afin de faire apparaître la chair du fond d'artichaut.

3. Sectionner net, au ras du foin, les feuilles non arrachées (1) : le foin est dévoilé par les dernières feuilles translucides violettes restant au cœur de l'artichaut.

4. Éliminer ce foin à l'aide de la petite cuillère à café, puis, afin d'éviter que les fonds ainsi mis à nu ne noircissent, les frotter vigoureusement des deux côtés avec la moitié de citron et les couper en quatre.

5. Peler les asperges au couteau économe en partant de la tête vers le pied. Cette opération se fait en les maintenant à plat sur la table par le pied. Les laver et les couper en trois tronçons d'environ 6 à 7 cm de long chacun.

CUISSON ET PRÉSENTATION DU RAGOÛT :

6. Dans la cocotte en fonte, faire fondre 20 g de beurre, y jeter les lardons, l'oignon haché, et faire revenir sans colorer pendant 3 minutes. Ajouter les morceaux d'artichauts et d'asperges; remuer le tout avec la spatule en bois.

7. Assaisonner très légèrement de sel et poivre du moulin, verser le vin blanc sec, faire bouillir et laisser **réduire** de la moitié du volume. Ajouter alors le bouillon de volaille et la tomate concassée.

8. Cuire, couvercle entrouvert, pendant 18 minutes, jusqu'à ce qu'il ne reste plus que la valeur de quatre cuillerées à soupe de liquide. Éparpiller dessus les 30 g de beurre restant en parcelles et les laisser fondre. Saupoudrer l'ensemble des pluches de cerfeuil et servir tel quel dans la cocotte de cuisson.

pommes à la peau

Marché pour 4 personnes

Ingrédients principaux	4 belles grosses pommes de terre BF 15 ou hollandaises de 150 g pièce 1 litre 1/2 d'eau } cuisson des pommes de terre 40 g de gros sel } Sel et poivre du moulin 80 g de beurre
Ustensiles de préparation et de présentation	1 casserole moyenne ou 1 couscoussier 1 égouttoir à pieds 1 très grande poêle ou 2 poêles moyennes à fond épais 1 spatule en acier 1 légumier ou } chauds 4 petites poêles à « blinis » }
Utilisations	Patte d'oie farcie *(p. 335)* Charlotte d'agneau de Jacky *(p. 364)*

« *TOUT EN PARFUM DE TERRE* »

PREMIÈRE CUISSON DES POMMES DE TERRE :

1. Laver soigneusement les pommes de terre à l'eau fraîche pour en éliminer toute trace de terre, les essuyer sur un linge et ne pas les éplucher.

2. Les mettre à cuire pendant 30 à 35 minutes dans la casserole remplie du litre 1/2 d'eau bouillante salée à 40 g de gros sel, ou mieux, à la vapeur dans un couscoussier, rempli de la même quantité d'eau salée.

3. Sitôt cuites, les égoutter sur l'égouttoir à pieds et les laisser sécher quelques instants.

SECONDE CUISSON DES POMMES DE TERRE :

4. **Détailler** chaque pomme de terre en 8 rondelles d'environ 8 à 10 mm d'épaisseur.

5. Les aligner à plat sur la table de travail et les assaisonner légèrement des 2 côtés de sel et poivre du moulin.

6. Mettre la ou les poêles à chauffer à feu vif, y faire fondre les 80 g de beurre, et, dès que celui-ci commence à mousser, y déposer les rondelles de pommes de terre bien à plat, sans les faire se chevaucher. Les laisser dorer ainsi à feu vif environ 2 minutes de chaque côté.

FINITION ET PRÉSENTATION :

7. Éloigner du feu, et pour éviter de les casser, retirer avec précaution de la poêle les rondelles de pommes de terre, une par une, à l'aide de la spatule en acier.

8. Les déposer alors, soit dans le légumier, soit dans les petites poêles à blinis posées sur une soucoupe à thé et les présenter ainsi en accompagnement d'un plat.

ASTUCES ET IDÉES MAISON

● Mimi de Lamotte, amie gourmande entre toutes, a imaginé pour un soir de disette, cette recette savoureuse; la peau, encore attachée à la pomme, diffuse, en caramélisant dans le beurre, tout le fruit de la terre.

pommes de terre vapeur au lard et au thym

Marché pour 4 personnes

Ingrédients principaux	160 g de lard de poitrine fumé 4 belles grosses pommes de terre hollandaises de 180 g chacune 1/2 cuillère à café de fleurs de thym Sel et poivre
Ustensiles de préparation	1 couteau d'office bien tranchant 1 cuillère à café 1 couscoussier et son couvercle ou 1 casserole munie d'une grille ronde à pieds pour cuire à la vapeur, et son couvercle 1 plat rond chaud
Utilisation	Les tripes à la mode de Papa Guérard *(p. 394)*

« LA RUSTICITÉ SAVOUREUSE DES CHAMPS »

1. A l'aide du couteau d'office, **détailler** le morceau de lard fumé en 8 tranches d'épaisseur égale.

2. Laver simplement soigneusement les pommes de terre, bien les essuyer, ne pas les peler, les ouvrir en deux parties égales dans le sens de la longueur, et évider très légèrement la surface de chaque moitié à l'aide de la cuillère à café.

3. Saler très légèrement l'intérieur des pommes de terre. Coucher les 8 tranches de lard fumé dans les huit cavités ainsi obtenues. Éparpiller dessus la fleur de thym, et poivrer chaque tranche de 2 tours de moulin.

4. Remplir d'eau la partie inférieure du couscoussier ou le fond du récipient jusqu'à la grille, ranger les pommes de terre en deux couches superposées dans la partie supérieure du couscoussier ou sur la grille ronde de la casserole. Couvrir, et laisser cuire à petits bouillons 30 minutes.

5. Servir tel quel dans le plat rond en assaisonnant à nouveau très modérément chaque pomme de terre d'un peu de sel et d'un tour de moulin à poivre.

ASTUCES ET IDÉES MAISON

- Pendant la cuisson, une partie du lard va fondre, s'imprégner du thym, et « nourrir » ainsi savoureusement la pomme de terre.

- On peut ajouter sur les pommes de terre en début de cuisson, un saucisson de Lyon, de Morteau, ou des saucisses de Montbéliard, voire de simples chipolatas... et réaliser ainsi un plat complet, solide et charmant.

pommes frites au gros sel

Marché pour 4 personnes

Ingrédients principaux	750 g de pommes de terre « Bintje » 4 cuillères à soupe de graisse d'oie 1 gousse d'ail non pelée 30 g de beurre ramolli à la température de la cuisine 1/2 cuillère à soupe de gros sel 1/2 cuillère à soupe de persil frais haché
Ustensiles de préparation	1 couteau économe 1 couteau d'office 1 bassine 1 égouttoir à pieds 1 cocotte en fonte et son couvercle 1 spatule en bois 1 écumoire à manche 1 bol
Utilisations	Grillade de canard de Chalosse au beurre d'herbes fines *(p. 332)* Patte d'oie farcie *(p. 335)*

« *DE BONNES GROSSES FRITES PAYSANNES* »

1. Peler les pommes de terre au couteau économe. Puis, à l'aide du couteau d'office, les tailler dans le sens de la hauteur en forme de gros quartiers d'oranges. Les mettre au fur et à mesure dans la bassine remplie d'eau et les laver sous l'eau courante. Les égoutter sur l'égouttoir à pieds et bien les essorer sur un linge propre.

2. Faire chauffer la graisse d'oie dans la cocotte, et, dès qu'elle commence à fumer, y jeter la gousse d'ail et les quartiers de pommes de terre. Baisser légèrement le feu et les laisser doucement blondir sur toutes leurs faces en les tournant, de temps à autre, à la spatule en bois. Couvrir et laisser cuire 15 minutes.

3. Égoutter les pommes frites à l'écumoire, les déposer dans une assiette creuse, vider entièrement la cocotte de la graisse d'oie en la transvasant dans le bol pour un autre usage.

4. Remettre les pommes frites dans la cocotte, sur feu doux, éparpiller dessus les 30 g de beurre en parcelles qui vont lentement pénétrer et imprégner leur pulpe.

5. Lorsque le beurre est absorbé par les frites, [illegible] sal[illegible]r au gros sel qui va rester croquant, puis les parsem[illegible] d[illegible]sil haché. Servir aussitôt dans la cocotte ou tout a[illegible]ur [illegible]plat qu'elles accompagnent.

ASTUCES ET IDÉES MAISON

- On peut préparer ces frites d'avance. Pour le[illegible] croustillantes, battre 2 jaunes d'œufs à la fourch[illegible] répandre sur les frites tout en continuant de fouetter et[illegible] rapidement l'ensemble des frites à la main, ceci tou[illegible] avant d'assaisonner les pommes de terre au gros sel et [illegible] persil. Les **débarrasser** dans un plat allant au four et les ten[illegible] au chaud au four préalablement chauffé à doux (180 °C — Thermostat 6) jusqu'à l'emploi ; en séchant, le jaune d'œuf forme une sorte de carapace de protection qui empêche les frites de ramollir.

purée de pommes de terre au persil

Marché pour 4 personnes

Ingrédients principaux	800 g de pommes de terre « Bintje » 1 litre d'eau } cuisson des pommes de terre 15 g de gros sel } 40 cl de lait 80 g de beurre ramolli à la température de la cuisine 4 cuillères à soupe de persil plat frais haché
Ustensiles de préparation	1 couteau économe 1 casserole moyenne et son couvercle 1 petite casserole 1 égouttoir à pieds 1 fourchette 1 spatule en bois
Utilisations	Côte de bœuf sur le sel au beurre vigneron *(p. 380)*

« *UNE POMME PURÉE AU RELIEF RUSTIQUE* »

1. Peler les pommes de terre au couteau économe, les laver, les égoutter et les couper en gros quartiers.

2. Les mettre dans la casserole moyenne, puis y verser l'eau froide salée à 15 g de gros sel. Porter à ébullition, couvrir et laisser cuire à petits bouillons pendant 20 minutes. Éviter la surcuisson qui imbiberait d'eau les pommes de terre.

3. Faire bouillir les 40 cl de lait dans la petite casserole.

4. Dès la fin de leur cuisson, égoutter les pommes de terre dans l'égouttoir. Les remettre dans la casserole vidée et les écraser grossièrement à l'aide de la fourchette, en incorporant les 80 g de beurre en parcelles; les petits morceaux imparfaitement écrasés font tout le charme de cette recette.

5. Remettre la casserole sur feu moyen et battre avec la spatule en incorporant progressivement les 40 cl de lait bouilli : la purée s'allège peu à peu et devient crémeuse.

6. Y mélanger au dernier moment le persil haché et servir aussitôt.

ASTUCES ET IDÉES MAISON

- Il est préférable de servir la purée aussitôt faite.
- On peut toutefois la tenir au chaud au bain-marie; pour éviter qu'elle ne dessèche pendant cette attente, en lisser la surface et verser un peu de lait dessus.
- Ne battez jamais la pomme purée au fouet, elle devient élastique et sa saveur se dénature.

poêlée de pommes de terre aux carottes

Marché pour 4 personnes

Ingrédients principaux	120 g de carottes 300 g de pommes de terre type BF 15 ou hollandaises 120 g de beurre Sel et poivre
Ustensiles de préparation et de présentation	1 couteau économe 1 mouli-julienne 2 petites casseroles 1 bol 4 petites poêles à « blinis » (diamètre 12 cm) 1 spatule en acier 4 soucoupes à thé
Utilisation	Grillade de palette de bœuf à la marinade *(p. 383)*

« *DES GALETTES DE POMMES DE TERRE CROUSTILLANTES ET FONDANTES* »

PRÉPARATION DES LÉGUMES :

1. Peler carottes et pommes de terre au couteau économe; les laver à l'eau courante et les égoutter.

2. Les couper en tronçons de 5 cm de longueur et les détailler en **julienne***, petits bâtonnets de 2 mm de section, en les passant au mouli-julienne pourvu de la grille adaptée à cet usage.

3. Éponger la **julienne*** de carottes dans un linge sec; laver la **julienne*** de pommes de terre plusieurs fois à l'eau fraîche afin d'en éliminer la fécule; puis, l'éponger dans un linge.

* Voir illustration p. 103.

PRÉPARATION DU BEURRE CLARIFIÉ (facultatif) :

4. Dans la première petite casserole, faire fondre à feu très doux — surtout ne pas faire bouillir — 90 g de beurre. L'écumer, puis le transvaser tout doucement dans le bol en laissant reposer au fond de la casserole le liquide blanchâtre ou « petit lait » qui s'y est déposé. Le beurre ainsi recueilli est parfaitement translucide.

FINITION ET PRÉSENTATION :

5. Dans la seconde casserole enduite des 30 g de beurre restant, faire revenir sans laisser colorer, pendant 9 minutes, la **julienne*** de carottes assaisonnée de sel et poivre. **Réserver**.

6. Assaisonner les pommes de terre de sel et poivre. Verser la moitié du beurre clarifié (4) dans le fond des 4 petites poêles; étaler dessus en galette la moitié de la **julienne*** de pommes de terre en tassant bien avec le dos d'une fourchette.

7. Recouvrir de la **julienne*** de carottes puis du reste des pommes de terre, verser dessus le beurre clarifié restant, et tasser à nouveau à la fourchette.

8. Cuire à feu vif pendant 5 minutes, puis retourner chaque galette à l'aide de la spatule en acier : la première face de la galette doit déjà avoir pris une belle couleur dorée; baisser le feu et finir de cuire l'autre face à feu doux pendant 10 minutes.

9. Servir tel quel dans les petites poêles en les posant sur les 4 soucoupes à thé.

ASTUCES ET IDÉES MAISON

● Le lavage des pommes de terre râpées doit être minutieux; il permet en effet d'éliminer la fécule qui risque de les faire s'agglutiner et rougir.

● Quoique facultative, la clarification du beurre permet d'éviter en cours de cuisson la formation de petits points noirs toujours désagréables à l'œil et au goût.

* Voir illustration p. 103.

mon gratin « dauphinois »

Marché pour 4 personnes

Ingrédients principaux	800 g de pommes de terre BF 15 ou hollandaises 10 g de sel 3 tours de moulin à poivre 25 cl de lait 25 cl de crème fraîche double 1/2 gousse d'ail pelée et hachée très finement 1 pointe de muscade râpée 30 g de beurre
Ustensiles de préparation et de présentation	1 couteau économe 1 casserole à fond épais et son couvercle 1 écumoire à manche 4 petits plats ronds en fonte émaillée (diamètre 12 cm) 1 bain-marie rectangulaire et peu profond

« ... *OÙ LE FROMAGE N'EST PAS INDISPENSABLE* »

PRÉPARATION DES POMMES DE TERRE :

1. Peler les pommes de terre au couteau économe.

2. Les **émincer** en rondelles de 3 mm d'épaisseur.

3. Les essuyer dans un linge mais ne pas les laver.

4. Les assaisonner bien uniformément du sel et du poivre en les massant à la main.

CUISSON DES POMMES DE TERRE :

5. Verser le lait puis les pommes de terre (4) dans la casserole, amener à ébullition, baisser le feu et laisser cuire à couvert, à petits bouillons, pendant 10 minutes.

6. Ajouter la crème, la moitié de gousse d'ail hachée et la pointe de muscade. Remettre à cuire à petits bouillons 20 minutes, en surveillant bien pour que les pommes de terre n'attachent pas.

FINITION ET PRÉSENTATION :

7. Recueillir délicatement les pommes de terre avec l'écumoire pour les ranger dans le fond des petits plats; terminer l'opération en les recouvrant de la crème de cuisson (6).

8. Éparpiller dessus les 30 g de beurre en parcelles et finir de les cuire 10 minutes, au bain-marie, au four préalablement chauffé à moyen (180 °C — Thermostat 6), pour leur donner une jolie couleur dorée appétissante. Servir dans les plats de cuisson.

ASTUCES ET IDÉES MAISON

- Je n'ai pas encore réussi à déterminer avec certitude si le léger goût de fromage perceptible à la dégustation de ce plat est issu des influences simultanées et réciproques de la fécule et de la crème.

- En tout cas, il est certain que le fait de ne pas laver les pommes de terre leur conserve intact leur enrobage de fécule-amidon, créant ainsi une sorte de liaison naturelle qui permet au mélange lait et crème de mieux se faire et de devenir particulièrement onctueux.

- Pour les inconditionnels du fromage, il est toujours possible d'en parsemer le dessus des plats, juste avant de mettre au four pour dorer.

ragoût de spaghetti aux petits légumes

Marché pour 4 personnes

Ingrédients principaux	200 g de spaghetti les plus fins possible 2 litres et demi d'eau } cuisson des 50 g de gros sel } spaghetti
Ingrédients de la garniture de légumes	1 concombre de 300 g pelé 100 g de cèpes frais épluchés ou de conserve au naturel 40 g de champignons de Paris épluchés 1 fond d'artichaut frais épluché ou de conserve 1 litre d'eau } cuisson des 15 g de gros sel } légumes 20 g de petits pois frais écossés ou surgelés 100 g de fleurs de chou-fleur épluchées 30 g de beurre 10 cl d'huile d'arachide Sel et poivre
Ingrédients de la sauce d'accompagnement	15 g de morilles sèches } ou 50 g de 15 g de truffe fraîche } champignons ou de conserve } de Paris 5 cl d'eau 1 cuillère à soupe de cerfeuil haché 2 cuillères à soupe de crème fraîche double 200 g de beurre ramolli à la température de la cuisine 2 cuillères à soupe de tomate concassée crue *(voir recette p. 410)* Sel et poivre 1 cuillère à café de jus de citron
Ustensiles de préparation et de présentation	1 casserole moyenne inoxydable 1 écumoire à manche 1 égouttoir à pieds 1 grande poêle et son couvercle 1 petite casserole 1 grande casserole inoxydable 2 fourchettes de bois 1 plat rond creux, chaud

« *DES SPAGHETTI POUR UNE SURPRISE-PARTIE* »

PRÉPARATION ET CUISSON DES LÉGUMES :

1. **Détailler** le concombre en 5 tronçons, à leur tour taillés en quatre, arrondis et **tournés*** en forme de grosses olives, de manière à obtenir 20 mini-concombres.

2. Tailler les cèpes, les champignons de Paris et le fond d'artichaut en **mirepoix,** petits dés de 1 cm de section.

3. Dans la première casserole, faire bouillir le litre d'eau salée à 15 g de gros sel et y cuire les petits pois, 15 minutes s'ils sont frais, 6 minutes s'ils sont surgelés, 6 minutes également les concombres et 4 minutes les fleurs de chou-fleur. Les égoutter soigneusement à l'écumoire sur l'égouttoir à pieds.

4. Mettre à chauffer dans la grande poêle les 30 g de beurre et les 10 cl d'huile d'arachide, y faire sauter ensemble tous les légumes (1-2-3), assaisonner, arrêter le feu et tenir au chaud en les couvrant.

PRÉPARATION DE LA SAUCE D'ACCOMPAGNEMENT :

5. Laver plusieurs fois les morilles à l'eau fraîche pour en éliminer tout le sable, les mettre à tremper quelques minutes à l'eau tiède pour les faire gonfler, puis les essuyer soigneusement sur un linge et les couper chacune en quatre lanières dans le sens de la hauteur.

6. **Détailler** la truffe en fine **julienne** *, bâtonnets de 2 mm de section.

7. Dans la petite casserole, faire bouillir et laisser **réduire** de moitié les 5 cl d'eau avec le cerfeuil. Ajouter la crème, les 200 g de beurre en parcelles, la **julienne** * de truffes et de

*** Voir illustrations p. 101 et 103.**

morilles, la tomate concassée. Assaisonner de sel et poivre. Porter à nouveau à ébullition pendant 30 secondes. Ajouter le jus de citron.

CUISSON DES SPAGHETTI :

8. Faire bouillir dans la grande casserole les 2 litres et demi d'eau salée à 50 g de gros sel. Y plonger les spaghetti rompus en deux à la main. Remuer avec une fourchette jusqu'à la reprise de l'ébullition pour éviter que les pâtes ne collent entre elles. A partir de ce moment précis, compter 6 minutes de cuisson.

FINITION ET PRÉSENTATION :

9. Égoutter les spaghetti sur l'égouttoir à pieds, les rincer sous l'eau fraîche pour en éliminer l'amidon. Les remettre dans leur casserole de cuisson. Arroser de la sauce (7) et mélanger soigneusement l'ensemble avec les deux fourchettes de bois.

10. Puis transvaser le tout dans le plat rond et disposer tout autour, en couronne, la garniture de légumes (4).

ASTUCES ET IDÉES MAISON

● Si vous recevez ce jour-là une vingtaine d'invités, il est préférable de cuire vos spaghetti d'avance. Voici comment procéder : les cuire « al dente » comme précédemment (8), puis égoutter sur l'égouttoir à pieds installé au-dessus d'un saladier pour récupérer l'eau de cuisson. Les rincer aussitôt à l'eau froide pour en arrêter immédiatement la cuisson.
Au moment de servir, les plonger 30 secondes dans leur eau de cuisson bouillante, **réserver** et reprendre la suite normale de la recette.

● De même, les légumes peuvent être **pochés** la veille et sautés au moment.

LES DESSERTS

la pâte sablée sucrée

	Marché pour 500 g de pâte
Ingrédients principaux	150 g de beurre découpé en 6 morceaux et ramolli à la température de la cuisine 75 g de sucre semoule 1/2 sachet de sucre vanillé 1 pointe de sel 50 g de poudre d'amandes (facultatif) 250 g de farine surfine 1 œuf 1/2 cuillère à café d'eau froide (facultatif)
Ustensiles de préparation	1 cuisimat (facultatif) 1 sac plastique
Utilisations	Tarte aux fraises Tarte aux framboises Tarte aux poires caramélisées *voir a. et id. maison p. 449*

A. 1. Si l'on dispose d'un cuisinat, verser dans le bol de l'appareil les morceaux de beurre, les sucres, semoule et vanillé, le sel, la poudre d'amandes et la farine. Mettre l'appareil en route et le laisser tourner 15 secondes.

2. Ajouter l'œuf et laisser tourner à nouveau 15 secondes, temps nécessaire pour que la pâte « prenne » et se forme elle-même en boule. Si votre beurre est trop sec, ajouter avec l'œuf une demi-cuillerée à soupe d'eau froide.

3. Sortir la pâte de l'appareil, l'aplatir légèrement sur la table de travail, la glisser dans la poche plastique, et la laisser reposer une nuit au réfrigérateur avant emploi.

B. 1. Si vous n'avez pas de cuisinat, former sur la table de travail un « cratère-fontaine » avec les 250 g de farine saupoudrés des sucres, semoule et vanillé, et du sel.

2. Déposer au centre les 150 g de beurre ramolli, l'œuf, commencer à les mélanger du bout des doigts de la main droite (si l'on est droitier!) et faire glisser, simultanément et progressivement, de la main gauche, la fontaine de farine vers le centre du cratère, en malaxant le tout des 2 mains sans trop brutaliser la pâte.

3. Dès que l'ensemble des différents ingrédients prend corps et s'agglutine, finir la pâte en l'écrasant sous la paume de la main et en la roulant sur la table de travail, non farinée, dans un mouvement allongé pour bien l'homogénéiser.

4. Puis, la rassembler en boule, l'aplatir légèrement, la glisser dans la poche plastique et la laisser reposer une nuit au réfrigérateur avant emploi.

5. Cette pâte se cuit au four préalablement chauffé à moyen, (210 °C — Thermostat 7).

ASTUCES ET IDÉES MAISON

● Cette pâte se conserve très bien, enfermée hermétiquement dans une poche plastique, 8 jours au réfrigérateur et 2 mois au congélateur. Dans ce cas, la veille de son utilisation, il faudra la sortir du congélateur et la laisser se « dégourdir » une nuit au réfrigérateur, puis 1 heure, à la température de la cuisine.

● On peut utiliser cette pâte avec bonheur pour la confection des sacro-saints petits sablés.

● On l'emploiera aussi avec succès pour réaliser de délicieuses tartes aux fraises, framboises, ou poires caramélisées. Pour ce faire, il suffit de l'étaler à l'aide du rouleau à pâtisserie, sur la table de travail légèrement farinée, en lui donnant une épaisseur de 1 cm et, au choix, une forme ronde ou carrée. Il faut ensuite la piquer à la fourchette pour éviter qu'elle ne gonfle, et pré-cuire à four moyen (210 °C — Thermostat 7) pendant 20 à 30 minutes. Une fois refroidi, on tartinera ce fond d'une couche épaisse de 1 cm de crème pâtissière parfumée au kirsch ou au rhum *(voir recette p. 466)*. Puis, on y rangera les fraises ou les framboises, en les arrosant de sauce coulis de framboises *(voir recette p. 470)*. Si l'on a choisi les poires, elles seront caramélisées *(voir recette p. 512)*.

la pâte brisée

Marché pour 500 g de pâte

Ingrédients principaux	230 g de farine 20 g de lait en poudre 10 g de sucre semoule 7 g de sel 180 g de beurre ramolli à la température de la cuisine et découpé en six morceaux 1 cuillère à soupe d'eau froide 1 œuf
Ustensiles de préparation	1 cuisimat (facultatif) 1 sac plastique
Utilisations	Tarte fine chaude aux pommes acidulées *(p. 503)* Toutes les tartes fines aux fruits *(a. et id. maison p. 505)*

« *LA PÂTE A TOUT FAIRE* »

A. 1. Si vous disposez d'un cuisimat, verser dans le bol de l'appareil les 230 g de farine, les 20 g de lait en poudre, les 10 g de sucre semoule, les 7 g de sel et les 180 g de beurre.

2. Mettre l'appareil en route et le laisser tourner 15 secondes. Ajouter alors la cuillerée à soupe d'eau et l'œuf, laisser tourner à nouveau 15 secondes, temps nécessaire pour que la pâte « prenne » et se forme elle-même en boule.

3. Aplatir légèrement cette boule, la glisser dans la poche plastique, et, la laisser reposer une nuit au réfrigérateur : elle sera ainsi plus souple et facile à manipuler le lendemain.

B. 1. Si vous n'avez pas de cuisimat, former sur la table de travail un « cratère-fontaine » avec les 230 g de farine, puis les saupoudrer des 20 g de lait en poudre, 10 g de sucre et 7 g de sel.

2. Déposer au centre les 180 g de beurre et l'œuf, commencer à les mélanger du bout des doigts de la main droite (si l'on est droitier!) et faire glisser simultanément et progressivement de la main gauche, la fontaine de farine vers le centre du cratère, en malaxant le tout des deux mains; ajouter enfin progressivement la cuillère à soupe d'eau froide.

3. Dès que les différents ingrédients prennent corps et s'agglutinent, finir la pâte en l'écrasant sous la paume de la main, et, en l'aplatissant sur la table de travail, préalablement farinée, dans un mouvement allongé pour bien l'homogénéiser.

4. Puis, la rassembler en boule, l'aplatir légèrement, la glisser dans la poche plastique et la laisser reposer une nuit au réfrigérateur avant emploi.

5. Cette pâte se cuit au four préalablement chauffé à moyen (210 °C — Thermostat 7).

ASTUCES ET IDÉES MAISON

- Cette pâte peut parfaitement remplacer le feuilletage pour les tartes fines aux fruits : l'œuf apporte en effet à la pâte la résistance et la plasticité nécessaires pour absorber le jus des fruits frais, et résister au détrempage.

- Ne soyez pas tentés d'ajouter de l'eau à cette recette, cela aurait pour effet de rendre la pâte particulièrement sèche et dure après cuisson.

- Dépourvue de sucre, cette pâte vous permet également de réaliser d'une façon simple et rustique, les pâtés domestiques campagnards et les viandes en croûte, filet de bœuf, gigot, saucisson, etc.

- Cette pâte se conserve très bien 8 jours au réfrigérateur, hermétiquement enfermée dans une poche plastique.

la pâte feuilletée *

Marché pour 600 g de pâte

Ingrédients principaux	250 g de farine surfine 50 g de beurre ramolli à la température de la cuisine 7 g de sel 12 cl d'eau	pour faire la pâte « détrempe »
	250 g de beurre sec, Charente ou Deux Sèvres de préférence, maintenu au froid au réfrigérateur	pour réaliser le « beurrage »
	Quelques poignées de farine surfine	pour le farinage de la table de travail
Ustensiles de préparation	1 cuisinat (facultatif) 1 gros couteau 1 poche plastique 2 feuilles de plastique 1 rouleau à pâtisserie	
Utilisations	Les feuilletés légers d'entrée *(p. 201)* Coquilles à la coque de Didier Oudill *(p. 246)* Le filet de bœuf en poisson *(p. 386)* Tarte fine chaude aux pommes acidulées *(p. 503)* Feuillantines de poires caramélisées *(p. 512)* Millefeuille à la crème légère *(p. 516)*	

* Voir illustration p. 104.

« *UNE PÂTE DE MAGICIEN* »

CONFECTION DE LA PÂTE « DÉTREMPE » :

A. 1. Si l'on dispose d'un cuisinat, verser dans le bol de l'appareil les 250 g de farine, les 50 g de beurre, les 7 g de sel et les 12 cl d'eau. Mettre l'appareil en route, et le laisser tourner 25 secondes, jusqu'à ce que les ingrédients « prennent » et se réunissent d'eux-mêmes en boule.

2. Retirer cette boule de l'appareil, l'aplatir légèrement à la main, et quadriller sa surface en l'incisant légèrement avec la lame du gros couteau, pour rompre l'élasticité de la pâte.

3. La glisser dans la poche plastique et la laisser reposer 2 heures au réfrigérateur.

B. 1. Si l'on ne possède pas cet appareil, disposer sur la table de travail les 250 g de farine en forme de « cratère-fontaine »; verser au centre de ce cratère, l'eau, le sel et ajouter les 50 g de beurre en parcelles.

2. Malaxer délicatement tous ces ingrédients ensemble, du bout des doigts de la main droite, en prenant soin de n'incorporer que très progressivement la farine à la pâte en confection, en la faisant glisser petit à petit de la main gauche vers le centre du cratère.

3. Finir d'amalgamer tous les ingrédients en une boule homogène, et la rentrer au réfrigérateur après avoir procédé exactement comme précédemment (A. 2 et 3).

BEURRAGE DE LA « DÉTREMPE » :

4. Glisser les 250 g du beurre sorti au dernier moment du réfrigérateur, entre les deux feuilles de plastique, frapper dessus avec le rouleau à pâtisserie pour l'assouplir, et l'aplatir en lui donnant la forme d'un carré de 15 cm de côté.

5. Fariner légèrement la table de travail; y étendre la pâte « détrempe » (3) au rouleau à pâtisserie et lui donner la forme d'un carré de 25 cm de côté.

6. Inscrire au centre de ce second carré, le carré de beurre aplati (4), en l'y plaçant perpendiculairement en losange.

7. Replier soigneusement dessus les quatre triangles de « détrempe » laissés apparents par le losange, de manière à donner à l'aspect final de cette opération, l'apparence d'une enveloppe postale. Le beurre se trouve donc prisonnier de la « détrempe ».

PLIAGE DE LA PÂTE
OU COMMENT DONNER DES TOURS :

8. Fariner à nouveau la table de travail, et y étendre au rouleau à pâtisserie, progressivement devant soi, sans trop appuyer, la pâte beurrée (7), en lui donnant la forme d'une bande de 25 cm de largeur sur 50 cm de longueur.

9. La replier en trois sur elle-même, formant ainsi un nouveau rectangle de 17 cm de largeur sur 25 cm de longueur : le « premier tour » vient d'être donné.

10. Faire pivoter ce rectangle de pâte de 1/4 de tour sur lui-même, dans le sens des aiguilles d'une montre, et l'allonger à nouveau au rouleau devant soi, en donnant également à cette nouvelle bande, 25 cm de largeur sur 50 cm de longueur. Comme précédemment, replier trois fois sur lui-même, le rectangle ainsi obtenu : « le deuxième tour » vient d'être donné.

11. Glisser à nouveau la pâte dans la poche plastique (3) et la laisser reposer une demi-heure au réfrigérateur.

12. La sortir du froid, et lui donner deux autres « tours », en procédant exactement comme pour les deux premiers (8, 9, 10). Au fur et à mesure de ce travail, la pâte devient plus élastique et résistante, il faut donc l'étaler avec souplesse, sans trop enfoncer le rouleau dans la pâte, ce qui aurait pour effet de faire passer le beurre au travers.

13. Glisser à nouveau la pâte dans la poche en plastique et la laisser reposer au réfrigérateur à nouveau une demi-heure ou davantage.

14. 30 minutes avant de **détailler** la pâte pour confectionner la recette choisie, lui donner 2 derniers « tours » en pratiquant exactement comme pour les précédents. Ceci nous amène à un total de 6 tours ; la pâte est ainsi prête à l'emploi et composée d'une superposition parfaite de couches de beurre et de couches de pâte « détrempe » qui, à la cuisson au four préalablement chauffé à chaud (220 °C — Thermostat 8), se transformeront en feuillets diaphanes.

ASTUCES ET IDÉES MAISON

● L'été, pour bien réussir cette pâte, il est préférable, une demi-heure avant sa confection, de rafraîchir la table de travail choisie, en la recouvrant d'un gros sac plastique rempli de glaçons.

● La pâte feuilletée peut être, immédiatement après le sixième « tour », **détaillée** en une seule fois en feuilletés légers, tartes, etc., que l'on met aussitôt à congeler, en ayant soin d'intercaler des feuilles de plastique de protection entre chacun d'eux. Le jour de leur emploi, on les sort directement du congélateur pour les enfourner au four préalablement chauffé à chaud (220 °C — Thermostat 8).

● Le secret du feuilletage ? Il suffit que la pâte « détrempe » et le beurre sec soient en parfaite harmonie de densité ; en effet, si, par exemple, le beurre est plus dur que la « détrempe » qui l'enveloppe, il passe, au cours du pliage, au travers de la pâte, et le feuilleté ne pourra se développer sans de sérieuses difficultés à la cuisson. De même, s'il est trop mou, il débordera alors sous le rouleau et ne restera pas en couche nette.

● Il est également impératif, au moment de son détaillage au couteau, de trancher net la pâte, et non pas de l'écraser, ce qui aurait pour effet inévitable d'empêcher son développement, les différentes couches restant collées entre elles par l'impact maladroit du couteau.

* NOTE DE L'AUTEUR :

A l'œil profane, cette pâte relève de la sorcellerie : en effet, par quelle magie miraculeuse un morceau de pâte de 3 mm d'épaisseur peut-il gonfler et s'épanouir en hauteur, jusqu'à accroître de 20 fois son propre volume? Ce phénomène étonnant s'explique pourtant par la recette même de la pâte feuilletée : elle est, en fait, une superposition de multiples couches de beurre d'une part, et, d'autre part, d'une pâte appelée « détrempe », obtenue par mélange de farine, d'eau et de sel. Dès que la pâte feuilletée est au four, le beurre, au contact de la chaleur, frit et soulève ainsi la couche de pâte placée au-dessus de lui, créant un vide entre eux deux; et, simultanément, l'eau de la « détrempe » se transforme à la chaleur en vapeur, qui, en cherchant à s'échapper de la pâte, contribue également au soulèvement des feuilles.

la pâte à choux *

Marché pour 800 g de pâte
soit environ pour 30 jolis choux ou éclairs

Ingrédients principaux	12 cl de lait 12 cl d'eau 5 g de sel fin 5 g de sucre semoule 110 g de beurre ramolli à la température de la cuisine 140 g de farine surfine 5 œufs 1 poudreuse de sucre glace
Ustensiles de préparation	1 petite casserole à fond épais 1 spatule en bois 1 saladier tiédi à l'eau chaude 1 fouet 1 poche à pâtisserie garnie de sa douille (diamètre 1 cm 1/2) 1 plaque de four en tôle 1 feuille de papier siliconé 1 couteau-scie
Utilisations	Choux au jambon et fromage } *(a. et id. maison* Choux à la chantilly } *p. 459)* Profiteroles au miel *(a. et id. maison p. 487)*

* NOTE DE L'AUTEUR :

C'est la grande quantité de liquide (eau + lait), contenue dans les ingrédients de cette recette, qui, sous l'action de la chaleur du four, se transforme en vapeur et fait gonfler les choux, les poussant vers l'extérieur et créant ainsi au cœur un vide de grotte-caverne.

« *UNE GROTTE NUAGEUSE* *EN FORME DE RÊVE D'ENFANT* »

1. Dans la petite casserole à fond épais, verser les 12 cl de lait, les 12 cl d'eau, les 5 g de sel et de sucre, puis ajouter les 110 g de beurre et porter à ébullition.

2. Oter du feu au premier bouillon, et verser progressivement dessus en pluie fine les 140 g de farine, en mélangeant bien l'ensemble à la spatule en bois.

3. Remettre sur le feu et continuer de remuer vivement à la spatule pendant une minute, pour faire évaporer une partie de l'eau et dessécher la pâte ainsi formée.

4. Transvaser alors cette préparation dans le saladier tiède, et y incorporer les œufs un à un, tout en fouettant énergiquement au petit fouet, jusqu'à ce que la pâte soit devenue bien lisse et homogène.

5. Faire glisser la pâte dans la poche à pâtisserie et, selon vos talents et expérience, en appuyant doucement sur la poche douillée, coucher sur la plaque en tôle du four, légèrement huilée au chiffon, ou mieux, recouverte de papier siliconé, des petits tas ronds de pâte, si vous voulez faire des choux, ou des petits boudins droits comme des bâtons longs de 10 cm, si vous voulez obtenir des éclairs. Les saupoudrer de sucre glace.

6. Les cuire d'abord 15 mn au four préalablement chauffé à chaud (220 °C — Thermostat 8), puis réduire la température du four à moyen (200 °C — Thermostat 6), et finir de les cuire 15 autres minutes, la porte du four étant tenue légèrement entrouverte par le manche d'une fourchette, afin de laisser s'échapper l'excès de vapeur qui nuirait à leur développement.

7. Sortir la plaque du four, les laisser refroidir, puis, si l'on doit les utiliser aussitôt, les ouvrir délicatement en deux au couteau-scie.

ASTUCES ET IDÉES MAISON

● Cette recette est beaucoup mieux réussie si l'on respecte fidèlement les poids et quantités d'ingrédients donnés ici. Les réduire de moitié donnerait un résultat moins succulent et moins léger.

● De ce fait, si l'on n'a pas le même jour l'emploi immédiat de tous les choux produits par la quantité de pâte donnée, il est tout à fait possible de les conserver dans une poche plastique, sans trop les serrer, une semaine au réfrigérateur ou un mois au congélateur. Dans le second cas, il faudra, la veille de leur utilisation, les sortir du congélateur pour les laisser se « dégourdir » 24 heures au réfrigérateur.

● Le petit secret pour avoir des choux lisses et unis est tout simplement de ne pas trop fouetter la pâte lorsque l'on y incorpore le dernier œuf (4).

● Ces choux, fourrés d'un mélange de dés de jambon liés au fromage blanc et recouverts de fromage râpé ou de fines herbes hachées, feront des entrées pittoresques et délicieuses.

● La crème Chantilly *(voir recette p. 464)* est pour tous les enfants du monde, le compagnon rituel des choux. On les en garnira confortablement après les avoir ouverts en deux (7).

la pâte à baba ou à savarin

Marché pour 500 g de pâte
soit 4 gros savarins, pour 5 personnes chacun

Ingrédients principaux	10 g de levure de boulanger 2 cuillères à soupe d'eau tiède 250 g de farine } soigneusement 6 g de sel } mélangés 3 œufs 10 cl de lait 10 g de sucre semoule 75 g de beurre ramolli à la température de la cuisine 50 g de beurre fondu pour le beurrage des moules
Ingrédients du sirop de mouillage	25 cl d'eau } 175 g de sucre semoule } sirop 2 cuillères à soupe de rhum } 5 cl de rhum
Ustensiles de préparation et de présentation	1 petit fouet 1 grand saladier ou une bassine inoxydable de 2 litres 1 spatule en bois 4 moules à savarin en couronne, diamètre 14 cm 1 pinceau 1 petit couteau d'office 1 grille à pâtisserie 1 grande casserole 1 plat rond creux 1 petite louche 1 saucière
Sauce et garnitures d'accompagnement	Sauce coulis d'abricots } *p. 472* Crème pâtissière } *voir recettes p. 466* Crème Chantilly } *p. 464* Salade de fruits
Utilisation	Ali baba *(p. 519)*

« NÉE DE L'IMAGINATION DE STANISLAS LECZINSKI? »

PRÉPARATION DE LA PÂTE :

1. Délayer soigneusement au fouet, dans le grand saladier, les 10 g de levure **mouillés** des 2 cuillerées à soupe d'eau tiède.

2. Verser dessus en pluie fine, la farine mêlée au sel, ajouter 2 œufs et commencer à pétrir les ingrédients en mélangeant bien le tout à la spatule en bois.

3. Dès que les ingrédients commencent à s'amalgamer d'une manière homogène, ajouter le troisième œuf, et peu à peu, les 10 cl de lait.

4. Battre énergiquement la pâte pendant environ 10 minutes, en la soulevant dans un mouvement incessant de la spatule, jusqu'à ce qu'elle devienne lisse et élastique.

5. Lorsqu'elle a atteint cette texture, ajouter les 10 g de sucre semoule, puis les 75 g de beurre ramolli en parcelles. Continuer de battre à la spatule pendant 5 minutes pour incorporer intimement ces deux derniers éléments à la pâte qui s'étire alors sans se rompre.

6. Laisser reposer la préparation dans le saladier pendant 30 minutes : sous l'action de la levure, la pâte va « lever ». Y plonger alors à nouveau la spatule en bois et la battre pour la faire descendre, l'aplatir et la reformer en une masse homogène.

CUISSON DES SAVARINS :

7. Répartir équitablement cette pâte, au fond des quatre moules à savarin, préalablement enduits au pinceau des 50 g de beurre fondu.

8. Laisser à nouveau la pâte gonfler et « lever » dans les

moules, à la température de la cuisine, pendant environ 30 minutes : la pâte doit atteindre le bord des moules.

9. Puis, mettre à cuire 18 à 20 minutes au four préalablement chauffé à moyen (200 °C — Thermostat 6); les savarins sont cuits, lorsqu'après les avoir piqués avec la lame du couteau d'office, celle-ci ressort parfaitement sèche. Démouler immédiatement sur la grille à pâtisserie pour les laisser s'aérer quelques minutes. Si un seul des savarins est utilisé, mettre les trois autres, encore tièdes de la cuisson, sous poche plastique individuelle, au réfrigérateur, pour les conserver dans de bonnes conditions.

MOUILLAGE DES SAVARINS :

10. Pendant la cuisson des savarins, faire bouillir ensemble dans la casserole, les 25 cl d'eau et les 175 g de sucre semoule, laisser légèrement tiédir le sirop obtenu et ajouter les deux cuillerées à soupe de rhum.

11. Déposer le savarin que l'on va terminer et servir (9) au fond du plat rond creux, et l'arroser abondamment du sirop (10) en se servant de la petite louche. Récupérer le sirop retombé dans le fond du plat, pour finir de bien en imprégner le gâteau. Avec un peu d'habitude et d'adresse, on pourra aussi plonger directement le savarin dans la casserole de sirop, en l'y tenant immergé quelques instants, de manière à l'imbiber jusqu'au cœur, puis l'en ressortir avec précaution, et le déposer sur le plat de service. Le savarin ainsi mouillé va gonfler et accroître son volume d'un tiers.

FINITION ET PRÉSENTATION :

12. Arroser le dessus du savarin des 5 cl de rhum pur et, dès que le gâteau l'a absorbé, le **napper** de quelques cuillerées à soupe de la sauce coulis d'abricots.

13. Garnir l'intérieur de la couronne, soit de crème pâtissière que l'on pourra caraméliser *(voir méthode p. 466)*,

soit de crème Chantilly, soit, plus simplement, d'une salade de fruits frais.
Servir, à part, en saucière, le restant de la sauce coulis d'abricots.

ASTUCES ET IDÉES MAISON

- Il est impératif de ne jamais mettre en contact direct et simultané, la levure, le sel et le sucre, car ces deux derniers tueraient les ferments de la levure.

- Si les savarins attachent à leurs moules, les envelopper hermétiquement, lorsqu'ils sont encore moulés au sortir du four, d'un torchon ou d'un papier aluminium; la vapeur dégagée par la condensation provoquée facilitera leur démoulage.

- Les trois savarins restants, enveloppés dans leur poche plastique (9), peuvent se conserver 12 jours au réfrigérateur et 2 mois au congélateur, à condition de les y rentrer tièdes, pour éviter le phénomène de « rassiement ». Dans le second cas, il faudra les sortir du congélateur la veille de leur utilisation, et les laisser se « dégourdir » une journée au réfrigérateur.

la crème Chantilly

Marché pour 500 g de crème

Ingrédients principaux	500 g de crème fraîche dite « fleurette » * conservée très froide au réfrigérateur 50 g de sucre semoule ou mieux de sucre glace 1 sachet de sucre vanillé ou 400 g de crème fraîche double conservée très froide au réfrigérateur 10 cl d'eau froide 10 cl de glace pilée finement 50 g de sucre semoule ou mieux de sucre glace 1 sachet de sucre vanillé
Ustensiles de préparation	1 grand saladier mis à refroidir au réfrigérateur 1 heure avant la confection de la recette 1 petit fouet à « blancs » aux branches très souples 1 jatte de service
Utilisations	Tarte fine chaude aux pommes acidulées *(p. 503)* Charlotte aux pêches *(p. 506)* Marquise fondante au chocolat *(p. 509)* Feuillantines de poires caramélisées *(p. 512)* Millefeuille à la crème légère *(p. 516)*

* NOTE DE L'AUTEUR :

C'est la crème fleurette qui a ma préférence pour cette recette; on la trouve beaucoup plus aisément qu'autrefois dans le commerce; elle est en fait de la crème fraîche, à l'état « originel », que l'on n'a pas encore ensemencée des ferments lactiques acides qui l'épaissiront. Ainsi, bien que beaucoup plus fluide que sa consœur la crème fraîche double, elle a le même taux de matière grasse, mais par contre un goût plus fin, plus délicat et permet de réaliser des crèmes Chantilly d'une grande pureté. Pour les mêmes raisons, je lui ai donné la préférence dans nombre de mes recettes gourmandes.

« *UN NUAGE BLANC DE CRÈME IMPALPABLE* »

1. Sortir la crème « fleurette » et le saladier froid du réfrigérateur; verser la crème dans le saladier, puis ajouter les 50 g de sucre et le sachet de sucre vanillé.

2. Fouetter doucement l'ensemble au petit fouet d'un mouvement souple du poignet pendant 2 minutes. La crème monte peu à peu en nuage soufflé et double de volume.

3. Accélérer alors le mouvement pendant 30 à 40 secondes, la crème continue de s'épanouir, puis devient ferme comme des blancs d'œufs « montés en neige » et « tient » accrochée aux branches du fouet.

4. Lorsqu'elle parvient à cette consistance, cesser de fouetter aussitôt, et **débarrasser** dans une grande jatte, si la crème doit être servie à part.

ASTUCES ET IDÉES MAISON

- Il est impératif que la crème et le récipient dans lequel la crème va être fouettée soient très froids, la Chantilly sera ainsi plus rapidement montée, et plus légère.

- Si l'on emploie la crème fraîche double plutôt que la crème fleurette, il est préférable de la **détendre** avec 10 cl d'eau froide additionnés de la quantité équivalente de glace broyée au mixer; la crème montera ainsi plus facilement.

- Il faut prendre bien soin d'arrêter le fouettage de la crème Chantilly dès qu'elle atteint la fermeté des blancs en neige : continuer de fouetter quelques secondes de trop entraînerait sa décomposition en beurre et petit lait.

- Une fois montée, la crème Chantilly peut se conserver de 6 à 12 heures au réfrigérateur; si elle rend un peu d'eau, il suffit de donner deux tours de fouet pour l'homogénéiser à nouveau.

crème pâtissière

	Marché pour 1 kg de crème
Ingrédients principaux	1/2 litre de lait 1/2 gousse de vanille fendue en 2 dans le sens de la longueur 150 g de sucre semoule 6 jaunes d'œufs 20 g de farine 20 g de maïzena
Ustensiles de préparation	1 casserole à fond épais 1 saladier 1 petit fouet
Utilisations	Tarte aux fraises Tarte aux framboises Tarte aux poires caramélisées } *voir a. et id. maison p. 449* Feuillantines de poires caramélisées *(p. 512)* Millefeuille à la crème légère *(p. 516)* Ali baba *(p. 519)*

« *LA CRÈME UNIVERSELLE!...* »

1. Faire bouillir dans la casserole le 1/2 litre de lait, la demi-gousse de vanille et 50 g de sucre semoule.

2. Pendant ce temps, verser les 6 jaunes d'œuf et les 100 g de sucre restants dans le saladier; battre l'ensemble au fouet pendant une minute, jusqu'à ce que le mélange s'allège et devienne plus pâle, blanchissant légèrement.

3. Verser progressivement dessus en pluie fine, la farine et la maïzena, et les mélanger doucement et souplement à l'ensemble à l'aide du fouet.

4. Retirer la gousse de vanille de la casserole, et verser dans le saladier la moitié du lait bouillant (1) en fouettant vivement le tout, puis reverser aussitôt ce mélange dans la casserole sur le fond de lait restant.

5. Remettre à plein feu et fouetter vivement la préparation, pendant environ 1 minute, en allant bien jusqu'au fond de la casserole pour éviter que la crème n'attache. **Débarrasser** aussitôt dans le saladier préalablement rincé.

ASTUCES ET IDÉES MAISON

● Si l'on n'utilise pas la crème pâtissière immédiatement, en frotter la surface avec un petit morceau de beurre, pour éviter la formation désagréable et inesthétique d'une pellicule croûtée.

● Si l'on veut obtenir une crème pâtissière délicieusement onctueuse et fondante, il faut remplacer les 20 g de farine de blé par 20 g de farine de riz.

● Enrichie de quelques raisins blonds de Smyrne préalablement trempés et gonflés au rhum, cette crème est idéale pour fourrer des crêpes passées ensuite rapidement à four chaud et arrosées de liqueur ou d'alcool au sortir du four.

crème d'amandes

Marché pour 250 g de crème

Ingrédients principaux	50 g de beurre ramolli à la température de la cuisine 65 g de sucre glace } ou mélange « tant 65 g de poudre d'amandes } pour tant » effectué très soigneusement 1 œuf 1 cuillère à soupe rase de maïzena, soit 6 g 1 cuillère à café de rhum
Ustensiles de préparation	1 saladier 1 spatule en bois 1 mixer (facultatif)
Utilisations	Pommes bonne femme *(a. et id. maison p. 502)* Ali baba *(p. 519)*

« *RICHE ET VOLUPTUEUSE* »

1. Mettre le beurre ramolli dans le saladier. Le travailler à la spatule en bois de manière à lui faire prendre la consistance d'une pommade souple.

2. Verser progressivement dessus, en pluie fine, le mélange sucre glace et poudre d'amandes, en continuant de remuer vigoureusement l'ensemble à la spatule, pendant 2 minutes, pour bien l'alléger.

3. Ajouter l'œuf et l'incorporer soigneusement à la préparation, de manière à obtenir une crème bien lisse et homogène.

4. Verser enfin la cuillerée à café de maïzena, la cuillerée à café de rhum, en finissant de bien lisser le tout à la spatule : la crème est prête à être utilisée...

ASTUCES ET IDÉES MAISON

- Cette crème peut se conserver 8 jours au réfrigérateur, recouverte hermétiquement d'un film plastique; dans ce cas, la sortir du réfrigérateur une demi-heure avant emploi, afin de lui permettre de retrouver sa consistance souple et mousseuse.

- On peut également réaliser cette recette au mixer, réglé à petite vitesse, en broyant d'abord une minute le beurre et le mélange sucre glace et poudre d'amandes, puis 30 secondes, après y avoir ajouté l'œuf, et enfin 15 secondes, après avoir incorporé la maïzena et le rhum.

- Voici un dessert simple et moelleux à confectionner à partir de cette recette : découper une brioche « mousseline » en grosses tranches de 2 cm d'épaisseur, les tartiner d'un bon centimètre de crème d'amandes, les saupoudrer de sucre glace, puis les enfourner quelques minutes sur la plaque à pâtisserie préalablement chauffée à four chaud (240 °C — Thermostat 8), jusqu'à ce qu'elles blondissent joliment. Sortir du four et servir aussitôt sur assiette chaude.

sauce coulis de framboises, fraises ou cassis

Servie froide

Marché pour 5 personnes

Ingrédients principaux	300 g de framboises, fraises ou cassis frais ou surgelés 200 g de sucre semoule Le jus d'un citron
Ustensiles de préparation	1 égouttoir à pieds 1 mixer 1 chinois étamine 1 petite louche 1 saucière ou une jatte de service 1 boîte plastique à fermeture hermétique
Utilisations	Melon en sorbet *(p. 480)* Glace au miel *(p. 486)* Soufflé aux framboises *(p. 488)* Crêpes soufflées *(p. 497)* Pommes bonne femme *(a. et id. maison p. 502)* Ali baba *(p. 519)*

« DES SAUCES FRUITÉES QUE L'ON PEUT TOUJOURS AVOIR SOUS LA MAIN »

1. Équeuter les fruits au-dessus de l'égouttoir à pieds, et si besoin est, les y laver très rapidement à l'eau fraîche. Les égoutter et les essorer délicatement sur un linge propre.

2. Les verser dans le bol du mixer avec les 200 g de sucre semoule et le jus de citron, broyer 2 minutes.

3. Si l'on préfère un coulis très lisse, passer cette purée au travers du chinois étamine pour en éliminer les petites particules de pépins restantes, en la foulant avec le dos d'une petite louche.

4. Puis verser le coulis dans la saucière ou la jatte et rafraîchir, au besoin, au réfrigérateur, avant emploi.

ASTUCES ET IDÉES MAISON

- Comme pour les autres sauces coulis à base de fruits, on peut conserver celle-ci dans une boîte plastique à fermeture hermétique, 8 jours au réfrigérateur ou 2 mois au congélateur. Dans le second cas, la veille de son utilisation, la sortir du congélateur et la laisser se « dégourdir » au réfrigérateur. Une fois décongelée, bien la fouetter pour lui redonner sa structure homogène originale.

- Si, l'été, on utilise du cassis frais, il est préférable de le broyer au mixer avec les petites queues des baies, et même d'y ajouter quelques feuilles de cassis pour en renforcer le parfum. Il faudra bien sûr, passer le coulis au chinois étamine, après le broyage au mixer.

sauce coulis d'abricots

Servie chaude ou froide

Marché pour 5 personnes

Ingrédients principaux	30 « oreillons » ou moitiés d'abricots frais bien mûrs, ou de conserve « au naturel » 25 cl d'eau 100 g de sucre semoule 1 gousse de vanille fendue en deux 1 cuillère à soupe de rhum
Ustensiles de préparation	1 casserole moyenne 1 petit fouet 1 mixer 1 saucière ou une jatte de service 1 boîte plastique à fermeture hermétique
Utilisations	Soufflé aux poires *(p. 491)* Pommes bonne femme à l'amande d'abricot *(p. 500)*

« *ACIDULÉE ET BON ENFANT* »

1. Faire bouillir ensemble dans la casserole, les abricots, les 25 cl d'eau, les 100 g de sucre semoule et la gousse de vanille.

2. Laisser cuire à découvert, à frémissements, pendant environ 25 minutes, et laisser **réduire** le mélange de 1/3 de son volume, afin d'obtenir une marmelade assez épaisse.

3. Remuer régulièrement au fouet pendant la cuisson, afin d'éviter que les abricots n'attachent.

4. La cuisson terminée, enlever la gousse de vanille, verser la préparation dans le bol du mixer, ajouter la cuillerée de rhum, et broyer pendant 2 minutes.

5. Puis verser le coulis dans la saucière ou la jatte, et rafraîchir, au besoin, au réfrigérateur, avant emploi.

ASTUCES ET IDÉES MAISON

- Comme pour les autres sauces coulis à base de fruits, on peut conserver celle-ci, dans une boîte plastique à fermeture hermétique, 8 jours au réfrigérateur ou 2 mois au congélateur. Dans le second cas, la veille de son utilisation, la sortir du congélateur et la laisser se « dégourdir » au réfrigérateur.

- On pourra enrichir cette sauce de 12 amandes sèches, achetées à l'épicerie fine. Les plonger deux minutes dans l'eau bouillante, les rafraîchir à l'eau froide et les presser entre le pouce et l'index, pour les débarrasser de leur peau; puis les fendre en deux *(voir méthode p. 501)*, et les laisser macérer une heure dans une cuillerée de rhum ou de kirsch.

sauce coulis de pêches au caramel

Servie froide

Marché pour 6 à 8 personnes

Ingrédients principaux	75 cl d'eau 400 g de sucre semoule 1 gousse de vanille 3 pêches blanches non pelées	sirop de cuisson des pêches
	100 g de sucre semoule 4 cuillères à soupe d'eau froide 1 cuillère à café de jus de citron	sauce caramel
Ustensiles de préparation	1 casserole moyenne et son couvercle 1 écumoire à manche 1 égouttoir à pieds 1 petite casserole inoxydable et son couvercle 1 petit couteau d'office 1 mixer 1 saucière ou une jatte de service 1 boîte plastique à fermeture hermétique	
Utilisations	Charlotte aux pêches *(p. 506)* Ali baba *(p. 519)*	

« *POUR LES GOURMANDS ÉTERNELS, UNE SAUCE TOUT EN BLONDEUR RAFFINÉE* »

CUISSON DES PÊCHES AU SIROP :

1. Faire bouillir ensemble dans la casserole moyenne, les 75 cl d'eau, les 400 g de sucre et la gousse de vanille.

2. Y plonger les pêches et les laisser cuire à couvert et à petits frémissements, pendant environ 15 minutes.

3. Les sortir de leur sirop à l'aide de l'écumoire, les mettre à égoutter sur l'égouttoir à pieds et les laisser refroidir. **Réserver** le sirop et le conserver couvert, au froid; il pourra servir à **pocher** d'autres fruits frais.

PRÉPARATION DE LA SAUCE CARAMEL :

4. Verser dans la petite casserole les 100 g de sucre semoule, 2 cuillerées à soupe d'eau froide et la cuillerée à café de jus de citron. Porter à ébullition et laisser cuire à petits bouillons pendant environ 5 minutes, jusqu'à ce que le mélange ait pris la couleur caramel marron foncé.

5. Faire décrire à la casserole quelques mouvements circulaires rapides sur elle-même, pour bien homogénéiser la couleur.

6. Ajouter alors à ce caramel (5) les 2 autres cuillerées à soupe d'eau froide et couvrir aussitôt, pour se protéger des éclaboussures que va provoquer l'addition brusque d'eau froide dans le sucre chaud; sans l'adjonction de cette eau, le caramel se solidifierait en refroidissant.

FINITION DE LA SAUCE :

7. Peler les pêches (3) au petit couteau d'office et les ouvrir délicatement en deux pour les débarrasser de leur noyau.

8. Les broyer au mixer pendant 30 secondes pour obtenir une purée souple, ajouter la sauce caramel (6) et broyer à nouveau 15 secondes.

9. Puis verser le coulis dans la saucière ou la jatte, et rafraîchir, au besoin, au réfrigérateur, avant emploi.

ASTUCES ET IDÉES MAISON

● Comme pour les autres sauces coulis de fruits, on peut conserver celle-ci dans une boîte plastique à fermeture hermétique, 8 jours au réfrigérateur ou 2 mois au congélateur. Dans le second cas, la veille de son utilisation, la sortir du congélateur et la laisser se « dégourdir » au réfrigérateur.

● On peut, bien sûr, pour gagner du temps dans la confection de cette recette, utiliser des fruits de conserve au sirop.

● Cette sauce est également délicieuse si l'on remplace les pêches par le même poids de poires.

sauce chocolat

Servie chaude

Marché pour 5 *personnes*

Ingrédients principaux	65 g de cacao en poudre non sucré 175 g de sucre semoule 25 cl d'eau 25 g de beurre ramolli à la température de la cuisine
Ustensiles de préparation	1 petit fouet 1 casserole inoxydable à fond épais 1 petite louche 1 bain-marie 1 boîte plastique à fermeture hermétique
Utilisations	Poires au sirop à la glace de miel } *a. et. id maison* } *p. 477* Profiteroles au miel } *p. 487*

« SIMPLE A RÉALISER...
ET PARFAITE DANS SON DÉPOUILLEMENT »

1. Fouetter vivement dans la casserole le mélange cacao en poudre, sucre et eau, afin d'obtenir une pâte lisse et homogène.

2. Porter à ébullition et laisser cuire à petits bouillons pendant 3 minutes.

3. Ajouter les 25 g de beurre, laisser bouillir à nouveau 4 minutes en continuant de remuer avec le fouet, pour éviter que la sauce n'attache.

4. En **napper,** à la louche, le dessert qu'elle accompagne et servir aussitôt, ou tenir au chaud au bain-marie avant emploi.

ASTUCES ET IDÉES MAISON

- Si l'on n'utilise pas, en une seule fois, toute la sauce préparée, on peut parfaitement la conserver en boîte plastique à fermeture hermétique, de 8 à 15 jours au réfrigérateur. Il faudra simplement la réchauffer au bain-marie en la fouettant, après y avoir ajouté une cuillerée à café d'eau froide pour lui redonner sa souplesse première.

- J'ai essayé toutes les recettes possibles de sauce chocolat, et celle-là est bien pour moi la plus simple et la meilleure.

- Quelques poires cuites entières, au sirop *(voir méthode p. 513)*, et posées contre de jolies cuillerées oblongues de glace au miel, trouvent dans la sauce chocolat la plénitude d'un accompagnement parfait.

- La sauce chocolat est aussi un **nappage** idéal des profiteroles au miel.

sauce aux grains de café

Servie froide

Marché pour 5 *personnes*

Ingrédients principaux	25 cl de lait 75 g de sucre semoule 1 cuillère à café de mouture de café de finesse moyenne 3 jaunes d'œufs
Ustensiles de préparation	1 casserole moyenne et son couvercle 1 saladier 1 petit fouet 1 spatule en bois 1 film plastique
Utilisations	La marquise fondante au chocolat *(p. 509)* Le feuilleté de marquise *(a. et id maison p. 511)*

« LE VELOUTÉ DE LA CRÈME ANGLAISE ET L'ESPRIT DU CAFÉ »

1. Faire bouillir ensemble dans la casserole le lait et 35 g de sucre semoule.

2. Dès que le lait « monte » et commence à bouillir, ajouter la cuillerée à soupe de café moulu. Couvrir, éloigner du feu, et laisser infuser 15 minutes.

3. Pendant ce temps, verser dans le saladier les 3 jaunes d'œufs et les 40 g de sucre restants. Battre l'ensemble une minute au fouet, jusqu'à ce que le mélange s'allège, devienne plus pâle, blanchissant légèrement.

4. Verser l'infusion de café (2) dans le saladier, sur les jaunes battus au sucre (3), tout en fouettant vivement l'ensemble.

5. Transvaser le tout dans la casserole, remettre sur feu doux et laisser épaissir, sans faire bouillir, pendant environ 6 minutes, en remuant doucement et constamment le mélange à la spatule en bois.

6. Pour vérifier si la crème est cuite « à point », retirer de la casserole la spatule en bois, qui a servi à remuer la préparation sur le feu, et tracer au doigt un sillon régulier sur la crème qui la recouvre : si le sillon demeure intact, la cuisson et l'épaisseur de la crème sont parfaites.

7. Transvaser alors la crème dans le saladier préalablement rincé, sans la passer au chinois étamine : ceci, pour bien lui conserver, par la présence concrète du café moulu, sa texture et son relief particuliers.

8. Laisser refroidir en remuant la crème de temps en temps à la spatule en bois, pour lui conserver son homogénéité. On peut accélérer son refroidissement en installant le saladier dans un récipient rempli à moitié d'eau froide et de glaçons.

ASTUCES ET IDÉES MAISON

- La cuisson de la crème anglaise (5) doit intervenir en dessous de 80 °C. En effet, si l'on dépasse cette température, les jaunes d'œufs coagulent, se dissocient de l'ensemble, et la crème est « tournée ».

- Si, par accident, la crème a bouilli et « tourné », la verser dans le bol du mixer et la broyer une quinzaine de secondes pour la rendre à nouveau lisse. A défaut de mixer, la verser dans une bouteille et secouer énergiquement comme pour faire un cocktail.

- On peut conserver la crème aux grains de café environ 2 à 3 jours au réfrigérateur, dans un saladier recouvert hermétiquement d'un film plastique.

melon en sorbet

Marché pour 6 personnes

Ingrédients principaux	6 petits melons bien mûrs de 300 g pièce environ 15 cl de lait 100 g de sucre glace 2 cuillères à soupe de rhum blanc
Ingrédients de garniture	200 g de fraises des bois 1 cuillère à soupe de sucre semoule 1 cuillère à soupe de rhum blanc 12 feuilles de menthe fraîche (facultatif) Quelques feuilles de fraisiers
Sauce d'accompagnement	Sauce coulis de fraises *(voir recette p. 470)*
Ustensiles de préparation et de présentation	2 saladiers 1 couteau fin et tranchant 1 petite casserole 1 mixer 1 sorbetière 1 plat long de service 1 saucière

« *UN RAFRAÎCHISSEMENT DE MATIN D'ÉTÉ* »

PRÉPARATION DE LA GARNITURE :

1. Mettre à macérer dans le premier saladier les 200 g de fraises des bois, la cuillerée à soupe de sucre semoule, la cuillerée à soupe de rhum blanc, et **réserver** au réfrigérateur.

PRÉPARATION DES MELONS EN COQUES :

2. Décapiter délicatement les melons au couteau tranchant.

Conserver leur queue aux petits chapeaux ainsi obtenus, en détacher la chair à la petite cuillère en se tenant au-dessus du second saladier, et les **réserver**.

3. Débarrasser, à la petite cuillère, l'intérieur des melons, des graines et filaments qu'ils contiennent.

4. Puis, à l'aide de la cuillère à soupe, extraire au-dessus du second saladier (2), leur chair et pulpe, de manière à obtenir une cavité intacte formée par la coque vert doré des melons.

5. **Réserver** coques et chapeaux au réfrigérateur.

PRÉPARATION DU SORBET :

6. Faire bouillir ensemble, dans la petite casserole, les 15 cl de lait et les 100 g de sucre glace; laisser refroidir.

7. Broyer pendant 5 minutes au mixer, la chair extraite des melons (2) et (4), de manière à obtenir environ 60 cl de purée lisse et liquide.

8. Verser dessus le lait sucré refroidi (6) et les 2 cuillerées à soupe de rhum blanc. Broyer encore 15 secondes pour bien mélanger le tout.

9. Vider la préparation obtenue dans la sorbetière, et la mettre en mouvement jusqu'à ce que le mélange épaississe et « prenne » par le froid (20 à 25 minutes environ).

FINITION ET PRÉSENTATION :

10. Sortir les coques des melons du réfrigérateur, les garnir à moitié du sorbet (9), éparpiller dessus les fraises des bois macérées (1), et finir de remplir avec le restant du sorbet.

11. Les coiffer de leur chapeau (2) piqué joliment de feuilles de menthe, si l'on a pu s'en procurer.

12. Présenter les melons sur le plat long, tapissé de feuilles de fraisiers ou autres feuillages agréables et frais; servir à part, en saucière, la sauce coulis de fraises dont on pourra **napper** le sorbet contenu à l'intérieur de chacun des melons.

granité au vin de Saint-Émilion *

Marché pour 6 personnes

Ingrédients principaux	20 cl d'eau } sirop 200 g de sucre semoule } sirop 1 bouteille de 75 cl de vin de Saint-Émilion Le jus d'une orange Le jus d'un citron 6 feuilles de menthe fraîche (facultatif)
Ustensiles de préparation et de présentation	1 casserole moyenne 1 saladier 1 petit fouet 1 récipient plat genre bac à bain-marie 1 fourchette 6 verres à Bordeaux

* NOTE DE L'AUTEUR :

La préparation du granité de Saint-Émilion ne nécessite pas l'emploi d'une sorbetière. Mais elle *doit se faire la veille* car le mélange sirop, vin, jus d'orange et de citron est très long à « prendre » et à cristalliser en paillettes.

« *CROQUER LE JUS DE LA VIGNE* »

PRÉPARATION DU SIROP :

1. Faire bouillir ensemble, dans la casserole, pendant une minute, les 20 cl d'eau et les 200 g de sucre. Verser le sirop obtenu dans le saladier, et le laisser refroidir.

PRÉPARATION DU GRANITÉ :

2. Dès que le sirop est froid, verser dessus les 75 cl de vin de Saint-Émilion, les jus d'orange et de citron, et mélanger l'ensemble à l'aide du petit fouet.

3. Transvaser la préparation obtenue dans le bac plat et long, et mettre au freezer ou au congélateur : le peu d'épaisseur du liquide étendu dans un récipient de cette forme et taille, va lui permettre de « prendre » plus rapidement.

4. Au cours de la journée, remuer et ratisser régulièrement le liquide avec la fourchette en décollant les bords qui se solidifient les premiers, pour les remélanger à la partie encore liquide du centre; procéder ainsi jusqu'à la cristallisation complète de l'ensemble en paillettes légères.

FINITION ET PRÉSENTATION :

5. Remplir chaque verre à Bordeaux de ce mélange façonné à la cuillère en forme de dôme.

6. Piquer joliment le sommet de quelques feuilles de menthe fraîche, si l'on a pu s'en procurer.

ASTUCES ET IDÉES MAISON

● On peut agrémenter ce granité, soit de pêches blanches au sirop en conserve, soit, à la saison, de pêches fraîches bien mûres, que l'on préparera de la manière suivante : Les plonger 15 secondes dans de l'eau bouillante pour pouvoir les peler plus facilement, puis les mettre à cuire 15 minutes dans un litre d'eau bouillante additionnée de 600 g de sucre semoule et d'une gousse de vanille fendue en deux. Une fois refroidies, les poser entières sur le granité de Saint-Émilion (6) et les piquer de 2 feuilles de menthe fraîche en guise de queue.

● L'hiver, on peut remplacer dans le mélange de base du granité (2), le jus d'orange par du jus de mandarines, créant ainsi une nouvelle harmonie de parfums.

granité de chocolat amer

Marché pour 6 personnes

Ingrédients principaux	1/2 litre de lait 100 g de sucre semoule 100 g de chocolat noir fondant ou « couverture » à acheter chez le pâtissier ou 100 g de chocolat de ménage à cuire 100 g de cacao en poudre non sucré 25 cl de crème fraîche double
Ingrédients des paillettes de café	20 cl d'eau 30 g de sucre semoule 1 grosse cuillère à soupe de nescafé lyophilisé
Ustensiles de préparation et de présentation	1 casserole moyenne 1 fouet 1 petit récipient plat du genre bac à glaçons 1 fourchette 1 bol 1 grand saladier 1 chinois étamine 1 sorbetière électrique 5 verres « flûtes » glacés au réfrigérateur

« *LE CACAO DES ILES EN PÉPITES GLACÉES* »

LA VEILLE,
PRÉPARATION DES PAILLETTES DE CAFÉ :

1. Faire bouillir les 20 cl d'eau et les 30 g de sucre dans la casserole. Éloigner du feu et y délayer au fouet la cuillerée à soupe de nescafé en mélangeant bien le tout. Transvaser la préparation dans le petit bac à glaçons.

2. Puis, mettre au freezer ou au congélateur et ratisser de temps en temps à la fourchette jusqu'au moment où le liquide gratté « prend » au froid et se transforme en paillettes cristallisées.

LE LENDEMAIN, PRÉPARATION DU CHOCOLAT :

3. Verser le demi-litre de lait et les 100 g de sucre dans la casserole; porter à ébullition et y délayer au petit fouet les 100 g de chocolat en brisant la tablette en plusieurs morceaux.

4. **Réserver** 4 cuillerées à soupe du lait de cuisson (3) et les verser progressivement dans le bol où vous aurez préalablement mis les 100 g de cacao, pour le délayer soigneusement sans faire de grumeaux.

5. Puis, réincorporer le cacao délayé (4) au lait de cuisson du chocolat (3) tenu sur feu doux, et bien remélanger le tout au fouet.

6. Lorsque l'ensemble est bien fondu et homogène, transvaser la préparation obtenue dans le grand saladier, en la passant au chinois étamine, puis y délayer soigneusement au fouet les 25 cl de crème fraîche double.

FINITION ET PRÉSENTATION :

7. Verser la préparation (6) dans la sorbetière et la mettre en mouvement pendant 20 minutes environ, jusqu'à ce que le liquide « prenne » et épaississe par le froid.

8. Mélanger délicatement à la fourchette la moitié des paillettes de café dans la glace chocolat (7).

9. Remplir les flûtes de ce granité (8) façonné à la cuillère, en forme de dôme, et parsemer leur sommet du restant des paillettes de café.

glace au miel

Marché pour 4 personnes

Ingrédients principaux	25 cl de lait 125 g de miel de fleurs, (ne pas utiliser de miel à une seule dominante comme l'acacia, etc.) 2 jaunes d'œufs 15 cl de crème fraîche double
Ustensiles de préparation	1 casserole moyenne 1 fouet 2 grands saladiers 1 chinois étamine 1 sorbetière électrique
Utilisations	Poires au sirop à la glace de miel — *a. et id.* — *p. 477* Profiteroles au miel — *maison* — *p. 487*

« *UNE GLACE CRÉMEUSE AU PARFUM DE FLEURS DES CHAMPS* »

1. Faire bouillir les 25 cl de lait dans la casserole; dès que le lait « monte » et commence à bouillir, ajouter le miel, mélanger l'ensemble en le remuant vivement au petit fouet, et porter à nouveau à ébullition.

2. Pendant ce temps, verser les deux jaunes d'œufs dans le premier saladier, les battre une minute au fouet, ajouter les 15 cl de crème fraîche et bien mélanger l'ensemble en continuant de remuer au fouet.

3. Puis y verser le mélange de lait et miel parvenu à ébullition (1), en fouettant énergiquement le tout.

4. Transvaser la préparation obtenue dans le second saladier en la filtrant au travers du chinois étamine, et laisser refroidir.

5. Vider le mélange refroidi (4) dans la sorbetière, et la mettre en mouvement jusqu'à ce que l'ensemble épaississe et « prenne » par le froid ; 20 à 25 minutes environ sont nécessaires.

ASTUCES ET IDÉES MAISON

- Cette belle glace crémeuse et blonde peut remplacer de façon originale la glace à la vanille.

- Les fruits rouges, fraises et framboises, lui feront aussi une escorte agréable, **nappés** d'une sauce coulis du même fruit *(voir recettes p. 470)*.

- Elle accompagnera de manière fort plaisante les poires au sirop **nappées** de sauce chocolat chaude.

Profiteroles au miel

- On peut enfin l'employer de manière glorieuse et succulente pour fourrer de petits choux miniatures, ou « profiteroles ». Les acheter chez le pâtissier ou les préparer à la maison *(voir recette p. 457)* en faisant à la douille de minuscules petits tas de pâte ronds.

Puis, ouvrir délicatement les mini-choux en deux au couteau-scie, les garnir d'une cuillerée à café de glace au miel, puis, après les avoir refermés, les dresser sur assiette ou plat de service et les **napper** de sauce chocolat chaude *(voir recette p. 476)*.

soufflé aux framboises

Marché pour 6 personnes

Ingrédients principaux	360 g de framboises fraîches ou surgelées, décongelées la veille au réfrigérateur 150 g de sucre semoule ou mieux de sucre glace Le jus d'un quart de citron 3 jaunes d'œufs 12 blancs d'œufs 1 pointe de sel
Beurrage des moules	20 g de beurre ramolli à la température de la cuisine 30 g de sucre semoule en saupoudreuse
Sauce d'accompagnement	Sauce coulis de framboises (facultatif) *(voir recette p. 470)*
Ustensiles de préparation et de présentation	1 mixer 1 grand saladier 1 pinceau 6 moules à soufflé en argent ou en porcelaine blanche, diamètre 10 cm, hauteur 5 cm 1 fouet à blancs 1 bassin à blancs, ou à défaut, 1 grand saladier 1 spatule en bois 1 spatule en acier 1 saucière

« UN SOUFFLÉ PARTICULIÈREMENT ONCTUEUX ET FONDANT »

PRÉPARATION DE LA PURÉE DE FRAMBOISES :

1. Broyer ensemble au mixer, les 360 g de framboises, 90 g de sucre semoule et le jus du quart de citron.

2. Lorsque le mélange est devenu une purée bien lisse, y ajouter les 3 jaunes d'œufs. Broyer à nouveau 15 secondes et verser cette préparation dans le grand saladier.

PRÉPARATION DES MOULES :

3. Avec les 20 g de beurre, badigeonner légèrement au pinceau tout l'intérieur des moules à soufflé (fond, côtés et bords).

4. Saupoudrer ensuite l'intérieur des moules des 30 g de sucre semoule, puis, retourner et tapoter ceux-ci afin d'éliminer l'excédent de sucre collé au beurre.

PRÉPARATION DE « L'APPAREIL »
OU PÂTE À SOUFFLÉ :

5. Verser les 12 blancs d'œufs et la pointe de sel dans le bassin à blancs ou le grand saladier, les « monter en neige » au fouet à main ou électrique, sans chercher à les avoir trop fermes.

6. En fin d'opération, verser dessus en pluie fine les 60 g de sucre restants, tout en continuant de fouetter.

7. Prendre en premier lieu, à la cuillère, le quart de la préparation obtenue et le mélanger intimement à la purée de framboises (2).

8. Puis, y incorporer progressivement le restant, en soulevant délicatement le mélange à la spatule en bois pour bien l'aérer.

9. Emplir les moules à ras bord de cette préparation. En lisser la surface avec le plat de la spatule en acier. Avec le pouce, décoller le mélange des bords du moule et essuyer leur rebord extérieur pour permettre aux soufflés de mieux monter en début de cuisson.

10. Mettre à cuire 12 minutes au four préalablement chauffé à chaud (220 °C — Thermostat 7). Servir au sortir du four. On peut accompagner agréablement ce soufflé de sauce coulis de framboises, servie à part en saucière.

ASTUCES ET IDÉES MAISON

● C'est la couche de beurre dont on enduit les moules, qui va permettre aux soufflés de ne pas coller en cours de cuisson, et de coulisser parfaitement en s'élevant à la verticale. Le sucre, lui, apportera juste une petite note croquante. En conséquence, il est important de faire très attention à ne pas toucher de ses doigts l'intérieur des moules, lorsqu'on en a terminé la préparation (4).

● Pour obtenir, en fin de cuisson, des dessus de soufflés bien brillants, on peut saupoudrer leur surface de sucre glace, 3 minutes après les avoir enfournés.

soufflé léger aux poires

Marché pour 6 personnes

Ingrédients principaux	5 poires de saison très mûres de 120 g pièce environ ou 500 g de poires de conserve au sirop 1/2 citron 60 g de sucre semoule 1 cuillère à soupe 1/2 d'alcool de poire 5 jaunes d'œufs 12 blancs d'œufs 1 pointe de sel 2 cuillères à soupe de sucre glace
Sirop de cuisson des poires	1 litre d'eau 100 g de sucre semoule 1 gousse de vanille fendue dans le sens de la longueur
Beurrage des moules	20 g de beurre ramolli à la température de la cuisine 30 g de sucre semoule en saupoudreuse
Sauce d'accompagnement	Sauce coulis d'abricots *(voir recette p. 472)*
Ustensiles de préparation et de présentation	1 casserole 1 couteau économe 1 égouttoir à pieds 1 mixer 1 grand saladier 1 pinceau 6 moules à soufflé en argent ou en porcelaine blanche, diamètre 10 cm, hauteur 5 cm 1 bassin à blancs en cuivre ou, à défaut, un grand saladier 1 fouet à blancs 1 spatule en bois 1 spatule en acier 1 saucière

PRÉPARATION DE LA PURÉE DE POIRES :

1. Verser les ingrédients du sirop, eau, sucre et vanille, dans la casserole. Mettre sur le feu et porter à ébullition.

2. Y mettre à cuire 15 minutes les poires préalablement épluchées et évidées au couteau économe, puis frottées avec le demi-citron et coupées en quatre. Dès la fin de la cuisson, les égoutter sur l'égouttoir à pieds.

3. Les broyer soigneusement, une minute, au mixer, avec les 60 g de sucre semoule, l'alcool de poire et les 5 jaunes d'œufs. Verser ce mélange dans le grand saladier.

PRÉPARATION DES MOULES :

4. Avec les 18 g de beurre, badigeonner légèrement au pinceau tout l'intérieur des moules à soufflé (fond, côtés et bords).

5. Saupoudrer ensuite l'intérieur des moules des 30 g de sucre, puis retourner et tapoter ceux-ci afin d'éliminer l'excédent de sucre collé au beurre.

PRÉPARATION DE « L'APPAREIL »
OU PÂTE À SOUFFLÉ :

6. Verser les 12 blancs d'œufs et la pointe de sel dans le bassin à blancs ou le grand saladier, les « monter en neige », au fouet à main ou électrique, sans chercher à les avoir trop fermes en y incorporant en fin d'opération les 2 cuillerées à soupe de sucre glace.

7. Prendre en premier lieu, à la cuillère, le quart de leur volume et le mélanger intimement à la purée de poires (3).

8. Puis y incorporer progressivement le restant, en soulevant délicatement le mélange à la spatule en bois pour bien l'aérer.

FINITION ET PRÉSENTATION :

9. Emplir les moules à ras bord, de cette préparation. En lisser la surface avec le plat de la spatule en acier. Avec le pouce, décoller le mélange des bords du moule, et essuyer leur rebord extérieur pour permettre aux soufflés de mieux monter en début de cuisson.

10. Mettre à cuire 10 minutes au four préalablement chauffé à chaud (220 °C — Thermostat 7). Servir au sortir du four. On peut accompagner agréablement ce soufflé de sauce coulis d'abricots, servie à part en saucière.

ASTUCES ET IDÉES MAISON

● LE SECRET DES SOUFFLÉS : c'est volontairement que, dans cette recette, les blancs d'œufs ne sont pas « montés » en neige trop ferme comme on le fait trop souvent : il leur reste ainsi les réserves de force nécessaires pour mener à bien le développement parfait du soufflé.

● Une pointe de sel ajoutée aux blancs d'œufs au départ de la recette, permettra d'en dissoudre en partie l'albumine, les empêchant ainsi de « grainer », et les rendant plus lisses.

● Plutôt que d'incorporer directement l'alcool de poire au mélange (3), on peut couper deux biscuits à la cuiller en six, les imbiber de cet alcool et les introduire au milieu de l'appareil à soufflé (8); ils tiendront ainsi mieux en réserve ce parfum de poire, si agréable au goût.

crêpes à la paresseuse

Marché pour 5 personnes

Ingrédients principaux	100 g de farine 40 g de sucre semoule 1 pointe de sel (1 g) 1 œuf entier 1 jaune d'œuf Les zestes d'une demi-orange râpée 25 cl de lait 50 g de beurre 2 cuillères à soupe d'huile d'arachide pour huiler les poêles
Ingrédients pour fourrer	100 g de praliné (mélange pâteux de sucre, d'amandes et de noisettes grillées que l'on peut acheter chez le pâtissier) 120 g de beurre 1 cuillère à soupe de Grand Marnier ou Cointreau
Ingrédients de finition	50 g de beurre ramolli à la température de la cuisine pour beurrer les 10 assiettes soit 5 g de beurre par assiette 15 cl d'Armagnac
Ustensiles de préparation et de présentation	1 mixer 1 petite casserole 1 saladier 1 bol 2 poêles à crêpes à fond épais, diamètre 15 cm 1 pinceau 1 petite louche 1 spatule en acier 10 assiettes plates

« *ALANGUIE AU FOND D'UNE ASSIETTE* »

PRÉPARATION DE LA PÂTE À CRÊPES :

1. Broyer dans le mixer la farine, le sucre, le sel, les œufs et les zestes d'oranges; ajouter progressivement le lait et continuer de broyer jusqu'à ce que l'on obtienne une pâte lisse.

2. Faire chauffer le beurre dans la petite casserole pour le transformer en « beurre noisette » : au contact de la chaleur, celui-ci devient blond et ne « chante » plus, l'eau qu'il contenait s'est évaporée.

3. Dès que le lait est complètement incorporé au mélange (1), ajouter le beurre noisette dans le bol du mixer et broyer à nouveau le tout pendant 15 secondes.

4. **Débarrasser** dans le saladier et laisser reposer une demi-heure.

PRÉPARATION DE LA FARCE :

5. Rincer le bol du mixer et y broyer ensemble les 100 g de praliné, les 120 g de beurre et la cuillerée à soupe de liqueur, afin d'obtenir une pâte bien lisse et homogène. **Débarrasser** dans le bol.

CUISSON DES CRÊPES :

6. Huiler légèrement le fond des deux poêles en les badigeonnant au pinceau.

7. Les faire chauffer à feu moyen et verser, au centre de chacune d'elles, une petite louche de 4 cl de pâte à crêpes bien remuée (4), en leur imprimant simultanément un rapide mouvement de balancement circulaire, afin que la pâte s'y étale régulièrement en une couche mince et uniforme.

8. Laisser dorer chaque crêpe une minute de chaque côté : pour les retourner, glisser délicatement dessous la spatule en acier. Lorsque la seconde face est dorée, faire glisser les crêpes des poêles et les empiler sur une assiette. Continuer à procéder ainsi pour la confection des huit autres crêpes.

FINITION ET PRÉSENTATION :

9. Lorsque les 10 crêpes sont cuites, les coucher sur la table de travail ; à l'aide de la spatule en acier, tartiner une seule de leurs faces d'une fine pellicule de la pâte pralinée (5).

10. Enduire au pinceau, des 50 g de beurre, le fond des 10 assiettes ; y déposer les crêpes bien à plat, côté praliné au-dessus, et les passer, au moment de servir, 30 secondes au four préalablement chauffé à très chaud (250 °C — Thermostat 9-10). Au sortir du four, arroser chaque crêpe d'une cuillerée à soupe d'Armagnac. Surtout, ne pas faire flamber.
On sert deux crêpes par personne, il faudra donc prévoir deux étapes différentes pour le passage au four.

ASTUCES ET IDÉES MAISON

● La pâte à crêpes peut se préparer la veille ; dans ce cas, il est nécessaire, avant de la verser dans les poêles le jour de leur cuisson, de la remuer énergiquement au fouet, pour mélanger à nouveau intimement le beurre, qui a toujours tendance à remonter en surface.

● Les crêpes étant repassées à four très chaud, donc réchauffées, il est possible de s'avancer dans son travail en les cuisant également la veille. Dans ce cas, il faut, dès leur sortie de la poêle, les étaler à plat sur la table, ou mieux, sur la grille à pâtisserie du four, puis, dès qu'elles ont refroidi, les empiler bien à plat entre deux assiettes et les rentrer au réfrigérateur. Le lendemain, les sortir une demi-heure avant l'emploi, pour les assouplir en les ramenant à la température de la cuisine.

crêpes soufflées

Marché pour 6 personnes

Ingrédients principaux

pâte à crêpes

100 g de farine
40 g de sucre semoule
1 pointe de sel (1 g)
Les zestes d'une demi-orange râpée
1 œuf entier
1 jaune d'œuf
25 cl de lait
50 g de beurre

2 cuillères à soupe d'huile pour huiler les poêles

appareil ou pâte à soufflé

3 poires très mûres de 120 g pièce ou de conserve au sirop
1/2 citron
60 g de sucre semoule
1 cuillère à soupe d'alcool de poire
6 jaunes d'œufs
10 blancs d'œufs
1 pointe de sel

50 g de beurre ramolli à la température de la cuisine pour beurrer le plat long de cuisson
Sucre glace en poudreuse

Sauce d'accompagnement

20 cl de sauce coulis de framboises *(voir recette p. 470)*

Ustensiles de préparation et de présentation

1 mixer
2 petites casseroles
2 saladiers
1 bol
2 poêles à crêpes à fond épais, diamètre 15 cm
1 pinceau
1 petite louche
1 spatule en acier
1 spatule en bois
1 fouet à blancs
1 bassin à blancs en cuivre ou, à défaut, un grand saladier
1 grand plat long allant au four
5 assiettes plates chaudes

PRÉPARATION DES CRÊPES :

1. Préparer les crêpes selon la recette de la page 494.

PRÉPARATION DE L'APPAREIL OU PÂTE À SOUFFLÉ :

2. Préparer l'appareil à soufflé de poires selon la recette de la page 491.

FINITION DES CRÊPES :

3. Leur cuisson terminée, étaler les 10 crêpes bien à plat sur la table de travail.

4. Garnir équitablement le centre de chaque crêpe de 3 cuillerées à soupe d'appareil à soufflé de poires (2).

5. Puis, les replier sur elles-mêmes, en leur donnant la forme d'un chausson aux pommes.

6. Enduire au pinceau, des 50 g de beurre, le plat long de cuisson ou la plaque à rôtir du four.

7. Y ranger les 10 crêpes fourrées, les saupoudrer de sucre glace et les mettre à cuire 6 à 8 minutes au four préalablement chauffé à chaud (220 °C — Thermostat 8).

PRÉSENTATION :

8. Sortir le plat ou la plaque de cuisson du four, glisser délicatement la spatule en acier sous chaque crêpe ; en déposer deux par assiette et les **napper** tout autour, de la sauce coulis de framboises.

ASTUCES ET IDÉES MAISON

● Avant de vous lancer dans cette recette, il est prudent de pratiquer plusieurs fois celle du « soufflé aux poires ». Sa confection ne tardera pas à devenir un jeu pour vous : de quoi surprendre vos amis et les faire réellement pâlir de jalousie...

● Le temps de cuisson peut vous paraître court, il est pourtant suffisant : la règle d'or d'un soufflé étant de rester toujours moelleux à l'intérieur.

pommes bonne femme à l'amande d'abricot

Marché pour 4 personnes

Ingrédients principaux	8 amandes fraîches ou sèches 4 abricots secs entiers 1 cuillère à café rase de sucre semoule 2 cuillères à soupe de rhum	farce des fruits
	4 pommes de 200 g chacune (Reine de reinette, Calville, Golden...)	
	8 grosses cuillères à café de beurre 8 grosses cuillères à café de sucre semoule 8 cuillères à soupe d'eau	
Sauce d'accompagnement	20 cl de sauce coulis d'abricots *(voir recette p. 472)*	
Ustensiles de préparation et de présentation	1 petit couteau d'office 1 bol 1 couteau économe 1 plat rond ou ovale en fonte émaillée 1 bain-marie	

« *DES BONNES POMMES MOELLEUSES ET VENTRUES...* »

PRÉPARATION DE LA FARCE-FRUITS :

1. Si les amandes sont fraîches, casser leurs coques, les décortiquer, et les extraire de leur peau souple en incisant celle-ci à l'aide du petit couteau d'office.

2. Si elles sont sèches, les plonger deux minutes dans l'eau bouillante, les rafraîchir et presser chacune d'elles entre le pouce et l'index pour les débarrasser de leur peau.

3. Qu'elles soient fraîches ou sèches, les ouvrir en deux avec le petit couteau d'office dans le sens de l'épaisseur.

4. Laver les 4 abricots secs sous le robinet d'eau fraîche et les **détailler** en petits cubes de 1 cm de section.

5. Les mettre avec les moitiés d'amandes à macérer 1 heure dans le bol, recouverts de la cuillerée à café rase de sucre semoule et des 2 cuillerées à soupe de rhum.

PRÉPARATION ET CUISSON DES POMMES :

6. Peler délicatement les 4 pommes à l'aide du couteau économe en leur conservant leur queue. Les décapiter au couteau d'office et **réserver** le petit chapeau ainsi créé.

7. Évider le cœur des pommes au couteau économe pour en ôter les pépins, et loger à leur place le mélange des abricots et des amandes (5).

8. Les ranger, ainsi fourrées, sur le plat en fonte émaillée, les arroser du jus de macération des abricots (5), poser sur chacune d'elles une grosse cuillerée à café de beurre et les coiffer de leur chapeau (6).

9. Saupoudrer chacun d'eux d'une première cuillerée à café de sucre semoule. Verser autour des pommes les 8 cuillerées à soupe d'eau et éparpiller dans le plat les 4 cuillerées à café de beurre restant.

10. Mettre à cuire pendant 30 à 40 minutes au four préalablement chauffé à chaud (220 °C — Thermostat 7) : les pommes doivent être cuites à point, mais ne pas tomber en compote.

11. A mi-cuisson, arroser les pommes de leur jus et saupoudrer à nouveau chacun des chapeaux de la deuxième cuillerée à café de sucre semoule.

12. Pendant la fin de la cuisson des pommes, mettre la sauce coulis d'abricots à réchauffer doucement au bain-marie.

FINITION ET PRÉSENTATION :

13. Sortir le plat du four, **napper** les pommes des 20 cl de sauce coulis d'abricots, et présenter ainsi aux convives.

ASTUCES ET IDÉES MAISON

- Les 4 cuillerées à café de sucre semoule rajoutées à mi-cuisson des pommes (11) peuvent être avantageusement remplacées par la même quantité de crème d'amandes *(voir recette p. 468)*.

- On peut aussi substituer aux abricots et amandes des fruits rouges de saison : cerises dénoyautées, fraises ou framboises. On arrosera alors les pommes, au sortir du four, de sauce coulis de framboises *(voir recette p. 470)*. L'été, ce dessert simple est savoureux servi glacé.

tarte fine chaude aux pommes acidulées

Marché pour 4 personnes

Ingrédients principaux	8 petites pommes Reinettes ou Golden soit environ 1 kg de pommes Le jus d'un citron 1 poignée de farine 400 g de pâte feuilletée fraîche ou surgelée *(voir recette p. 452 et illustration p. 104)* 200 g de beurre ramolli à la température de la cuisine 120 g de sucre semoule
Crème d'accompagnement	Crème Chantilly *(voir recette p. 464.)*
Ustensiles de préparation et de présentation	1 couteau économe 1 couteau d'office 1 saladier 1 rouleau à pâtisserie 1 assiette à dessert, diamètre 17 cm 4 assiettes plates chaudes 1 saucière

« *UNE TARTE AUX POMMES SANS COMPOTE NI CONFITURE* »

PRÉPARATION DES POMMES :

1. Peler lès pommes au couteau économe, les couper en deux au couteau d'office, leur enlever les pépins et la partie ligneuse du cœur des fruits, puis recouper chaque moitié en quartiers de lune de un centimètre et demi d'épaisseur.

2. Les mettre dans le saladier et les asperger du jus de citron pour éviter qu'elles ne noircissent, en les retournant bien à la main.

PRÉPARATION DES RONDS DE FEUILLETAGE :

3. Fariner légèrement la table de travail.

4. Diviser la pâte feuilletée en 4 parties égales de 100 g chacune, en faire 4 petites boules et les aplatir au rouleau à pâtisserie, pour en former 4 ronds de 17 cm de diamètre et 2 mm d'épaisseur. Si l'on ne se sent pas certain de bien réussir ces fonds, étirer davantage, au rouleau, la pâte de chacune des 4 futures tartes, poser dessus l'assiette à dessert à l'envers, et découper soigneusement tout autour, avec le petit couteau d'office.

5. Déposer les ronds de feuilletage terminés sur la plaque à pâtisserie du four.

6. Tracer au couteau d'office, à un centimètre du bord extérieur de ces ronds, un cercle concentrique intérieur, en incisant la pâte sur une profondeur de 1 mm : cette opération permet au bord de bien se soulever et de former ainsi « le trottoir de la tarte ».

FINITION ET PRÉSENTATION :

7. Ranger sur chacun des ronds, à l'intérieur de ce second cercle, les quartiers de pommes citronnées en rosace serrée, de manière à en recouvrir entièrement la pâte; éparpiller dessus 100 g de beurre en parcelles, soit 25 g par tarte, et saupoudrer de 60 g de sucre semoule, soit 15 g par tarte.

8. Mettre à cuire 30 minutes au four préalablement chauffé à chaud (220 °C — Thermostat 7). A mi-cuisson, éparpiller équitablement le restant de beurre et de sucre sur les quatre tartes.

9. En fin de cuisson, les tartes ont pris une jolie couleur dorée et les pommes un cerne caramélisé. Servir aussitôt sur assiettes chaudes, telles quelles nature, ou accompagnées à son goût, soit de crème Chantilly, soit plus simplement de crème fraîche, servies à part en saucière.

ASTUCES ET IDÉES MAISON

- Si l'on ne dispose pas de pâte feuilletée, on peut très bien réaliser cette recette en opérant de la même façon avec de la pâte brisée *(voir recette p. 450)*.

- En nourrissant de la même manière d'autres fruits frais de beurre et de sucre pendant la cuisson, on peut aussi confectionner, selon la saison, de délicieuses tartes aux cerises dénoyautées, aux abricots ouverts en deux, aux pêches, aux poires, etc.

- On peut également préparer des ronds de pâte (4) et (6), les garnir aussitôt des fruits choisis, les surgeler ainsi préparés, et les mettre tels quels au four, avec le même temps de cuisson de 30 minutes, le jour où l'on en a besoin. Dans ce cas, éviter les fruits rouges, fraises et framboises, trop juteux: leur surgélation est délicate.

charlotte aux pêches

Marché pour 8 personnes

Ingrédients principaux	5 feuilles de gélatine (10 g) à acheter chez le pâtissier ou chez le charcutier 1/2 litre de lait 1 gousse de vanille fendue en 2 sur sa longueur 200 g de sucre semoule 5 jaunes d'œufs } appareil ou crème à charlotte 2 pêches au sirop 18 biscuits à la cuiller 250 g de crème dite « fleurette »
Sauce d'accompagnement	50 cl de sauce coulis de pêches au caramel *(voir recette p. 474)*
Ustensiles de préparation et de présentation	3 saladiers dont 1 mis à glacer au réfrigérateur 1 casserole inoxydable et son couvercle 1 petit fouet 1 spatule en bois 1 couteau d'office 1 moule rond à charlotte, diamètre 18 cm, hauteur 10 cm 1 petit fouet à « blancs » aux branches très souples 1 plat rond creux de service

« UN DESSERT EN GOÛTER D'ENFANTS D'AUTREFOIS »

PRÉPARATION DE L'APPAREIL OU CRÈME A CHARLOTTE :

1. Mettre les 5 feuilles de gélatine à tremper dans le premier saladier rempli d'eau froide pour les assouplir et les faire gonfler.

2. Dans la casserole inoxydable, faire bouillir le 1/2 litre de lait avec la gousse de vanille et 100 g de sucre semoule. Dès qu'il « monte », coiffer la casserole de son couvercle, éloigner du feu et laisser infuser la vanille 5 minutes.

3. Pendant ce temps, verser les 5 jaunes d'œufs et les 100 g de sucre restants dans le second saladier. Battre l'ensemble 2 minutes au fouet, jusqu'à ce que le mélange s'allège et devienne plus pâle, blanchissant légèrement.

4. Verser progressivement l'infusion de lait (2) dans le saladier, sur le mélange de jaunes et de sucre (3), en fouettant rapidement l'ensemble.

5. Reverser le tout dans la casserole, mettre sur feu doux et faire épaissir, sans laisser bouillir, en remuant doucement et constamment le mélange à la spatule en bois pendant la cuisson. Celle-ci dure environ 6 à 8 minutes. La crème est cuite parfaitement et de la bonne épaisseur, lorsqu'en retirant de la casserole la spatule en bois qui a servi à remuer la préparation sur le feu, et en traçant au doigt un sillon régulier sur la crème qui la recouvre, celui-ci demeure intact.

6. Transvaser immédiatement la crème dans le saladier rincé, ajouter les feuilles de gélatine égouttées (1), qui vont s'y dissoudre.

7. Laisser refroidir en remuant de temps en temps le mélange avec la spatule en bois, pour lui conserver son homogénéité. On peut accentuer ce refroidissement en installant le saladier dans un récipient rempli à moitié d'eau froide et de glaçons.

PRÉPARATION
DE LA GARNITURE DE FRUITS ET DU MOULE :

8. Égoutter les pêches au sirop, les **détailler** au couteau d'office en dés de 2 cm de section.

9. Tapisser entièrement les parois et le fond du moule à charlotte des biscuits à la cuiller, bien serrés les uns contre les autres, côté lisse à l'extérieur et les couper au ras du bord du moule.

PRÉPARATION DE LA CRÈME FOUETTÉE :

10. Sortir le saladier glacé du réfrigérateur, y verser les 250 g de crème fleurette, et fouetter au fouet à blancs d'abord doucement 1 minute, puis plus rapidement pendant environ 5 minutes *(voir méthode p. 464)*, jusqu'à ce que la crème atteigne la fermeté des blancs « montés en neige ».

FINITION ET PRÉSENTATION :

11. Incorporer les dés de pêches à la crème à charlotte (7). Puis, dès que celle-ci, refroidie, commence à bien s'épaissir, verser dessus la crème fouettée (10), et mélanger l'ensemble en le soulevant et l'aérant bien avec la spatule en bois.

12. Remplir de cette préparation le moule habillé des biscuits (9) et laisser refroidir une heure et demie au réfrigérateur.

13. Démouler, en retournant le moule à l'envers, sur le plat creux, et **napper** abondamment la charlotte de la sauce coulis de pêches au caramel.

ASTUCES ET IDÉES MAISON

● Les pêches peuvent être remplacées par des poires, des fraises ou des framboises, voire des pommes, qui, elles, seront coupées en dés, cuites 1 minute au sirop, puis égouttées et mises à macérer avec 1 cuillerée à soupe de Calvados.

● Les charlottes gagnent à être préparées 1 ou 2 jours à l'avance et tenues au réfrigérateur.

marquise fondante au chocolat

	Marché pour 5 personnes
Ingrédients principaux	145 g de chocolat à croquer 7 jaunes d'œufs 250 g de sucre semoule 300 g de beurre ramolli à la température de la cuisine 165 g de poudre de cacao non sucré 500 g de crème dite « fleurette » } crème 50 g de sucre glace } Chantilly 14 biscuits à la cuiller 1 tasse de café fort, froid et non sucré
Sauce d'accompagnement	Sauce aux grains de café *(voir recette p. 478)*
Ustensiles de préparation et de présentation	1 petite casserole 3 saladiers dont 1 mis à glacer au réfrigérateur 1 fouet 1 spatule en bois 1 fouet à « blancs » aux branches très souples 1 pinceau 1 moule à charlotte diamètre 17 cm 1 plat long de service en porcelaine tenu au froid

« UN VRAI DESSERT DE FEMME »

1. Laisser fondre les 145 g de chocolat à croquer dans la petite casserole au bain-marie ou au four préalablement chauffé à doux (170 °C — Thermostat 5).

2. Dans le premier saladier, verser les 7 jaunes d'œufs et les 250 g de sucre. Battre l'ensemble au fouet pendant 2 minutes jusqu'à ce que le mélange s'allège un peu et devienne plus pâle, blanchissant légèrement.

3. Y incorporer délicatement le chocolat fondu tiède à l'aide de la spatule en bois, en soulevant et mélangeant bien l'ensemble.

4. Dans le second saladier, travailler le beurre ramolli au fouet, jusqu'à ce qu'il devienne bien lisse.

5. Y verser progressivement en pluie fine la poudre de cacao, et fouetter l'ensemble afin d'obtenir une pâte homogène.

6. Verser cette pâte sur la préparation (3) et mélanger soigneusement le tout à l'aide du fouet.

7. Avec le fouet à blancs, battre et « monter » dans le troisième saladier les 500 g de crème fleurette et les 50 g de sucre glace en crème Chantilly *(voir recette p. 464)* ; puis verser celle-ci sur le mélange (6) et brasser vivement le tout au fouet à blancs, pour assurer une parfaite homogénéisation de l'ensemble.

8. A l'aide du pinceau, imbiber les biscuits à la cuiller du café froid non sucré.

9. Tapisser les parois et le fond du moule des biscuits mouillés au café.

10. Verser dessus la crème de chocolat (7) et la laisser devenir ferme au réfrigérateur, 2 ou 3 heures avant de servir.

11. Démouler sur le plat long de service et **napper** tout le tour du gâteau de la sauce aux grains de café : elle accompagne merveilleusement cette marquise.

ASTUCES ET IDÉES MAISON

● Il est indispensable que, lors du mélange de la crème Chantilly (7) et de la crème chocolat (6), l'ensemble s'affaisse et se « tasse » un peu. C'est cette interpénétration et concentration des deux éléments qui rendra le mélange fondant et onctueux.

● On peut s'amuser à pigmenter l'intérieur de la marquise de petites aiguilles de fine **julienne** * d'oranges confites *(voir technique p. 523)* et de morceaux de biscuits à la cuiller préalablement imbibés d'un sirop de rhum.

Feuilleté de marquise

● Pour confectionner un desser insolite de fête, glisser une fine tranche de marquise au chocolat glacée, débarrassée de ses biscuits à la cuiller, dans un feuilleté léger *(voir recette p. 452)* coupé en deux au sortir du four.
On pourra l'accompagner, somptueusement de sauce aux grains de café, servie à part en saucière.

* Voir illustration p. 103.

feuillantines de poires caramélisées

Marché pour 4 personnes

Ingrédients principaux	200 g de **pâte feuilletée** fraîche ou surgelée *(voir recette p. 452 et illustration p. 104)* 1 litre d'eau froide / 1 citron } bain de trempage des poires 4 poires très mûres de saison de 120 g pièce (Doyenne de Camice, Williams, Beurré Hardy, etc.) ou de conserve au sirop 1 litre 1/2 d'eau / 200 g de sucre semoule / 1 gousse de vanille fendue en deux } sirop des poires 1 poignée de farine 1 œuf battu pour la dorure des feuilletés
Ingrédients de la garniture	4 cuillères à soupe de crème pâtissière *(voir recette p. 466)* 4 cuillères à soupe de crème dite « fleurette » glacée / 1 cuillère à soupe rase de sucre semoule ou mieux de sucre glace } Chantilly 1 pincée de sucre vanillé en sachet 1 cuillère à café d'alcool de poire 4 grosses cuillères à soupe de sucre semoule
Ustensiles de préparation et de présentation	2 saladiers dont un mis à glacer au réfrigérateur 1 couteau économe 1 couteau d'office 1 casserole 1 linge 1 rouleau à pâtisserie 1 grand couteau tranchant 1 pinceau 1 petit fouet à blancs 1 fer rond à caraméliser vendu dans les boutiques d'accessoires à pâtisserie 1 bol 1 couteau-scie 4 assiettes plates individuelles ou / 1 plat long de service } chauds 1 spatule en acier

« *LA PLUS AÉRIENNE DES TARTES VOLUPTUEUSES* »

LA VEILLE,

PRÉPARATION DE LA PATE FEUILLETÉE *(voir p. 452)*

PRÉPARATION DE LA CRÈME PATISSIÈRE *(voir p. 466)*

LE LENDEMAIN,

PRÉPARATION DES POIRES
SI ELLES SONT FRAICHES :

1. Verser le litre d'eau froide dans le premier saladier, y presser le jus de la moitié du citron.

2. Peler les poires au couteau économe, les ouvrir en deux au couteau d'office, ôter les pépins et la partie ligneuse du cœur du fruit, les frotter sur toutes les faces avec la seconde moitié du citron, afin de les empêcher de noircir, et les plonger au fur et à mesure dans l'eau citronnée (1).

3. Faire bouillir ensemble dans la casserole le litre et demi d'eau, les 200 g de sucre et la gousse de vanille, amener à frémissements et y faire cuire 15 minutes les moitiés de poires à l'étouffée, entièrement recouvertes du linge replié de manière à obturer parfaitement l'ouverture de la casserole. Laisser refroidir.

CONFECTION ET CUISSON DES FEUILLANTINES :

4. Fariner légèrement la table de travail, y étendre la pâte feuilletée à l'aide du rouleau à pâtisserie, en lui donnant la forme d'un carré d'environ 12 cm de côté et 4 mm d'épaisseur.

5. Avec le grand couteau tranchant, découper net et franchement dans ce premier carré, 4 petits carrés de 6 cm de côté.

6. Les poser, *retournés*, sur la plaque à pâtisserie du four. Pour les faire dorer, en badigeonner soigneusement le dessus au pinceau avec l'œuf battu, en prenant soin de ne pas laisser l'œuf dégouliner sur la tranche du feuilleté : cela nuirait à son développement à la cuisson. Cuire 12 à 15 minutes au four préalablement chauffé à chaud (220 °C — Thermostat 7).

PRÉPARATION DE LA CRÈME CHANTILLY :

7. Sortir du réfrigérateur le saladier tenu au frais, y verser la crème fleurette, le sucre glace, le sucre vanillé, et fouetter au fouet à blancs d'abord doucement une minute, puis plus rapidement pendant environ 5 minutes *(voir méthode p. 464)*, jusqu'à ce que la crème atteigne la fermeté des blancs « montés en neige ».

FINITION ET PRÉSENTATION :

8. Faire rougir « à blanc », sur la flamme du gaz, le fer à caraméliser.

9. Mélanger au fouet dans le bol les 4 cuillerées à soupe de crème pâtissière et la cuillerée à café d'alcool de poire, afin d'obtenir un mélange bien lisse.

10. A l'aide du petit couteau d'office, **émincer** délicatement les moitiés de poires (3) en fines lamelles.

11. Lorsqu'ils sont cuits, sortir les feuilletés du four, les ouvrir délicatement en deux dans l'épaisseur avec le couteau-scie, et déposer leurs fonds sur les assiettes individuelles ou le plat de service chauds.

12. A l'aide de la spatule en acier, tartiner chaque chapeau de feuilletage d'une cuillerée à soupe de crème pâtissière (9), y coucher deux moitiés de poires émincées (10), saupoudrer d'une cuillerée à soupe de sucre semoule, et, appliquer dessus le fer chauffé « à blanc » (8), jusqu'à caramélisation du sucre.

13. Garnir les fonds des feuillantines d'une grosse cuillerée à soupe de crème Chantilly (7), et les coiffer de leurs chapeaux de poires. Servir aussitôt.

ASTUCES ET IDÉES MAISON

- A défaut de crème fleurette, on peut utiliser pour faire la crème Chantilly, 2 cuillerées à soupe de crème fraîche double, allongées de 2 cuillerées à soupe d'eau froide.

- Pour réussir la Chantilly et éviter qu'elle ne tourne en beurre, il est indispensable que la crème, l'eau et le saladier sortent du réfrigérateur tous trois rigoureusement glacés.

- Il faut, pour la même raison, éviter de la fouetter trop longtemps.

- Si l'on ne dispose pas de fer rond à caraméliser, on peut utiliser un fer plat de 5 à 6 cm de large, lame de ressort de voiture ou penture de volet par exemple.

- On peut plus simplement remplacer les poires au sirop par des rondelles d'oranges en confiture que l'on ne caramélisera pas.

millefeuille à la crème légère

Marché pour 4 personnes

Ingrédients principaux	1 poignée de farine 360 g de **pâte feuilletée** fraîche ou surgelée *(voir recette p. 452 et illustration p. 104)* 250 g de crème pâtissière *(voir recette p. 466)* 80 g de crème dite « fleurette » conservée très froide au réfrigérateur } crème Chantilly 10 g de sucre semoule ou mieux de sucre glace } crème Chantilly 30 g de sucre glace en poudreuse
Ustensiles de préparation et de présentation	1 rouleau à pâtisserie 1 couteau bien tranchant 1 fourchette 1 grille à pâtisserie 1 petit fouet 1 saladier tenu glacé au réfrigérateur 1 petit fouet à blancs aux branches très souples 1 spatule en bois 1 spatule en acier 1 plat long de service 1 couteau-scie long et tranchant

« *UN RÊVE ORIENTAL EN MILLE ET UN FEUILLETS* »

PRÉPARATION DU MILLEFEUILLE :

1. Fariner légèrement la table de travail, y étendre la pâte feuilletée à l'aide du rouleau à pâtisserie, en lui donnant la forme d'un grand rectangle de 20 cm sur 45 cm et 2 mm d'épaisseur.

2. Découper net au couteau tranchant, dans cette pâte étalée, 3 bandes rectangulaires de 15 cm sur 20 cm.

3. Humecter légèrement d'eau la plaque en tôle du four; y déposer les trois bandes de pâte, en piquer régulièrement toute la surface à la fourchette : précaution qui évite à la pâte de trop gonfler en cours de cuisson.

4. Enfourner et laisser cuire pendant 20 minutes au four préalablement chauffé à chaud (220 ºC — Thermostat 7). Cuire en deux fois, si le four n'est pas assez grand pour contenir les trois bandes rectangulaires en même temps.

5. Sortir du four et laisser refroidir sur la grille à pâtisserie; la pâte doit alors avoir pris une belle couleur noisette.

PRÉPARATION DE LA CRÈME LÉGÈRE :

6. Pendant la cuisson du millefeuille, préparer la crème pâtissière et la faire refroidir rapidement en la remuant et l'aérant bien au fouet.

7. Sortir le saladier du réfrigérateur, y verser les 80 g de crème fleurette, les 10 g de sucre glace, et fouetter d'abord doucement 1 minute avec le petit fouet à blancs, puis plus rapidement environ 5 minutes *(voir méthode p. 464)*, jusqu'à ce que la crème atteigne la fermeté des blancs « montés en neige ».

FINITION ET PRÉSENTATION :

8. Verser la crème pâtissière (6) sur la crème Chantilly (7), et mélanger l'ensemble en le soulevant délicatement et l'aérant bien à la spatule en bois, pour lui conserver sa texture légère.

9. Étaler à la spatule en acier la moitié de cette crème sur l'une des bandes de millefeuille (5). Poser sur ce premier rectangle la seconde bande garnie du reste de crème, et couvrir le tout du troisième rectangle, côté lisse au-dessus. Saupoudrer abondamment le gâteau des 30 g de sucre glace, de manière à le recouvrir d'une couche blanche uniforme. Le déposer sur le plat de service, et découper délicatement au couteau-scie, devant les convives.

ASTUCES ET IDÉES MAISON

● La pâte feuilletée a quelquefois tendance à se rétracter au four. Pour éviter cela, il suffit de **détailler** les trois rectangles de pâte, la veille de la préparation du millefeuille, et de les laisser reposer toute la nuit au réfrigérateur, recouverts d'un film plastique.

● A la saison des fraises ou des framboises, on pourra mélanger à la crème légère (8) 250 g de ces fruits; en conserver quelques-uns pour décorer le dessus des millefeuilles.

● On peut aussi s'amuser à tracer un quadrillage caramélisé sur la couche de sucre glace qui coiffe le millefeuille, en appliquant à plusieurs reprises, pour former le dessin souhaité, une fine tige d'acier préalablement rougie à blanc à la flamme du gaz.

ali baba

Marché pour 8 à 10 personnes

Ingrédients principaux	65 g d'écorces d'oranges confites 30 g de fruits confits assortis 30 g de raisins de Smyrne	achetés à l'épicerie fine ou à la pâtisserie
	250 g de pâte à baba crue *(voir recette p. 460)* 25 g de beurre fondu pour le beurrage des moules	
Ingrédients du sirop de mouillage des Ali baba	1/2 litre d'eau 350 g de sucre semoule 10 cl de rhum	
Ingrédients de garniture des Ali baba	500 g de crème pâtissière 250 g de crème d'amandes	*voir recettes* p. 466 p. 468
	80 g de sucre glace en poudreuse	
Sauces d'accompagnement	Sauce coulis de framboises Sauce coulis de pêches au caramel	*voir recettes p. 470 et 474*
Ustensiles de préparation et de présentation	1 couteau d'office 1 égouttoir à pieds 1 saladier 1 spatule en bois 2 moules ronds à génoise, diamètre 14 cm 1 pinceau 1 grille à pâtisserie 1 petite casserole 1 couteau-scie 1 grand plat creux 1 petite louche 1 spatule en acier 1 grand plat de service 2 saucières	

« *UN BABA AUX QUARANTE PARFUMS* »

LA VEILLE,

PRÉPARATION DE LA PÂTE :

1. A l'aide du couteau d'office, **détailler** respectivement en carrés de 1 cm de côté les 65 g d'écorces d'oranges confites, puis, en cubes de 1 cm de section les 30 g de fruits confits.

2. Rincer les raisins de Smyrne à l'eau fraîche et les égoutter sur l'égouttoir à pieds.

3. Déposer la pâte à baba dans le saladier, y incorporer à l'aide de la spatule en bois, oranges, fruits confits et raisins de Smyrne.

4. Laisser reposer la pâte, ainsi, pendant 20 minutes, à la température de la cuisine : la levure qu'elle contient va la faire « lever ».

5. Y plonger alors à nouveau la spatule en bois pour la battre, la faire descendre, l'aplatir et la reformer en une masse homogène.

CUISSON ET MOUILLAGE DES ALI BABA :

6. Transvaser cette pâte au fond des deux moules à génoise enduits préalablement au pinceau des 25 g de beurre fondu.

7. La laisser ainsi « lever » à nouveau à la température de la cuisine, 40 minutes environ, les fruits confits retardant légèrement la pousse de la pâte, jusqu'à ce qu'elle atteigne le bord des moules.

8. Mettre à cuire 18 à 20 minutes au four préalablement chauffé à moyen (200 °C — Thermostat 6), les démouler immédiatement et les déposer, côté croûte, sur la grille à pâtisserie, pour les laisser s'aérer quelques minutes.

9. Pendant la cuisson des ali babas, faire bouillir ensemble dans la casserole, le 1/2 litre d'eau et les 350 g de sucre semoule. Dès les premiers bouillons et dès que le sucre est bien fondu, retirer du feu, laisser légèrement tiédir le sirop obtenu, et ajouter les 10 cl de rhum.

10. Poser la grille (8) sur le grand plat creux, et arroser abondamment les ali babas du sirop tiède (9), en se servant de la petite louche. Récupérer le sirop retombé dans le fond du plat pour en imprégner les savarins bien à cœur. Laisser reposer une nuit au réfrigérateur sur la grille.

LE LENDEMAIN, FINITION ET PRÉSENTATION :

11. A l'aide du couteau-scie, ouvrir soigneusement les ali babas en deux dans l'épaisseur, répartir équitablement la crème pâtissière sur les deux fonds en une couche épaisse, puis recouvrir des deux calottes.

12. A l'aide de la spatule en acier, enrober complètement les ali babas fourrés et refermés (11) de bonnes couches épaisses de la crème d'amandes ramollie à la température de la cuisine.

13. Les saupoudrer abondamment de sucre glace de manière à former une couche régulière de 2 mm d'épaisseur et les déposer sur la plaque à pâtisserie du four.

14. Les mettre, pendant 10 minutes, au four préalablement chauffé à moyen (200 °C — Thermostat 6), pour faire joliment gratiner : les ali babas doivent rester de couleur blanche avec quelques marbrures nuancées blondes.

15. Déposer les ali babas sur le plat de service, les mettre à glacer au réfrigérateur et les servir accompagnés de sauce coulis de framboises ou de sauce coulis de pêches au caramel, présentées à part, en saucières.

ASTUCES ET IDÉES MAISON

● Tout comme pour les savarins, on peut parfaitement conserver les ali babas 12 jours au réfrigérateur ou 2 mois au congélateur, enveloppés sous poche plastique, au sortir du four, encore tièdes de la première cuisson (8), pour éviter le phénomène de rassiement. Dans le second cas, il faudra les sortir du congélateur la veille de leur utilisation, et les laisser se « dégourdir » une journée au réfrigérateur.

● D'autre part, les ali babas sont encore plus savoureux servis 2 à 3 jours seulement après leur gratinage au four. Tous les parfums qui les composent ont alors mûri et s'expriment en une parfaite osmose.

les eugénies

Marché pour 4 personnes

Ingrédients principaux	2 oranges de 200 g pièce 3 litres d'eau bouillante utilisés en 3 cuissons d'1 litre chacune 50 cl d'eau 650 g de sucre semoule 150 g de chocolat « couverture » à se procurer chez votre pâtissier 60 g de cacao amer en poudre non sucré
Ustensiles de préparation et de présentation	1 petit couteau d'office bien tranchant 1 planche de travail en bois 2 casseroles 1 égouttoir à pieds 1 écumoire à manche 1 grille de pâtisserie 1 bain-marie 1 spatule en bois 1 fourchette 1 plat creux pour étaler le cacao en poudre 1 joli plat rond et son napperon de dentelle

« DE L'ORANGE CONFITE EN ROBE DE CHOCOLAT AMER »

PELER LES ORANGES :

1. A l'aide du petit couteau d'office, décalotter les oranges aux deux extrémités pour pouvoir les maintenir convenablement debout sur la planche de travail. Puis, enlever de haut en bas des rubans de peau de 3 cm de largeur, en prenant soin de ne point trop laisser de peau blanche attachée à l'intérieur des zestes obtenus. L'orange ainsi pelée peut être récupérée pour un autre usage, jus ou salades de fruits. **Détailler** ces zestes rubans en carrés assez réguliers de 3 à 4 cm de côté.

CONFIRE LES ORANGES :

2. Mettre 1 litre d'eau à bouillir dans la première casserole, y plonger et **blanchir** 3 minutes les carrés d'oranges. Répéter cette opération 2 fois encore, en renouvelant l'eau bouillante à chaque fois, ceci pour éliminer au maximum l'amertume de la peau d'orange. Ces préliminaires terminés, égoutter les zestes dans l'égouttoir à pieds.

3. Verser dans la casserole vidée et rincée, les 50 cl d'eau et les 650 g de sucre. Porter à ébullition en remuant bien à la fourchette, y plonger les carrés d'oranges égouttés, et laisser cuire 3 heures à feu doux; la surface du sirop doit frémir imperceptiblement.

4. Égoutter les carrés d'oranges à l'écumoire à manche, et les déposer sur la grille à pâtisserie pour laisser s'écouler l'excédent de sirop. Les laisser sécher ainsi à l'air libre pendant 3 heures.

ENROBER LES ORANGES :

5. Couper le chocolat au couteau, en petits morceaux. Le

faire fondre doucement dans la seconde casserole au bain-marie (environ 30 °C) tout en le remuant à la spatule en bois pour le rendre bien lisse.

6. A l'aide d'une fourchette, soulever, sans les piquer, les carrés d'oranges confits (4) et les tremper complètement, un par un, dans le chocolat fondu.

7. Les déposer d'abord sur la grille, pour laisser « prendre » légèrement le chocolat puis, quelques minutes plus tard, dans le plat rempli de cacao amer ; les rouler soigneusement dedans pour les en enrober complètement. Les y laisser refroidir et les sortir à la main, en les secouant légèrement pour en enlever l'excès de cacao.

8. Les dresser en couronne sur le plat nappé de dentelle et les offrir pour accompagner le café avec raffinement.

ASTUCES ET IDÉES MAISON

● On peut préparer ces douceurs à l'avance et les conserver parfaitement 8 jours au réfrigérateur, en les laissant dans le plat d'enrobage, soigneusement recouvertes de cacao (7).

CARTE ALPHABÉTIQUE DES METS

Aiguillettes de caneton au poivre vert 328
Aile de raie aux oursins 285
Ailerons de volaille au Meursault et aux concombres 306
Ali baba 519

Bar aux algues 277
Baron de lapereau mange-tout 342
Bécasse au fumet de Pomerol 348
Beurre vigneron 380
Blancs de volaille au sabayon de poireau 309
Bouillabaisse de morue 291
Bouillon d'étrilles en gelée au cerfeuil 144
Brioche à la moelle au beurre rouge 182

Charlotte aux pêches 506
Charlotte d'agneau de Jacky 364
Confiture d'oignons à la grenadine 412
Coquilles à la coque de Didier Oudill 246
Coquilles Saint-Jacques à l'effilochée d'endives 243
Côte de bœuf sur le sel au beurre vigneron 380
Crème Chantilly 464
Crème d'amandes 468
Crème pâtissière 466
Crêpes à la paresseuse 494
Crêpes soufflées 497
Croûtons à l'anchois 135
Croûtons à l'œuf de caille 134
Croûtons à l'oiseau 133
Croûtons à l'oreille de cochon 134
Croûtons au fromage et au lard 133
Croûtons au saumon frais 135
Croûtons aux tomates et à la ciboulette 134
Cuisses de canard confites 340

Dame tartine 180
Dorade en croûte de sel 280

Escargots en pots aux croûtons 188
Eugénies (Les) 522

Feuillantines de poires caramélisées 512
Feuilleté d'asperges au beurre de cerfeuil 202
Feuilleté d'écrevisses à l'oignon croquant 214
Feuilleté de grenouilles au cresson et aux mousserons 208
Feuilleté de langoustines aux pois gourmands 177
Feuilleté de marquise 511
Feuilleté de Saint-Jacques aux truffes 211
Feuilleté de truffes au vin de Graves 205
Filet de bœuf en poisson 386
Foie gras de canard aux navets confits 232
Foie gras de canard aux petites céréales 229
Foie gras en habit vert 226
Foie gras frais en gelée de poivre 223

Gâteau de homard soufflé aux carottes fondantes 266
Glace au miel 486
Granité au vin de Saint-Émilion 482
Granité de chocolat amer 484
Grillade de canard de Chalosse au beurre d'herbes fines 332
Grillade de palette de bœuf à la marinade 383

Homard aux truffes, à la tomate fraîche et au basilic 253
Homard, langouste ou écrevisses à la nage 264
Homard rôti au four 260
Huîtres chaudes en feuilles vertes 240

Jambon à l'os au coulis de champignons 397
Joue de bœuf à l'orange 390

Marché du pêcheur en cocotte à la vapeur d'algues 297
Marquise fondante au chocolat 509
Melon en sorbet 480
Merlan à la julienne de légumes 288
Millefeuille à la crème légère 516
Millefeuille d'écrevisses 216
Mon gratin dauphinois 440
Mousseline de St-Jacques au coulis d'écrevisses 250

Nage ou court-bouillon pour crustacés et poissons 116
Navarin de faisan aux pieds de cochon 352

Œufs poule au caviar 185

Papillotes de saumon à l'étuvée de légumes 274
Pâte à baba ou à savarin 460
Pâte à choux 457
Pâte brisée 450
Pâte feuilletée 452
Pâte sablée sucrée 447
Patte d'oie farcie 335
Paupiettes d'écrevisses au thym 256
Perdreaux sur un lit de chou 356
Petites crêpes de maïs 426
Petits légumes glacés 414
Pigeonneau en bécasse 324
Pintade au vin de Margaux et au lard fumé 321
Poêlée de pommes de terre aux carottes 438
Pommes à la peau 430
Pommes bonne femme à l'amande d'abricot 500
Pommes de terre vapeur au lard et au thym 432
Pommes frites au gros sel 434
Pot-au-feu de foie gras 235
Pot-au-feu de la mer 300
Pot-au-feu de langues 400
Pot-au-feu du « Pot-au-feu » 403
Poulet au vinaigre de vin 314
Poulet « truffé » au persil et sa sauce au Malvoisie 317
Profiteroles au miel 487
Purée de pommes de terre au persil 436
Purée mousse de betteraves au vinaigre 416
Purée mousse de céleri 418
Purée mousse de cresson 420
Purée mousse de haricots verts 422
Purée mousse de poireaux 424

Râble de lièvre à la betterave 359
Ragoût d'artichauts aux asperges 428
Ragoût de spaghetti aux petits légumes 442
Rillettes de bœuf braisé 393
Ris de veau aux salsifis 375
Rognon de veau dans la graisse 372

Saint-pierre en sabayon de poivre 282
Salade buissonnière aux poissons fumés 169
Salade de homard 172
Salade de jambon d'aile de canard aux pois de jardin 166
Salade de lentilles aux croûtons d'anchoïade 154
Salade des dames landaises................................. 160
Salade du jardin de curé 163
Salade gourmande 157
Salade grande ferme 152
Salade tiède de langoustines aux pois gourmands 175
Sardines glacées au vin rouge 271
Sauce américaine 81
Sauce aux grains de café 478
Sauce béarnaise 75
Sauce beurre blanc 79
Sauce beurre rouge 183
Sauce beurrée aux truffes 122
Sauce bœuf 384
Sauce chocolat 476
Sauce coulis d'abricots 472
Sauce coulis d'écrevisses 126
Sauce coulis de framboises, fraises ou cassis.................. 470
Sauce coulis de pêches au caramel 474
Sauce coulis de tomates 120
Sauce crème de ciboulettes 124
Sauce Malvoisie 319
Sauce mayonnaise 73
Sauce mousse de cresson.................................... 128
Sauce mousse de tomate 130
Sauce Périgueux... 83
Sauce poivre vert 328
Sauce rouille 114
Sauce vierge 118
Sauce vinaigrette gourmande 157
Sole grillée aux huîtres et à la ciboulette 294
Soufflé aux framboises 488
Soufflé léger aux poires 491
Soupe aux écrevisses de rivière 147
Soupe de grenouilles à la laitue 141
Soupe de tous les légumes du potager de Christine 138
Steak en campagne 378

Tarte fine chaude aux pommes acidulées 503

Terrine d'anguilles au vin de Tursan 197
Terrine de carpe au vin de Saint-Émilion 200
Terrine de foie gras des Landes 220
Terrine fondante de canard sauvage 194
Terrine ménagère aux foies de volaille 191
Tomate fraîche concassée crue et cuite 410
Tournedos de veau à la crème de ciboulette 369
Tripes à la mode de Papa Guérard 394

Volaille en gelée aux grains de poivre 312

TABLE DES MATIÈRES

PRÉFACE 7

AVANT-PROPOS 13

LES PRINCIPAUX USTENSILES de cuisine 18

CHAPITRE PREMIER. — *DES CUISSONS* 23

Analyse et principes des différentes cuissons — les deux grandes lois 25

Par saisissement, 25
Par échange, 25

Les différentes techniques de cuisson 27

Cuisson à la cheminée ou au barbecue, 27
Cuisson rôtie, 33
Cuisson sautée, 37
Cuisson en friture, 40
Cuisson à l'étouffée, 43
Cuisson pochée, 50

CHAPITRE DEUXIÈME. — *DES LIAISONS ET DES SAUCES* ... 55

Les trois grands fonds 57

Analyse et principes des liaisons et des sauces 67

Quelques sauces-phares de tradition française 73

Les sauces par émulsion, 73
La mayonnaise, 73
La béarnaise, 75
Le beurre blanc, 79
L'américaine, 81
La sauce Périgueux, 83

Quelques trucs pour corriger les sauces 84

CHAPITRE TROISIÈME. — *DES ÉPICES* 87

Épices et condiments 89

Fines herbes et aromates 93

Les marinades 97

Deux marinades de tradition, 97
Trois marinades originales, 98
Note de l'auteur, 99

CHAPITRE QUATRIÈME. — *DES RECETTES GOURMANDES* 107

COMMENT 109

Les sauces 113

SAUCES CHAUDES OU FROIDES

Nage ou court-bouillon pour crustacés et poissons, 116
Sauce vierge, 118
Sauce coulis de tomates, 120
Sauce bœuf, 384

SAUCES CHAUDES

Sauce béarnaise, 75
Sauce beurre blanc, 79
Sauce américaine, 81
Sauce Périgueux, 83
Sauce beurrée aux truffes, 122
Sauce crème de ciboulettes, 124
Sauce coulis d'écrevisses, 126
Sauce beurre rouge, 183
Sauce Malvoisie, 319
Sauce poivre vert, 328

SAUCES FROIDES

Sauce mayonnaise, 73
Sauce rouille, 114
Sauce mousse de cresson, 128
Sauce mousse de tomate, 130
Sauce vinaigrette gourmande, 157
Beurre vigneron, 380

Les petits croûtons apéritifs 131

Croûtons au fromage et au lard, 133
Croûtons à l'oiseau, 133
Croûtons à l'œuf de caille, 134

Croûtons à l'oreille de cochon, 134
Croûtons aux tomates et à la ciboulette, 134
Croûtons à l'anchois, 135
Croûtons au saumon frais, 135

Les soupes 137

Soupe de tous les légumes du potager de Christine, 138
Soupe de grenouilles à la laitue, 141
Bouillon d'étrilles en gelée au cerfeuil, 144
Soupe aux écrevisses de rivière, 147

Les salades 151

Salade grande ferme, 152
Salade de lentilles aux croûtons d'anchoïade, 154
Salade gourmande, 157
Salade des dames landaises, 160
Salade du jardin de curé, 163
Salade de jambon d'aile de canard aux pois de jardin, 166
Salade buissonnière aux poissons fumés, 169
Salade de homard, 172
Salade tiède de langoustines aux pois gourmands, 175

Les entrées 179

Dame tartine, 180
Brioche à la moelle au beurre rouge, 182
Œufs poule au caviar, 185
Escargots en pots aux croûtons, 188
Terrine ménagère aux foies de volaille, 191
Terrine fondante de canard sauvage, 194
Terrine d'anguilles au vin de Tursan, 197
Terrine de carpe au vin de Saint-Émilion, 200

Les feuilletés légers d'entrée 201

Feuilleté de langoustines aux pois gourmands, 177
Feuilleté d'asperges au beurre de cerfeuil, 202
Feuilleté de truffes au vin de Graves, 205
Feuilleté de grenouilles au cresson et aux mousserons, 208

Feuilleté de Saint-Jacques aux truffes, 211
Feuilleté d'écrevisses à l'oignon croquant, 214
Millefeuille d'écrevisses, 216

Les foies gras 219

FROIDS

Terrine de foie gras frais des Landes, 220
Foie gras frais en gelée de poivre, 223

CHAUDS

Foie gras en habit vert, 226
Foie gras de canard aux petites céréales, 229
Foie gras de canard aux navets confits, 232
Pot-au-feu de foie gras, 235

Coquillages, crustacés et poissons 239

Huîtres chaudes en feuilles vertes, 240
Coquilles Saint-Jacques à l'effilochée d'endives, 243
Les coquilles à la coque de Didier Oudill, 246
Mousseline de Saint-Jacques au coulis d'écrevisses, 250
Homard aux truffes, à la tomate fraîche et au basilic, 253
Paupiettes d'écrevisses au thym, 256
Homard rôti au four, 260
Homard, langouste ou écrevisses à la nage, 264
Gâteau de homard soufflé aux carottes fondantes, 266
Sardines glacées au vin rouge, 271
Papillotes de saumon à l'étuvée de légumes, 274
Bar aux algues, 277
Dorade en croûte de sel, 280
Saint-pierre en sabayon de poivre, 282
Aile de raie aux oursins, 285
Merlan à la julienne de légumes, 288
Bouillabaisse de morue, 291
Sole grillée aux huîtres et à la ciboulette, 294
Le marché du pêcheur en cocotte à la vapeur d'algues, 297
Le pot-au-feu de la mer, 300

Les volailles 305

Ailerons de volaille au Meursault et aux concombres, 306
Blancs de volaille au sabayon de poireau, 309
Volaille en gelée aux grains de poivre, 312
Poulet au vinaigre de vin, 314
Poulet « truffé » au persil et sa sauce au Malvoisie, 317
Pintade au vin de Margaux et au lard fumé, 321
Pigeonneau en bécasse, 324
Aiguillettes de caneton au poivre vert, 328
Grillade de canard de Chalosse au beurre d'herbes fines, 332
Patte d'oie farcie, 335
Cuisses de canard confites, 340
Baron de lapereau mange-tout, 342

Les gibiers 347

Bécasse au fumet de Pomerol, 348
Navarin de faisan aux pieds de cochon, 352
Perdreaux sur un lit de chou, 356
Râble de lièvre à la betterave, 359

Viandes et abats 363

Charlotte d'agneau de Jacky, 364
Tournedos de veau à la crème de ciboulette, 369
Rognon de veau dans la graisse, 372
Ris de veau aux salsifis, 375
Steak en campagne, 378
Côte de bœuf sur le sel au beurre vigneron, 380
Grillade de palette de bœuf à la marinade, 383
Filet de bœuf en poisson, 386
Joue de bœuf à l'orange, 390
Rillettes de bœuf braisé, 393
Les tripes à la mode de Papa Guérard, 394
Jambon à l'os au coulis de champignons, 397
Pot-au-feu de langues, 400
Le pot-au-feu du « Pot-au-feu », 403

Les légumes 409

Tomate fraîche concassée crue et cuite, 410

Confiture d'oignons à la grenadine, 412
Les petits légumes glacés, 414
Purée mousse de betteraves au vinaigre, 416
Purée mousse de céleri, 418
Purée mousse de cresson, 420
Purée mousse de haricots verts, 422
Purée mousse de poireaux, 424
Petites crêpes de maïs, 426
Ragoût d'artichauts aux asperges, 428
Pommes à la peau, 430
Pommes de terre vapeur au lard et au thym, 432
Pommes frites au gros sel, 434
Purée de pommes de terre au persil, 436
Poêlée de pommes de terre aux carottes, 438
Mon gratin dauphinois, 440
Ragoût de spaghetti aux petits légumes, 442

Les desserts 445

La pâte sablée sucrée, 447
La pâte brisée, 450
La pâte feuilletée, 452
La pâte à choux, 457
La pâte à baba ou à savarin, 460
Crème Chantilly, 464
Crème pâtissière, 466
Crème d'amandes, 468
Sauce coulis de framboises, fraises ou cassis, 470
Sauce coulis d'abricots, 472
Sauce coulis de pêches au caramel, 474
Sauce chocolat, 476
Sauce aux grains de café, 478
Melon en sorbet, 480
Granité au vin de St-Émilion, 482
Granité de chocolat amer, 484
Glace au miel, 486
Profiteroles au miel, 487
Soufflé aux framboises, 488
Soufflé léger aux poires, 491
Crêpes à la paresseuse, 494
Crêpes soufflées, 497
Pommes bonne femme à l'amande d'abricot, 500
Tarte fine chaude aux pommes acidulées, 503
Charlotte aux pêches, 506

Marquise fondante au chocolat, 509
Feuilleté de marquise, 511
Feuillantines de poires caramélisées, 512
Millefeuille à la crème légère, 516
Ali baba, 519
Les Eugénies, 522

CARTE ALPHABÉTIQUE DES METS 525

Maquette de couverture: Jean Denis

ACHEVÉ D'IMPRIMER
SUR LES PRESSES DE
L'IMPRIMERIE HÉRISSEY
À ÉVREUX (EURE)
POUR LES ÉDITIONS
ROBERT LAFFONT

Dépot légal : 4e trimestre 1977
N° d'éditeur : L 945
N° d'imprimeur : 39362

Imprimé en France

cuisine
ouverte
sur

L'INSOLITE

la patte d'oie farcie
et
la confiture d'oignons à la grenadine

---

coquille saint-jacques
à la coque

---

filet de bœuf en poisson
pommes à la peau

---

feuilleté
de
marquise

Michel Guérard